성서로운 삶을 향한 존재의 이해

– 니체와 에크하르트로 읽는 성서 –

성서로운 삶을 향한 존재의 이해

– 니체와 에크하르트로 읽는 성서 –

김 대 식

종문화사

차 례

말을 열면서

종교적 현실언어의 종언과 종교경전의 해체적 해석

시대의 사유와 행위에 저항하고 새로운 담론을 생산하는 것은 철학이 엄밀한 학문으로서 기능해야 한다는 에드문트 후설(E. Husserl)의 생각과도 일치합니다. 이것은 철학뿐만 아니라 인문학의 영역 안에서 특수한 분야를 차지하고 있는 종교학 및 신학에서도 동일하게 적용됩니다. 낡은 정신적 축을 대신하여 시대의 새로운 분기점이 필요하다고 요청되는 때 종교적 사유와 행위의 선구자들이 어김없이 나타났으며, 그로 인한 동서양의 정신적 세계는 모든 분야에서 광범위하게 파급되었던 것은 주지의 사실입니다. 특히 동서양의 경전(Canon, Biblos)의 문자적 확산은 종교와 철학적 삶의 근간이 되었고, 그 해석학의 기술은 문해력을 높이는 인문학적 능력으로 자리 잡았습니다.

그 중에서 성서는 서양의 종교, 철학, 문화, 정치, 경제, 문학에 이르기까지 많은 영향을 끼쳤고 늘 당대의 시대적 문제와 씨름하는 척도가 되었습니다. 그만큼 서양의 정신을 알자면, 좀 더 거칠게 말해서 세계의 정신을 파악하기 위해서는 '성서'라는 배경을 전제하지 않을 수가 없습니다. 니체(Friedrich W. Nietzsche)와 마이스터 에크하르트(Meister Eckhart)는 모두 당세(當世)의 종교문화와 맞서 치열하게 논쟁을 했던 해체주의 해석학자들입니다. 에크하르트는 도미니코 설교수도회의 탁발수사사제로서 교회의 교조주의에 저항하였으며, 니체는 독일철학적 글쓰기 방식에 운문을 도입함은 물론 신 죽음의 파격적 선언으로 종래의 철학과 종교에 과감하게 저항하였습니다.

그런 의미에서 이 두 철학자의 시선으로 성서를 바라본다는 것은 또 하나의 도전이자 모험이요 저항의 몸—짓(poiesis)이라 할 수 있습니다. 이 글은 두 사람을 해석학의 도구로 삼아 성서를 봄으로써 새로운 신앙의 쇄신을 갈망하는 필자의 포이에시스(창작적 언어)라고 해도 과언은 아닐 것입니다. 작금의 종교는 그 본래의 올바른 기능을 하지 못하고 매너리즘과 아비투스에 빠져 값싼 신앙언어만 생산함으로써 종교의 언어, 경전의 언어가 높은 이상적 가치, 초월적 가치를 상실하고 말았습니다. 이런 현실에서 새로운 저항의 언어와 사유를 가능케 하고자 한 저자의 성서해석학의 포이에시스적 시론은 매우 시의적절하다 할 것입니다.

성서와 필자의 삶이 인연을 맺으면서 산 세월이 꽤 되는 것 같습니다. 나이 어린 중학교 시절 한자어와 옛 어투가 많이 들어 있던 그야말로 성경도 애지중지하던 시절이 있었습니다. 애지중지라는 말은 순수한 마음에 그 말씀을 소중하게 여기고 성스럽게 여겼던 것입니다. 지금은 그렇지 않다는 것은 아니지만 적어도 성서를 어떻게 봐야 하는지는 조금 알 듯한 연륜(?)이 쌓였다는 뜻일 것입니다. 그럼에도 성서의 문자와 의미를 풀어내는 해석학은 필자에게 여전히 버거운 일입니다.

그 말을 뚝딱 해치우기에는 수천 년의 역사, 문화, 언어, 철학, 관습 등이 촘촘히 얽혀 있으니 하나의 문장과 단락을 다 이해했다고 할 수 없으니 말입니다. 그래서 종교(religion)의 어원이 되는 라틴어 re-legere라는 말의 무게감을 많이 갖는 것 같습니다. '다시-읽는다'는 해석학적 장치가 깔려 있는 종교적 책무에 가까운 성서 읽기는 단순한 독서가 아닙니다. 그것은 지금 여기에서 살고 있는 우리들의 이야기로 탈바꿈시켜줘야 하기 때문입니다.

사람들이 성서라는 책을 다양하게 가지고 있는 데다, 그 성서에 대한 이야기를 여기저기서 들을 수 있는 기회는 참 많이 있습니다. 모름지기 성서의 이야기는 인간의 성스러운 인격적 행동으로 나아가도록 하는 손가락입니다. 무엇을 가리킵니다. 언어는 말, 소리, 뜻으로 구성되어 있는데 이 요소들은 모두 일정한 대상과 사건을 가리킵니다. 성서를 대할 때, 그리고 성서를 풀 때는 그 시선을 따라가야 합니다. 성서의 언어는 그렇게 인간의 시선을 초월자로 향하도록 하는 매체입니다.

하지만 사람들은 이제 그러고 싶어 하지 않습니다. 성서의 이야기가 아무리 고전적 가치가 있고, 인문사회과학적 의미가 있다고 한들 점점 더 시큰둥해지고 있습니다. 수많은 이야기들이 존재하고 자신의 삶을 가치 있게 해 주는 동시에 행복하고 재미있게 해주는 책과 이야기가 넘쳐 나고 있기 때문입니다. 여기서 우리는 멈칫거립니다. 왜냐하면 성서는 어렵고 부담스럽지만, 다른 이들의 입에서 나오는 이야기들은 잠시 나에게 휴지(休止)를 두게 하거나, 신변잡기로 편하게 읽을 수 있다고 느끼는 것 같습니다. 게다가 시중의 대부분의 자기계발서와 같은 책들은 자기를 높여 주고 성공이 가능하도록 만들어 줄 것 같은 믿음이 생긴다는 게 사람들의 생각인 듯합니다. 반면에 성서는 내가 그렇게 살아내야 하는 책임과 의무 그리고 도덕적 군자를 연상시키는 말로서 줄줄이 달려 있으니 그 문자에 접근하자마자 가독성이 떨어지는 책이 되어버린 것입니다.

필자는 여러 차례에 걸쳐서 성서를 다른 시각으로 풀어왔고 설교를 해왔었습니다. 현실을 초월로 향하는 언어에 목말라 서양철학과 깊은 종교적 관상가에 토대를 두고 발언을 했습니다. 각자 언어의 문턱에서 주춤거린다는 것을 알았습니다. 성서가 무엇을 가리킨다는 것은 분명한데 그 언어와 씨름을 하면서 더 현대화된 언어를 통하여 초월적 현실을 살아가려는 몸부림에는 너무나 약하다는 것입니다. 자신만의 싸움에서 인간은 매체에 밀려 깊이 그리고 천천히 말을 곱씹을 공간과 시간의 영역을 자유롭게 확보하지 못하고 있습니다. 그리스도인을 비롯하여 대부분의 종교인들이 마찬가지입니다.

이 책에는 두 인물이 등장합니다.(필자는 글감을 얻기 위해서 정동호가 옮기고 책세상에서 출간한 『짜라투스투라는 이렇게 말했다』(2000)와 Raymond Bernard Blakney가 편집한 것을 이민재가 옮긴 다산글방의 『마이스터 에크하르트』(1994)를 참조했습니다. 이 지면을 빌려 감사를 표합니다) 성서와 매우 가깝고도 먼 사람들입니다. 두 사람 다 철학자라 할 수 있습니다. 그러나 엄밀하게 따지면 한 사람은 철학자이고, 또 다른 한 사람은 중세신비주의 부정신학자라고 해야 할 것입니다. 전자는 근대 독일철학자 니체이고, 후자는 중세 설교수도회인 도미니코 수도회의 사제인 마이스터 에크하르트입니다. 두 사람의 언어가 결이 다른 것은 분명합니다. 한 사람의 언어는 대부분 아포리즘(aphorism)으로 구성되었고, 또 다른 한 사람은 현장의 언어, 그러나 쉽지 않은 설교 어투로 구성되었습니다.

아포리즘과 콘텍스트 속에서 직접 부딪힌 청중에게 구사하는 설교가의 언어는 같으면서 다른, 다르면서 같은 구석이 있습니다. 공교롭게도 니체나 마이스터 에크하르트의 글을 읽어보신 분들은 그들의 아포리즘이나 설교를 듣는 즉시 당장에 '아하!'로 이어지지 않는다는 것을 알게 될 것입니다. 언어의 격상과 초월론적 해석이 깃들어 있기 때문입니다. 그들이 사용하는 언어가 어렵다는 것은 그들의 콘텍스트와 우리의 콘텍스트가 달라서 그런 것도 있습니다. 그러나 무엇보다도 그들의 언어가 어려운 것은 그들만의 독특한 의식과 행위가 언어의 깊이와 높이에 맞닿아 있어서 범접하기 어렵기 때문입니다. 이것은 달리 의식의 상승을 가져옵니다. 그들이 삶을 보는 차원과 신을 바라보는 시선은 우리와 다릅니다.

필자는 이러한 고민을 합니다. '우리도 이처럼 초월로의 상승과 삶의 도약을 가져올 수 없는 것일까?' 그래서 두 사람의 눈을 가지고 성서를 바라보기 시작했습니다. 성서가 다르게 보이고 새로운 언어로 사유함으로써 삶과 의식에 변화가 일어나는 체험(Erleben)을 하게 되었습니다. 우리는 언어를 사용하는 사람들입니다. 언어를 어떤 도구로 사용하느냐에 따라서 도출되는 결과는 다릅니다. 언어의 신비는 마음이 바뀌게 하고 의식에 변화를 가져다준다는 점입니다.

우리는 그리스도인입니다. 신앙언어를 의도적으로 자꾸 다르게 사용하도록 해봐야 합니다. 그리스도인은 그리스도인답게 말하고 행동해야 합니다. 그러지 않으니까, 그리스도인의 삶의 모습에서 예수를 보지 못하는 것입니다. 말과 소리와 뜻, 그 어느 것도 소홀히 할 수 없는 '가벼움'의 시대가 되었습니다. 이를 철학자 한병철은 '휘발성'이라는 표현으로 짚어냈습니다. 억지로라도 가벼운 말, 경박한 몸짓, 부박한 생각, 경망한 발걸음, 무사유의 신앙에서 벗어나려고 해보면 좋겠습니다. 강요가 아닙니다. 나를 성찰하지 않으면 아무리 양적으로 많은 신앙생활을 해도 소용이 없습니다. 자신을 내성(內省, introspection)하지 못하면 초월(超越, transcendence)도 못하는 법입니다.

신앙을 견지하고 그 신앙을 말로 풀어내는 것이 부끄러운 시대가 된 듯합니다. 올바로 말을 푸는 사람이 또한 맺어야 할 때가 언제인지도 잘 아는 것은 당연한 이치입니다. 여기에 모인 글들이 말을 열고 닫는 데 독자들에게 좋은 안내를 해 주기를 기대합니다. 이를 위해서 필자도 날을 꼬박 새우며 썼던 글들에게 미안하지 않기 위해서 그 말이 체화되도록 노력하고자 합니다.

사람들에게 의식을 조명해 주는 일이 글자만 있어서 될 문제가 아니라는 것을 잘 알기에 인쇄를 통해 종이에 새롭게 각인(刻印, imprinting)시켜 주신 종문화사 임용호 대표님께 깊은 감사를 표합니다. 얼마 전의 『교회 몰락의 시대에 신을 말한다』 이후 두 번째의 출판물입니다. 철학과 문학 그리고 신학 등 다양한 사유로 독자들과 소통하려는 대표님의 의지도 여기에 담긴 것이라 봅니다. 신앙적 외연의 지평을 만나게 해 주신 은사 전헌호 신부님, 독일철학을 통해

엄밀한 이성으로 사유하는 삶으로 안내해 주신 은사 김광명 교수님께 머리 숙여 인사드립니다. 하이데거(M. Heidegger)의 존재론을 알게 해 주신 오희천 교수님과 김인석 교수님께도 심심한 사의를 표합니다. 여러 가지로 마음 써주신 서울신학대학교의 이용호 교수님과 이길용 교수님께도 감사의 말씀을 드립니다.

철학의 여정에서 뵙게 된 숭실대학교 철학과의 김선욱 교수님, 백도형 교수님, 박준상 교수님들부터도 철학적 사유와 방법을 배웠으니 감사한 마음을 갖습니다. 진실한 신학자이시자 키에르케고르학회장이신 숭실대학교의 조은식 교수님과 철학을 공부하시고 화가로서의 새로운 길을 걷고 계신 정은희 전도사님으로부터 힘입은 바가 큽니다. 감사합니다. 절친한 벗 신성대 목사, 박광수 목사, 신성열 박사의 아낌없는 지지에 고마움을 표합니다.

시대를 읽는 눈과 냉철한 이성을 겸비하신 박요섭 목사님과 필자의 오랜 학문적 도반으로 종교학과 환경에 관심을 가지고 연구하고 계신 박정환 목사님의 좋은 생각들이 여기에 담겨 있을 것입니다.

함석헌평화연구소 소장으로서 이 땅에서 인간의 절대 자유를 온전하게 성취하기 위해서 연구하고 활동하고 계신 황보윤식 선생님은 늘 필자를 이 모양 저 모양으로 돕고 계십니다. 오랫동안 종교학 연구와 여러 활동을 하다가 보훈교육연구원장으로 자리를 옮기신 이찬수 선배님은 학문적 사표가 되어 주셨고, 한붉선당의 이호재 선생님은 늘 학문적으로 자극이 되어주셨습니다. 무엇보다도 필자가 학문을 하기 위한 초입부터 기도로 지켜주신 이찬옥 권사님이 안 계셨더라면 여기까지 오기가 어려웠을 것입니다.

그리고 변함없이 참과 곧은 마음을 추구하는 익명의 도반들과 대구가톨릭대학교 대학원생들과 함께 한 생각들이 필자의 글 여기저기에 오롯이 남아 있을 것입니다. 감사합니다. 끝으로 집 안팎의 경계가 없이 글을 쓰며 강의를 하는 필자를 말없이 참아주는 안식구 고운과 아들 김지원에게도 고맙다는 말을 전하고 싶습니다.

2020년 9월 코로나 이후 절대 자유를 곱씹으며 필자 말 – 닫음.

1장

종교의 순수한 시원을 향한 첫 걸음

1. 이방인을 위해 이방인이 된 존재, 사도 바울의 행복

(엡 3,1-12)

서양 문명을 비롯하여 인류의 정신세계에 지대한 영향력을 끼친 인물을 거론하자면 사도 바울을 빼놓을 수가 없습니다. 예수 사후에 그의 말씀과 행적을 기록한 저자들도 중요하지만, 직접 예수의 인물됨과 가치를 당시의 로마 점령 세계에 퍼뜨린 사도 바울이 없었더라면 오늘날의 그리스도교를 상상할 수 없을 것입니다. 사도 바울 자신이 말한 것처럼 그는 "예수의 포로"(desmios tou Christou)였습니다. 그가 자국의 유대인들이 아닌 이방인들에게 예수를 전할 수 있었던 것은 예수에게 붙들린 존재였기 때문입니다. 니체(Friedrich Nietzsche)가 『차라투스트라는 이렇게 말했다』(정동호 옮김, 책세상, 2004)의 책 첫 문장에서 말하고 있는 것처럼, "정신과 고독을 즐기면서" 오로지 예수의 정신만으로 무장한 사람이었습니다. 이방인을 위해서, 이방인의 구원을 위해서, 이방인의 정신세계를 위해서 스스로 이방인으로 불리기를 자처했던 사도 바울에게 배울 수 있는 첫 번째 신앙 자세가 그것입니다. 예수에 사로잡힌 삶, 예수의 정신에 압도당하고 그 정신적 삶을 제1의 가치로 여기는 삶이 아니면 그와 같은 사도가 탄생하지 못했을지 모릅니다.

그리스어의 데스미오스(desmios)는 '갇힌 자'라는 뜻도 있습니다. 공동번역의 '포로' 의미를 달리 풀면 갇힌 자가 되기도 합니다. 예수라는 인물이 지배하는 범주와 의식의 속성이 사람을 가둔다는 개념으로까지 확장해서 사용한다는 것은 그 정도로 예수가 갖는 삶의 가치와 행복의 척도가 크다는 것을 암시합니다. 그런 의미에서 사도 바울은 앞에서 니체가 말한 정신과 고독을 즐기는 자, 예수의 정신과 고독으로 똘똘 뭉쳐서 자신의 삶 곳곳에 스며서 예수만을 드러내는 사람이라는 인상을 갖게 합니다. 그러기 위해서는 자신이 이방인이 되지 않으면 안 됩니다. 유대인으로서 이방인에게 복음을 전하고 삶을 전하고 예수의 정신을 전하는 것보다 더 용기 있는 행동은 그가 이방인을 위해서 이방인이 되었다는 점입니다. 예수에 물들어서 그 정신에 입각한 삶은 자신을 이방인으로 내몰도록 용기를 주었습니다. 이방인의 사고나 관념, 행동방식을 통해서 예수의 정신을 전한 것이 아니라 예수의 사고나 관념, 행동방식이 그로 하여금 이방인이 되도록 만들었다는 것이 맞을 것입니다.

예수를 믿게 되면 자신의 정신이나 고독은 더 이상 자신의 것이 아니라 예수의 정신이나 고독이 되는 것이 당연합니다. 만일 예수를 믿는다면서 여전히 자신의 에고(ego)를 내려놓지 못한다면 예수의 정신이나 고독이 자리를 잡을 수가 없습니다. 자신의 에고보다 예수의 에고를 우선하는 것이 그리스도인이고 그럴 때 예수의 범주와 의식 안에 있다고 말할 수 있습니다. 이것이야말로 스스로 이방인이 되는 첫 출발입니다. 종교인 혹은 신앙인이 되는 데 있어 제일 먼저 선행되는 작업은 자신을 이방인으로 내모는 것입니다. 이방인 이라는 번역어의 그리스어가 에트노스(ethnos)입니다. 민족, 종족이 라는 개념도 함께 들어 있는 말로서, 이는 자신의 정체성을 바꾸는 것과도 관련이 있습니다. 이것은 뿌리까지 바뀌는 것, 자신의 민족 성이나 유전적 계보까지도 초월하면서 새로운 정신과 삶의 체계로 옷을 갈아입는 것이 신앙이라는 것을 가르쳐줍니다. 우리가 예수 를 정말 자신의 삶에서 범주화, 의식화하고 있는지 자문해 보아야 합니다. 예수의 사고와 관념 그리고 행동 방식까지 다 예수화하고 있지 않는다면 그리스도인이라고 자부한다는 것은 곤란합니다.

우리가 사도 바울을 위대하다고 생각하는 점은 거기에서 그치지 않습니다. 그는 자신을 말할 때, 이방인을 위해서 사도가 된 것은 하나님의 은총(charis)이라고 말하고 있습니다. 이방인을 위해서 이 방인이 되었다는 것, 자신의 정신과 고독을 예수에게 양도하고 예 수의 에고로 살아가는 것은 이방인을 위한 하나님의 선물이자 호 의이고 친절이라고 말하는 것입니다. 사도 바울은 자신이 이방인 을 위해서 예수의 정신과 삶, 예수의 정신과 고독을 전하는 이방인 이 되는 것이 하나님의 사랑에서 기인하는 것이라고 고백합니다. 니체도 이렇게 말합니다. "나는 베풀어주고 싶고 나누어주고 싶다. 사람들 가운데서 지혜롭다는 자들이 새삼스레 자신들의 어리석음 을 기뻐하고, 가난한 자들이 새삼스레 자신들의 넉넉함을 기뻐할 때까지." 자신이 깨달았던 신앙의 행복, 자신의 삶의 행복, 자신의 의식의 고양 등은 더 이상 자신의 것만이 아닙니다. 자신의 에고를 확장시켜주고 성숙시켜준 근원적인 존재를 다 언어로 표현할 수는 없지만 그 근원적인 존재로 인한 정신과 신앙적 고독(혹은 신독[愼獨])

의 상태를 서로 베풀고 나누는 것이 신앙의 행복이어야 합니다. 신앙의 행복은 물질적 나눔과 베풂에만 있지 않습니다. 지금까지는 종교가 그러한 것을 과시적으로 경쟁적으로 보이는 것이 신앙적 행복의 결과인 것처럼 말해왔습니다. 그러나 그보다 더 근원적으로 보면 신앙의 행복은 창교자의 정신과 신독을 자기 것으로 하고 끊임없이 그 창교자의 정신과 고독을 내면화함으로써 삶의 점진적 진보라는 것을 입증하는 데 있습니다.

그렇다면 니체가 말한 예수의 정신과 고독(혹은 신독)을 대면하면서 자신의 바닥을 보게 되는 것은 무엇 때문일까요? 사도 바울은 하나님이 자신의 비밀(신비, mysterion), 그리스도에 관한 신비를 인간에게 알려주셨다고 말합니다. 더 구체적으로는 "그 심오한 계획이란 이방인들도 복음을 듣고 그리스도 예수와 함께 살면서 유다인들과 함께 하나님의 축복을 받고 한 몸의 지체가 되어 하나님께서 약속하신 것을 함께 받는 사람들이 된다는 것입니다." 하나님의 신비는 모든 사람들이 한 몸이 되어서 예수의 신비를 알고 예수의 정신과 고독을 삶으로서 구현하는 하나님의 백성이 되는 것입니다. 그래서 하나님의 신비는 지금까지와는 낯선 것이고 그 낯선 것을 받아들일 용기를 가질 때 드러납니다. 물론 하나님의 신비도 은총이요 선물입니다. 저 밑바닥에 있는 의식과 저속한 삶의 상태에서 예수의 정신과 고독이 내면화된다는 것은 깨달음의 경지가 더 깊어진다는 것을 가리킵니다. 그도 그럴 것이 사도 바울은 그리스도를 묘사할 때, "헤아릴 수 없는[측량할 수 없는] 풍요하신 그리스도"(to anakschniaston ploutos tou Christou)라고 말하기 때문입니다. 사도 바울은 그것을 나누고 베푸는 존재로 살아가기를 주저하지 않았습니다. 그러자고 그는 삶의 이방인, 의식의 이방인, 신앙의 이방인, 정신의 이방인이 되었습니다. 신앙은 그렇게 이방인이 되라고 촉구하는 듯합니다.

그러므로 그리스도인도 사도 바울처럼 이방인을 위해서 신앙과 삶의 이방인이 되는 용기를 감행해야 합니다. 차별화된 삶의 이방인이 되는 데는 그냥 되는 것이 아니라 하나님의 능력(ten energeian tes dynameos autou), 즉 우리 안에서 활동하시는 하나님의 에너지로 해야 합니다. 발현하지 않을 때 하나님의 에너지는 잠재적일 뿐입니다. 발현하지 않을 때 하나님의 신비는 잠재적일 뿐입니다. 발현하지 않을 때는 그리스도인의 삶이란 아직 현실적으로 사도 바울이 말한 그리스도의 정신, 삶, 고독의 신앙적 행복이 완성된 상태가 아닙니다. 우리 안에는 그리스도의 신비를 실현시킬 수 있는 잠재적 능력(dynamis, 잠재태)이 있습니다. 그리스도인은 그것을 실현하도록 하는 활동능력(energeia, 현실태; Wirklichkeit)이 있습니다. 그리스도의 정신과 고독 혹은 신독은 모든 인간뿐만 아니라 그리스도인에게 잠재되어 있습니다. 그것을 품고 있는 모든 존재자는 하나님에 의해서 실현하기만 하면 됩니다. 우리는 그것을 실현해야 할 과제를 안고 있습니다. 그리스도인다운 삶, 정신, 고독, 의식 등 그것들이 우리 안에서 실현되도록 노력해야 합니다.

그러기 위해서는 그리스도인도 사도 바울과 같은 고백이 흘러나와야 합니다. "나는 모든 성도들 중에서 가장 보잘것없는 사람입니다. 아니 그보다도 못한 사람입니다."(hemoi to elachistotero panton hagion) 신앙적 겸손을 통하여 그리스도를 올바로 믿고 궁극적으로 그분과 함께 살아가면서 그리스도를 자신의 삶으로 실현해 나가는 과정을 즐긴다면, 그리스도의 정신, 고독, 의식, 이성은 어느 새 그에게로 다가가 있을 것입니다. 다만 우리도 그러한 삶을 살면서 표출된 복음 활동 때문에 고통(thlipis; 환난, 고난)과 힘겨움에 처할 수 있습니다. 그러나 그마저도 또 다른 사람들에게 하나님의 신비 혹은 그리스도의 신비를 알게 하고 실현시키기 위해서라는 것을 기억해야 합니다. 솔 벨로(Saul Bellow)의 소설에서 나오는 말처럼, "사람의 가치는 그가 사랑하는 것에 의해 정해진다"는 명제는 오늘을 살아가는 신앙인뿐만 아니라 모든 인간에게 주어진 고민거리임에 틀림이 없습니다. 그 삶의 딜레마를 극복하면서 살아가는 과정 자체도 익숙한 삶에 매몰된 사람들과는 다른 낯선 이방인으로 살아가는 신앙의 용기일 것입니다. "보라! 잔은 다시 비워지기를, 차라투스트라는 다시 사람이 되기를 갈망하노라." 잔의 용도는 채워짐이 아니라 비워짐에서 더 가치가 있고, 존재는 사람됨의 연속성에서 이탈되지 않기 위해서 결핍을 극복하려고 할 때 더욱 사람다워집니다. 신앙인이 된다는 이치 또한 이와 다르지 않습니다.

● ●

2. 세례, 정신없는(영혼 없는) 삶이 깨어남(사 8,14~17)

세례, 그리스도교의 성사(聖事)

세례는 그리스도교의 독특한 성사(sacramentum)입니다. 물을 끼얹는다는 것 혹은 물속에 들어갔다가 나온다는 것은 그 행위 자체보다 더 심오한 의미를 가지고 있습니다. 세례성사라는 말을 물을 통한 의례 정도로만 인식한다면, 사실 세례행위는 아무런 의미가 없습니다. 세례는 영혼 없는 혹은 정신이 없는(mindless) 삶에서 깨어

나는 의식(儀式; ritual, liturgy)입니다. 좀 더 포괄적으로 말한다면, 미몽적 삶으로부터 깨어나는 의식이라고 말해도 좋을 것입니다. 사람들이 살면서 단 한 번도 스스로 깨어난 상태로 살다가 죽는 경우가 많지 않습니다. 깨어난다는 말 자체로만 본다면 눈을 뜨고 있는 상태를 말하는 것 같지만, 눈을 뜬다고 해서 모든 사람이 살아 있다고 말할 수는 없습니다. 의식(意識)이 인식되고 마음이 각성된 존재로 살지 않는 한 인간의 삶이 인식된다고 말할 수 없기 때문입니다. 그렇게 깨어 있지 않으면 세계와 타자, 그리고 세계에서 일어나는 현상에 대해서 아무런 감각과 인식이 없이 살아가게 됩니다. 그리스도인에게 있어 세례란 바로 삶을 삶답게 살아야겠다는 자각과 결단 그리고 새로운 눈을 가지고 세계를 바라보면서 살겠다는 책무를 갖는 것이나 다름이 없습니다.

세례, 사람을 더욱 사랑하라는 것

그리스도교의 세례가 예수의 눈을 가지고 남다른 삶을 살겠다는 것이 아니라면 세례를 받기 전과 후의 삶은 똑같을 수밖에 없습니다. 우선 세례를 받기 이전에는 하나님에 대한 감각이 무뎠다면 세례를 받고 난 후에는 좀 더 진지하고 예민한 신앙 감각을 가지고 살아야 합니다. 이것은 당연합니다. 그렇지 않고 단순히 세례를 그리스도교 공동체의 일원이 되기 위한 것이거나 성체성사에 참여할 권리를 부여 받은 것으로만 생각하면 오산입니다. 여기서 니체의 얘기를 끄잡아 들인다면, 세례를 받은 그리스도인은 그 누구보다도 사람을 끔찍하게도 사랑하는 사람을 뜻합니다. 니체는 "나는 사람들을 사랑하노라"라고 말합니다. 사람들을 사랑하지도 못하면서 보이지 않는 무한실체인 신을 사랑한다는 것은 어불성설입니다. 사람들 안에 하나님이 있습니다. 그리스도인은 그것을 한시라도 잊어서는 안 됩니다. 그리스도인이 사람을 사랑해야 하는 이유는 사람을 빚어낸 신의 모습이 각각의 사람들 안에 있기 때문입니다. 아니 조금 더 들어가면 내가 그리스도인이기 전에 나도 사람이요 다른 사람들도 동일한 사람이기에 서로 사랑해야 합니다.

세례의 삶, 삶도 죽으면 신도 죽은 것

그리스도인이 아닌 사람들로부터 그리스도인은 끼리끼리 놀고 자기들끼리만 사랑한다고 손가락질을 받는 이유도 그런 데 있습니다. "신은 죽었다"(Gott ist tot)고 선언한 니체는 이제는 더 이상 신을 사랑하지 말고 사람을 사랑하라고 말하고 있습니다. 그리스도교에서 유독 니체를 꺼려하는 이유도 이러한 극단적 선언에 대한 불편함 때문이라는 것을 모르는 바 아닙니다. 그런데 잘 생각을 해야 합니다. 왜 니체가 신은 죽었다고 단언을 했을까요? 목사의 아들로 태어난 니체가 자신의 정체성을 부정한 것으로 여겨야 하는 걸까요? 그보다 서구 유럽사회를 떠받치고 있던 당대의 가치관, 세계관이 더 이상 소용이 없다는 말로 들립니다. 지금까지와는 다른 철학이 태동되어야 한다는 니체의 말을 신학적으로 뒤집으면, 그리스도교는 종래와는 다른 삶의 방향성을 모색해야 한다는 것입니다. 그리스도인이 오늘 내일 하루하루가 일신우일신(日新又日新)하지 않으면 아무리 좋은 가치관과 세계관을 가지고 있다 한들 설득력이 있는 삶으로 보이지 않습니다.

세례, 자기를 끊임없이 극복하는 것

그리스도인 스스로가 신이 죽어 있는 것처럼 정신없는 삶, 영혼 없는 삶, 죽은 삶을 살고 있습니다. 습관적이고 무비판적인 삶, 성찰적이지 못한 삶은 죽어 있는 삶입니다. 삶은 성찰적인 삶이어야 하고 그러기 위해서 인간은 자기를 극복하는 존재로 살아야 합니다. 니체는 말합니다. "나 너희들에게 위버멘쉬(Übermensch)를 가르치노라. 사람은 극복되어야 할 그 무엇이다. 너희들은 너희 자신을 극복하기 위해서 무엇을 했는가? 지금까지 존재해온 모든 것들은 그들 자신을 뛰어넘어 그들 이상의 것을 창조해왔다. 그런데도 너희들은 이 거대한 밀물을 맞이하여 썰물이 되기를 원하며 자신을 극복하기보다는 오히려 짐승으로 되돌아가려 하는가?" 그리스도인이 세례를 받고서도 여전히 자기 자신을 넘어서는 삶을 살지 않는다면 세례는 의미가 없습니다. 세례는 넘어-섬(trans), 다른 존재로의 변화(meta)를 말하는 것이기 때문입니다. 그리스도에 가깝게 다가서기 위해서는 자기 자신의 유한적이고 짐승적인 상태를 넘어서지 않으면 안 됩니다. 짐승적인 상태를 벗어나서(trans, post) 인간이 인간답게 변화되는 것이 존재론적 변화입니다. 이렇듯 그리스도인의 존재 변화의 상태는 참 인간이 되는 데 있습니다.

그러기 위해서는 지금의 나의 모습을 부정하고 다시 새로운 존재의 상태로 나아가려는 몸부림이 선행되어야 합니다. 참 인간은 부정의 연속을 통하여 이루어집니다. 안정이 되고 이 정도면 되었다고 안주하는 순간, 다시 짐승의 상태로 퇴행하고 맙니다. 사람의 성장과 성숙은 완전한 인격과 성품을 갖추기 전까지는 지속적으로 자기 자신을 넘어서야 합니다. 그리스도인의 신앙적 삶이란 그렇기 때문에 더욱 더 어렵습니다. 교회 문턱을 넘어서 안으로 들어가고 다시 문턱을 넘어서 바깥으로 나아가는 들어-섬과 넘어-섬은 그렇게 참 그리스도인, 참 인간의 깊이를 더하기 위한 반복적 훈련의 과정입니다. 세례를 받은 그리스도인은 단 한 번에 참 인간으로서의 과제가 종료된 것이 아니라 끊임없이 현재의 상태를 부정하고 다시 부정하면서 최종적인 긍정의 상태인 참 인간에 도달하기 위한 첫 출발선에 서 있다는 것을 잊지 말아야 합니다.

세례, 예수의 정신대로 사는 삶

그리스도인이 세례의 삶을 산다는 것은 나의 내면에 예수가 자리 잡은 삶이라고 말할 수 있습니다. 다시 말해서 세례성사를 경험한 신자의 삶은 예수의 정신대로 사는 삶입니다. 세례를 받고 난 이후에 견진례(confirmation)를 받는 이유도 거기에 있습니다. 세례를 확인하고 예수의 정신으로 그리스도인답게 살아가겠다는 그 초월적 정신을 더 강력하게 염원하는 것입니다. 그러므로 예수의 정신이 나의 삶 전체를 이끌기를 바라는 마음이 가득한 상태, 그것이 성령을 받은 그리스도인의 모습이 아닐까요? 원시 그리스도교 공동체에서 사람들은 하나님의 말씀을 듣고 세례를 받았습니다. 하나님의 말씀을 들은 사람들은 그 말씀이 자신의 종래의 삶을 부정하고 새로운 삶을 살아야겠다는 상징으로 세례를 받습니다. 하나님의 말씀은 사람들의 마음을 바꾸는 매력이 있습니다. 그런데 사람들의 삶을 영원히, 그리고 끊임없이 추동하고 이끄는 힘은 마음속에 강한 예수의 정신이 꿈틀대고 있을 때입니다. 그것이 성령, 즉 성스러운 영적 기운입니다. 그리스도인이 세례를 받고 난 후에 혹은 받음과 동시에 그 성스러운 영적 기운이 스며들어야 삶도 달라지고 이전보다 사람도 더욱 사랑을 하게 됩니다. 사람을 사랑하는 것도 어려운데 자기의 육체적, 정신적 한계를 극복하고 비가시적인 하나님을 사랑한다는 것은 더욱 어렵습니다. 단 하나, 성스러운 영적 기운을 내 온몸으로 느끼고 인식하면 가능합니다. 그렇게 예수의 정신을 오롯이 각인한다면 하나님 사랑과 이웃 사랑을 통한 하나님의 실체가 그리스도인을 통하여 보이게 될 것입니다. "보라, 나는 너희들에게 위버멘쉬를 가르치노라! 너희들의 의지로 하여금 말하도록 하라. 위버멘쉬가 대지의 뜻이 되어야 한다고! 형제들이여, 맹세코 이 대지에 충실하라. 하늘나라에 대한 희망을 설교하는 자들을 믿지 말라! 그런 자들은 스스로가 알고 있든 모르고 있든 독을 탄 사람들에게 화를 입히는 자들이다." 니체의 말입니다. 이 말이 불편하다면 세례를 받으려고 하는 그리스도인들 그리고 세례를 받은 그리스도인의 삶이란 어떤 삶일까라는 것을 곱씹어야 합니다. 설마 세례를 받으려는 사람이, 세례를 받았던 그리스도인조차도 그저 공상을 품은 나머지 아무런 의지(Wille)도, 소리도, 정신도, 현재의 비판적 감각도 없는 것은 아니겠지요?

●●●

3. 은총의 선물, 결코 맨망하지 않은(고전 12,1~11)

피상적인 그리스도인

신앙이 깊이가 없고 겉도는 이유는 피상성에 있습니다. 물론 피상성이 항상 나쁘다는 것은 아닙니다. 깊이에 너무 천착하다가 그 강박에 못 이겨 죽은 쥐스킨트의 『깊이에의 강요』에서 나오는 주인공을 생각하면, 오히려 깊이가 사람의 영혼을 자유롭게 하지 못한다는 것을 알게 해줍니다. 하지만 오늘날 교회의 문제는 도리어 그 깊이의 상실에 있습니다. 그리스도인은 자신을 들여다보고 속 깊이 들어가 하나님과의 일치를 꾀하려고 하기보다는 신앙을 계륵처럼 여겨서 단순히 피상성의 유희에 빠진 역설을 보게 됩니다. 조금은 다른 차원의 이야기가 될 수 있을지 모르겠습니다만, 알랭 드 보통(Alain de Botton)은 『프루스트를 좋아하세요』에서 이렇게 말합니다. "상투어의 문제는 잘못된 관념을 담고 있다는 데 있는 것이 아니라, 오히려 아주 훌륭한 관념들을 피상적으로 조합해 낸다는 데 있다." 그리스도인의 언어에 있어 좋은 관념을 가지고 있는데도 너무 상투적이고 피상적이어서 본래의 기능을 발휘하지 못하는 것이 이른바 '은사' 혹은 '은총의 선물'(charismata; charismaton)입니다. 하나님은 교회가 제 노릇을 하도록 하기 위해서 사람들에게 은총의 선물을 주셨습니다. 성령을 받은 그리스도인은 교회 공동체 안에서 하나님과 이웃을 섬기기 위한 은총의 선물을 가지고 종교의 좋은 역할을 하도록 불림을 받았습니다. 그래서 그리스도인은 입에 은사라는 말을 입에 달고 있습니다. 중요한 것은 그 언어가 가진 무게요 깊이입니다. 공동번역은 그 뜻을 생각하여 '은총의 선물'이라고 풀어서 옮겼습니다. 선물은 주는 자의 마음이 담긴 것이고 메시지가 있는 기호입니다. 더군다나 그 선물은 값없이 주어진 것입니다. 그러니 은사라는 말이 가벼운 상투어가 되어서는 안 되는 것임에도, 그야말로 가치가 떨어지는 하찮은 개념이 되어버렸습니다. 기능의 깊이는 고사하고 선물을 받은 그 대상이 주체의 의지와 메시지의 깊이를 이해하지 못하기 때문에 상투적인 언어가 되고 피상적인 행동이 된 것입니다. 다시 말해서 교회와 사회를 위한 제 기능을 하지 못한 것입니다.

은총의 선물, 공동의 이익을 위한 것

은총의 선물, 즉 병을 고치고 기적을 행하고 이상한 언어로 말을 하고 신비한 지식을 소유하고 심지어 내가 믿음을 갖는 것조차도 나의 이익을 위해서가 아닙니다. 공동의 이익과 교회 공동체 전체의 이익을 위해서 하나님이 주신 선물입니다. 사적인 남용은 있을 수가 없습니다. 선물을 받는 순간, 이제 그것은 나의 것이니 내 맘대로 처분을 해도 된다고 생각할 수 있지만, 공공적인 교회 공동체를 향해서 주신 은총의 선물은 주신 분의 의지가 담긴 것이기에 여전히 그 선물의 소유권은 하나님을 위한 것이어야 합니다. 그것이 은총의 선물이 갖는 특이성(singularity)입니다. 각각의 특이한 선물들이 모여서 공동의 보편적인 이익을 생산해내는 것이 은총의 선물이 해야 할 역할입니다. 자기를 드러내기 위한 것도, 그 선물의 사적 남용을 통하여 환심을 사기 위한 것도 있을 수 없습니다. 그런데 실제로 벌어지는 현상은 선물의 사적 남용을 통하여 개인의 삶의 영위 수단이나 권위의 도구로 삼기도 합니다. 공동체를 위한 호혜성에 입각하여 각자가 부족한 신앙의 부분들을 보완해주고 정신적이고 영적인 지지자가 되어주지 못하는 것은 은총의 선물을 사적으로만 향유하기 때문입니다. 은총의 선물이 제 역할과 기능을 할 수 있으려면 지금 나의 특이성이 고착화되고 있는 것은 아닌지 자신을 몰락의 시선으로 볼 수 있어야 합니다. 니체는 인간이 자신을 제대로 인식하지 못하는 것을 '경멸', '역겨움' 등으로 표현하면서 자기 자신을 되돌아볼 것을 종용합니다. 혹자는 자신을 경멸하는 시간이 필요하다, 자신의 상태를 역겹게 느끼는 때가 위대한 것이라고 말하는 것이 그리스도교적인 신앙언어가 아니라고 반박할 수 있습니다. 그러나 정작 그리스도교적이지 않은 것은 다름 아닌 자신의 특이성, 즉 은총의 선물을 공동의 이익을 위해서 사용하지 않음을 스스로 역겹게 느끼거나 경멸의 시선으로 보지 못하고 있는 것입니다.

은총의 선물, 각기 자기 행동으로 증명해내는 것

미셸 프루스트는 "모든 작가는 자신만의 언어를 창조해야 합니다"라고 스트로스 부인에게 자신의 견해를 알렸습니다. 그리스도인이 프루스트가 말한 것처럼 다 작가 정신과 같은 자세를 지닐 필요는 없습니다. 그러나 상투적이고 피상적인 신앙으로 일관하지 않으려면 자신의 은총의 선물을 지칭하는 언어, 나아가 모든 신앙언어가 자신만의 고유한 언어, 자신만의 고유한 신앙행동이 되어야 합니다. 아예 상식에 벗어나는 언어를 구사하거나 행동을 하라는 말이 아닙니다. 은총의 선물을 준 애초의 주체가 욕구하는 그 방식을 통하여 좀 더 성스러운 언어와 행동을 창조하라는 것입니다. 분명히 은총의 선물은 '당신이 원하는 대로' 주셨습니다. 성서가 말하는 주장입니다. 내가 원하는 대로가 아니라 '당신이 원하는 대로'(as he chose, RSV; ethelesen/thelo=he decided or he wanted, NIV) 주셨습니다. 그런데 대부분의 그리스도인은 마치 은총의 선물을 내 것인 양, 그리고 내가 바랐기 때문에 준 것이라고 착각을 하는지 모르겠습니다. 은총의 선물은 하나님을 드러내는 기호, 곧 언어와 행동입니다. 따라서 각기 다른 선물이지만 드러내는 것은 같은 주님이요 같은 예수여야 합니다. 자기의 은총의 선물을 통해서 구현하고자 하는 것은 '당신이 원하는 바'여야 합니다. 하나님 자신이 원하는 대로 주셨으니 그분이 원하는 대로 드러내는 것이 마땅한 일입니다. 그럼에도 그리스도인은 하나님이 원하는 바를 드러내기보다는 그 은총의 선물을 받은 당사자의 기분과 감정대로 드러냅니다. 그래놓고는 그 과정과 결과에 대해서 하나님의 뜻대로, 하나님이 원하는 바대로 말하고 행동했다고 말을 합니다. 어불성설입니다. 은총의 선물은 각기 다르나 그것이 드러나는 곳에는 반드시 예수가 알려져야 하고, 은총의 선물은 각기 다르나 그것의 깊이를 드러낼 때는 예수 정신의 깊이가 나타나야 합니다.

은총의 선물, 망상적인 언어가 아니다!

니체는 "아, 형제들이여, 내가 지어낸 이 신은 다른 신들이 모두 그러하듯이 사람이 만들어낸 사람의 작품에 불과했으며 망상에 불과했다!"라고 말합니다. 사람들은 자신만의 허상을 만들어내고는 그것이 신이라고 말을 합니다. 자신의 욕망으로 그려내 놓고는 그것을 하나님이라고 말을 합니다. 세상에서 하나님의 일을 하기 위한 깊이가 요구되는 그리스도인이건만 그 도구로서의 놀이 언어인 은총의 선물을 망상적인 언어로 전락시켜버렸습니다. 그것은 과시적인 언어나 그저 상투적인 언어로서 무의미하게 나누어진 부속품과 같은 존재자의 언어가 아닙니다. 왜 그럴까요? 그것은 하나님의 영이 그리스도인에게 주신 은총의 선물이기 때문입니다. 그리스도인은 하나님의 영에 의해서 "예수는 주님이시다"라고 고백을 합니다. 은총의 선물이 망상이요 허상처럼 보이면, 그리스도인이 내뱉는 언어와 행동을 통한 고백도 허상과 망상이 됩니다. 그래서 은총의 선물이라는 말이 피상성과 상투성에 젖어 있으면 안 된다고 하는 것입니다. 니체는 말합니다. "저 늙은 성자는 숲속에 살고 있는 신이 죽었다는 소문을 듣지 못했다는 말인가!" 사람들은 신이 없다, 아니 죽었다는 말을 합니다. 그에 대해 그리스도인은 신 죽음의 선언에 대해서 강력하게 부인을 합니다. 정작 자신의 상투적인 언어나 피상적인 행동이 신을 죽음으로 몰고 가고 있다는 사실을 잘 인식하지 못하면서 말입니다. 그리스도인은 가능한 한 상투적이지 않은 묵직한 신앙이 곧바로 진정성이 스며있는 언어와 행동이 되도록 은총의 선물인 지혜로운 말, 지식, 기적, 치유, 영적인 언어, 식별 등을 나타내야 합니다. 그럼으로써 모든 사회적 약자와 소수자, 이방인과 더불어 사는 공적인 영역 안에서 보편적인 이익을 공유해야 할 교회와 사회가 피상성에 빠지지 않도록 해야 합니다. 하나님의 영은 결단코 피상적이거나 상투적이지 않습니다. 하나님의 영에 따라서 각기 받은 은총의 선물을 통해서 신앙 행위를 하는 그리스도인이 피상적이거나 상투적이지 않아야 공적 공간에 있는 사람들은 그 행위를 통해서 성령께서 하시는 일과 작용을 보게 됩니다.

프루스트는 다음과 같이 충고합니다. "언어를 보호하는 단 하나의 방법은 그것을 공격하는 것입니다." 신 죽음의 현실, 신 죽음의 현상, 신 죽음의 모독을 극복하고 또 극복하기 위해는 그리스도인이 받은 은총의 선물에 대해 다시 성찰해야 합니다. 그것은 그 은총의 선물에 대한 언어적, 행위적 상투성에 대한 올바른 비판에서

부터 시작합니다. 이에 알랭 드 보통은 다음과 같이 제안합니다. "우리가 어떤 사람을 더 잘 알게 되면 될수록 그들의 정식 이름은 점점 더 부적절하게 보이게 되고, 반면에 그들의 성격에 대한 우리의 깨달음을 표현하기 위해 새로운 이름을 부여하려는 욕망은 더 커지게 된다." 지금 은총의 선물을 받았다고 자부하는 순간, 피상적이고 상투적인 언어 대신에, 그것에 대해서 하나님의 기호로 인식하고 새로운 이름을 명명해 보는 것은 어떨는지요. 그럴 때 피상성과 상투성으로 죽어가는 신과 신앙에 대한 새로운 깨달음의 시선이 생기지는 않을까요?

●●●●

4. 카오스적인 신앙의 실재(고전 12,12~31a)

카오스는 신앙의 자유로운 의지입니다!

니체는 "춤추는 별을 탄생시키기 위해 사람은 자신들 속에 혼돈을 지니고 있어야 한다"고 말합니다. 사람들은 정돈되고 조화로운 코스모스(cosmos)는 선호하지만, 무질서로 인식하는 혼돈(chaos)은 부담스러워 합니다. 세계적인 물리화학자 일리야 프리고진(Ilya Prigogine)은 코스모스가 카오스의 지극히 미세한 일부분에 지나지 않는다고 말했습니다. 물리학에서 카오스는 완전히 무질서가 아니고 겉으로는 무질서해 보이지만 내적으로는 놀라운 규칙성을 갖고 있는 현상을 지칭합니다. 이처럼 우리의 인식 세계에서도 질서 지워진다는 것은 누군가에 의해서, 혹은 무엇인가에 의해서 명령된 체계로서 작동되기 때문이라는 것을 잘 모르는 듯합니다. 세계나 사회의 질서와 정돈은 스스로 자발적인 것이 아닙니다. 그럴 수도 없습니다. 원래가 개별적인 사물이나 존재들은 저마다의 자유로운 의지로 자기 자신이 되려고 하는 욕구와 욕망이 본능이기 때문입니다. 종교라는 것도 그렇게 체계화되어 왔습니다. 교리나 조직에 의해서 일사분란하게 움직이면서 믿음이라는 형식과 내용을 체득함으로써 지속적으로 카오스를 거부하는 게 주목적이었습니다. 그리스도교의 경우에도 카오스보다 코스모스를 지향했습니다. 코스모스는 한 몸이라는 동일성을 내세워 교회의 각 개별적인 존재를 통합하고 질서정연하게 운동하는 조직체가 되기를 원하는 체계입니다. 체계가 믿음의 형식과 내용을 유지시키는 데는 참으로 좋은 역할을 합니다. 하지만 역동적인 신앙을 가지고 있으면, 자기 안에서 새로운 신앙, 즉 "춤추는 별을 탄생시키"려고 할 때는 늘 장애가 됩니다. 신앙의 향유와 믿음의 유희를 표현하고 신앙하는 사람들 안에서 끊임없는 그리스도가 탄생하도록 하기 위해서는 개별적인 카오스를 인정해야 합니다. 그러다 보면 교회 공동체가 혼돈이 있을 수 있습니다. 혼란과 다원화된 욕구와 욕망이 있어서 그것을 다 수용하기 어려운 것처럼 느낄 수도 있습니다. 하지만 다양한 욕구와 욕망을 한 몸으로서의 그리스도 혹은 한 몸으로의 교회 공동체가 수용하면서 신앙의 동일성을 지향해야만 교회가 활력이 있습니다.

카오스는 고착화된 신앙 공동체의 쇄신운동입니다!

어느 한 사람의 생각이나 주장, 신념에 의해서 움직이는 집단 공동체는 결코 건전할 수가 없습니다. 다양한 신앙 색깔이 존재하고 저마다의 역할이 있어서 그리스도의 한 몸으로서의 교회 공동체가 움직인다면 거기에 존중과 배려, 공존과 공생이라는 가치가 정립되는 것입니다. 인종이 다르든 성별이 다르든 성적 취향이 다르든 아니면 부자이든 빈자이든, 지식인이든 노동자이든 상관없이 즐거운 신앙공동체, 신명 나는 신앙공동체를 만들어 갈 수 있습니다. 하나의 성령에 의해서 연합된 공동체이기에 그 하나의 성령만을 인정하면 될 것을, 그 속에서 영향을 받은 다양한 존재에 대한 존중을 나중으로 하는 것을 보면 교회 공동체는 독재적인 성격이 너무 강하게 드러난다는 인상을 받습니다. 카오스는 그와 같은 전체주의적인 신앙을 거부하고 저항하는 힘입니다. 카오스가 있어야 공동체 내부의 긴장감을 통하여 하나의 몸으로서의 그리스도를 지향하려는 힘도 강해집니다. 카오스가 나쁘고 잘못되어서가 아니라 코스모스의 공동체의 고착화된 체계를 끊임없이 쇄신해 나가려고 하기 때문입니다. 카오스는 그리스도의 향유를 지향하는 과정이요, 코스모스로 인해서 그리스도의 사유가 작동하지 않는 휴지(休止)를 넘어서려는 의지입니다.

카오스는 그리스도를 향유하려는 의지입니다!

그리스도를 향유하려는 카오스는 다양한 신앙 형식이나 내용으로 등장합니다. 획일화된 신앙 형식이나 내용은 교회 공동체를 그리스도의 몸으로 온전하게 구현하기에는 역부족입니다. 머리, 팔, 눈, 다리, 손가락, 발 등 다양한 몸의 지체들이 움직이고 그 고유성과 특수성을 인정할 때 비로소 몸이 완성됩니다. 그리스도의 몸으로서의 교회는 그렇게 다양한 지체들이 조화롭게 움직일 때 공동체로서의 노릇을 제대로 할 수 있습니다. 어느 한 지체만 편애를 하거나 발달이 되어도 문제가 됩니다. 어느 한 지체가 유달리 약하거나 배제되어도 몸의 기능을 다하지 못할 것입니다. 몸이 몸으로서의 기능을 쾌활하고 즐겁게 하기 위해서 가장 고급스러운 일로부터 시작해서 가장 낮고 하찮은 일에 이르기까지 결코 차별이 있어서는 안 됩니다. 그리스도의 몸으로서의 교회는 그렇게 구성되어 있습니다. 각 개별적인 존재에 대한 존경과 평등성에 기반 하지 않는다면 그리스도의 몸으로서의 교회는 그리스도의 모습을 마음껏 그리고 올바르게 드러내지 못합니다. 눈, 귀, 손 등 인간의 몸에 붙어 있는 지체들이 다 소중하고 각기 나름대로의 고유한 역할과 기능이 있는 것처럼, 교회 공동체도 그렇게 인식을 해야 합니다. 각기 나름대로의 고유성을 고려하게 되면 혼돈을 야기할 수 있다는 것은 섣부른 판단입니다. 오히려 고유한 특수성들을 배제하여 고려하지 않은 상태로 손을 발로서, 눈을 귀로서 인식하는 것이야말로 폭력이고 더 큰 혼란(confusion)을 가져올 수 있습니다.

카오스의 동일성은 오직 그리스도에게만 두면 됩니다!

카오스, 즉 자기 나름의 고유한 신앙적인 색깔과 역할 그리고 기능, 주장과 생각 등은 하나님의 소관입니다. 다양한 종교인, 신자가 그리스도의 몸으로서의 교회의 구성원이 되도록 하신 것은 하나님의 의도라는 말입니다. 다만 그리스도인 안에서 또 다른 그리스도가 탄생하도록 하기 위해서는 다양한 신자들이 그리스도라는 중심을 향해서 운동하면 됩니다. 별이 춤을 춘다는 것은 별이 고

정되어 있지 않고 운동을 한다는 말입니다. 우주의 별들은 운동을 합니다. 자기의 의지를 가지고 물리적 법칙에 따라서 움직입니다. 자전과 공전을 반복적으로 하면서 일정한 궤도에 따라서 움직이는 힘은 어떤 중심과 중력, 저항 그리고 긴장이 있기 때문에 가능한 일이라고 봅니다. 교회도 다양한 직책들이 존재하면서 움직입니다. 성직자, 교회위원, 기관장, 임원, 교사, 반주자, 지휘자, 장로, 권사, 집사 등 여러 역할과 기능들이 존재합니다. 그런데 어느 지위나 직책은 귀중하고 어느 것은 하찮은 것이 아닙니다. 또한 어느 것은 우월하고 어느 것은 열등하지도 않습니다. 모두가 그리스도를 향해서 나아가기 위해서 존재하는 직책이요 직분이요 지위일 뿐입니다. 그것은 잠정적인 것이지 고정적인 것이 아닙니다. 그것은 분열이나 차별을 위한 것이 아니라 조화를 위한 것입니다.

신앙의 긴장감은 그리스도를 향유함에 따른 자연스런 현상입니다!

우리는 각기 자신 안에서 그리스도를 탄생시키기 위해서 즐겁게 그리스도를 향유하면 됩니다. 그리스도의 정신을 탄생시키기 위해서, 인간이 새로운 정신을 탄생시키기 위해서 그리스도를 향유합니다. 다양한 신앙 형식과 내용을 존중하면서 그리스도를 향해서 나아가는 것은 그리스도라는 동일성을 추구하기 위한 것입니다. 다양성과 다원성, 비위계성의 카오스가 나타나는 것은 그리스도를 동일성으로 하는 궁극적인 코스모스를 정착시키기 위한 것임을 알아야 합니다. 내 안에서 그리스도가 신앙의 코스모스로 자리를 잡으려면 우선 카오스가 필요합니다. 그런데 카오스가 역기능만 있는 것이 아닙니다. 카오스는 존중과 조화와 돌봄을 위한 것입니다. 카오스는 서로의 경계를 인정하고 서로의 약점을 보완하며 서로의 강점을 강화시키는 신앙의 긴장입니다. 그것을 혐오나 감정의 분열로 인식하는 것은 아직 자기 자신 안에서 일어나는 그리스도를 향유 욕망으로 보지 못해서 입니다. 내가 그리스도를 향유하려는 만큼 다른 사람들도 그리스도를 향유하려고 한다는 생각을 한다면 개별 신자의 내면이나 공동체 내의 신앙의 긴장조차도 좋은 것으로 받아들일 수가 있습니다.

카오스의 실재는 어린아이 같이 그리스도를 향유하는 것이고 세계의 몸을 만드는 것입니다!

그리스도를 향유한다는 것은 지체들이 서로 기쁨과 슬픔을 함께 나눈다는 말입니다. 향유는 나의 즐거움과 기쁨만이 아닙니다. 교회 공동체의 지체들이 꿈꾸는 것은 자신의 신앙적인 쾌락과 판타지(fantasy, 공상) 혹은 망상이 아니기 때문입니다. 교회 공동체의 지체들은 그리스도와 동일한 신앙감정을 향유하려는 노력을 해야 합니다. 그것이 그리스도를 향해서 운동하려는 신앙인의 자세입니다. 그리스도가 자신 안에서 탄생하려는 것은 기쁨과 즐거움의 운동입니다. 니체는 인간 정신의 세 단계 변화를 말합니다. 무거운 정신적인 짐을 싣고 가는 낙타,("너는 마땅히 해야 한다") 자유를 쟁취하여 사막의 주인이 되고자 하는 사자,("나는 하고자 한다") "순진 무구, 망각, 새로운 시작과 놀이 그리고 스스로의 힘에 의해 돌아가는 바퀴요 최초의 운동이자 거룩한 긍정"인 어린 아이가 그것입니다. 카오스는 원형적 형태를 의미합니다. 그러므로 그리스도인은 새로운 가치의 창조를 위해서 항상 최초의 운동을 하려는 의지입니다. 그리스도를 향해서 나아가는 놀이를 하는 존재입니다. 자신의 카오스를 부정하기보다는 긍정하면서 그리스도를 위한 존재, 그리스도를 위해서 자기 자신의 의지를 욕망하는 존재입니다. 자기 자신의 욕망은 누구에게나 있습니다. 카오스적 욕망은 그리스도의 교회를 세우고 그리스도의 세계를 펼치기 위한 개별적이고도 다양한 욕망입니다. 그러기에 어린아이처럼 순진무구한 신앙을 견지해야 합니다. 그 신앙은 그리스도와 그분의 몸인 교회 공동체를 위해서 다양한 신앙과 삶의 놀이를 통하여 창조적인 상상의 시적 세계(poiesis)의 몸을 만들어 내기 때문입니다. 그것이 그리스도인이 추구해야 할 더 좋은 은총의 선물입니다.

●●●●●

5. 사랑, 벗 지향적인 헌신(고전 13,1~13)

사람이 사랑의 실재입니다!

사람이라는 존재가 사랑의 실재입니다. 사랑이라는 말을 아무리 많이 한다고 해도 사랑의 실재와 맞닿은 말이 아니면 그저 소음일 뿐입니다. 사도 바울이 교회 공동체에 사랑을 애원했는지, 아니면 반대로 사랑이 너무 흘러 넘쳐서 그 사랑의 관념을 칭송했는지 불분명합니다. 하지만 역설적이게도 사랑은 때로 현실과 맞닿은 지점에서는 증오나 분노가 나타나기도 한다는 점입니다. 사랑이 관념이나 감정이라고 일컫는 것도 사랑의 주체와 대상인 사람이 변하기 때문에 그런 것 같습니다. 그래서 사랑은 형이상학이 아니면 안 되는가 봅니다. 사람과 그 사람의 감정, 기분은 변할 수 있으니 사랑만큼은 저 초월적인 곳에다 두고 싶어하는 것입니다. 여기서 니체의 말을 좀 음미해봐야겠습니다. 그는 그리스도교의 황금률이라 할 수 있는 이웃사랑조차도 이렇게 말합니다. "나 너희에게 이웃이 아니라 벗을 갖도록 가르치노라. 너희들에게는 벗이 이 땅에서의 축제여야 하며 위버멘쉬를 예감케 하는 그 어떤 것이어야 한다."

벗을 대하듯이 사랑하십시오!

니체가 신에 대한 사랑이나 이웃사랑을 폄하했다고 보는 것은 섣부른 해석입니다. 다만, 벗의 사랑을 이웃사랑보다 더 우위에 두고 있는 것은 그리스도인의 가식을 꼬집고 있기 때문입니다. 그는 이렇게 비판합니다. "나 이제 너희들이 온갖 부류의 이웃을, 그리고 그 이웃의 이웃을 참고 견뎌내지 못했으면 하고 소망하노라. 너희들은 너희 자신으로부터 벗을, 그리고 그 벗의 넘쳐흐르는 심장을 만들어내야 하기 때문이다." 벗은 이웃의 이웃입니다. 다시 말해서 이웃을 넘어선 존재를 지칭합니다. 니체의 논리대로 생각해보면, 우리는 특정한 편의 대상을 이웃이라고 범주화시켜 놓고 이웃 바깥의 사람들에 대해서는 이웃이 아닌 듯이 배타적으로 대합니다. 성적 소수자, 노동자, 날품팔이 가난뱅이, 장애인, 노약자, 난민, 이주노동자 등이 과연 우리의 이웃이었던 적이 있었습니까? 만일 그들을 이웃의 이웃으로서 인내, 관용, 친절, 겸손, 예의와 경우 바름, 정의, 관대함, 긍휼 등의 마음으로 대했다면, 그들은 이웃이 아니라 벗입니다. 공자(孔子)가 『논어』(論語)에서 "벗이 멀리서 찾아오면 또한 즐겁지 않겠는가?"(有朋自遠方來 不亦樂乎)라고 말했을 때, 벗은 즐거움의 실재이기도 합니다. 모든 인간이 사랑의 실재가 되어야 한다는 것은 그렇게 벗처럼 즐거움의 실재가 되어야 한다는 말로 치환할 수 있습니다.

사랑의 실재는 무한 범주입니다!

벗은 계급이나 형식이나 계산이 없는 실재입니다. 벗(Freund)은 부담이나 거래관계의 도구적 존재가 아니라 오직 자유로운 기분과 감정의 실재(Freisein)입니다. 벗은 지배나 피지배자의 관계도 아니고 일방의 감정으로 인해서 구속을 받아야 하는 관계도 아닙니다. 벗은 서로 자유로운 관계이며, 존재입니다. 오죽하면 니체는 "너는 노예인가? 그렇다면 벗이 될 수 없다. 너는 폭군인가? 그렇다면 벗을 사귈 수 없다"고 말했을까요? 속박하지 않는 자유로운 존재인 벗의 실재는 일정하게 범주화된 배타적 관계를 설정하지 않습니다. 적어도 진실한 벗의 관계라면 말입니다. 하지만 이웃은 무한 범주가 불가능합니다. 종교나 지역이나 성별이나 지위나 직장 등에 따라서 이웃의 범주는 달라집니다. 그에 따라서 사랑이라는 관념이나 감정 또한 달라지게 되는 게 오늘날 우리의 현실입니다. 말이 이웃이지 무한 범주, 무한히 확장가능한 관계로서의 이웃이 될 수 없습니다. 사랑은 무한 범주에 속한 감정이자 관계입니다. 사도 바울이 말하는 사랑이라는 실체와 관념으로 보자면, 그 실행지침이 가히 무한 범주에 가깝습니다. 무한히 이웃의 이웃을 상정하면서 사랑을 갈구하고 그것을 실천하기 위해서는 그 대상을 한정짓지 말아야 합니다.

사랑의 실재인 벗은 이웃사랑을 넘어서게 합니다!

벗은 그래서 일정한 현실 영역 너머에 있는 실재입니다. 벗은 범주 초월적 실재입니다. 그렇게 사랑의 실재로서의 벗의 관계로 보자면, 사랑은 사람이 울타리 쳐놓은 범주를 한없이 넘어서는 감정입니다. 니체는 "미래가, 그리고 더없이 멀리에 있는 것이 너희들이 오늘 존재하는 그 존재 이유가 되기를 바란다. 너희들은 너희들의 벗 속에 잠재해 있는 위버멘쉬를 너희들의 존재 이유로서 사랑해야 한다"고 말합니다. 또한 "벗 내면에 있는 적에게도 경의를 표해야 한다"고 하면서 포용적 실천을 강조합니다. 보편적인 사람으로서의 이웃을 벗으로 인식한다는 것은 지금까지의 편협한 사랑을 끊임없이 넘어서는 것입니다. 사랑조차도 주고받고 계산하고 도구나 수단으로 생각하는 모든 말장난과도 같은 관계에서 무상(無償)으로서의 사랑으로 넘어가야 진정한 사랑입니다. 벗은 그렇게 즐거움과 기쁨으로만 묶여 있는 자유로운 사랑의 존재입니다. 사랑은 단순히 너를 향해서만 가지도 않고, 나에게만 몰두하지도 않습니다. 사랑은 나와 너를 넘어서 우리를 만족시키는 상호 즐거움과 기쁨으로 나아가게 합니다. 나라는 범주, 너라는 범주를 넘어서 서로 주체가 되는 사랑은 나 안에서 진정한 너, 너 안에서 진정한 나를 발견하게 됩니다. 동시에 서로 주체로서 느끼는 사랑은 하나님의 숭고한 사랑을 느끼는 듯하기에, 바로 거기에서 사랑의 실재로서의 사람을 통해서 신에 대한 사랑의 실재로 넘어갈 수 있는 것입니다.

사랑은 종말을 맞이한 지속적 찰나의 감정입니다!

사랑은 이웃의 이웃 그리고 아직 오지 않은, 아직 존재하지 않은 실재에게까지 확장해야 합니다. 믿음과 희망이 다 사라진 자리에 그래도 마지막까지 이 땅에서, 그리고 사람과의 관계를 지켜야 하는 것은 사랑입니다. 시간의 끝에서는 믿음도 지킬 수 없을 것입니다. 희망도 아무런 소용이 없을 것입니다. 그러나 사랑만은 그 시간의 끝자락에서 삶과 신앙을 버티게 만드는 위대한 힘이 될 수 있습니다. 사랑은 지금의 실재나 존재자에게만 해당되지 않기 때문입니다. 아직 오지 않은 존재, 미래에 존재해야만 하는 실재들에게도 사랑은 있어야 합니다. 니체는 말합니다. "형제들이여, 나 너희들에게 이웃에 대한 사랑을 권하지 않노라. 나 더없이 먼 곳에 있는 사람들에 대한 사랑을 권하노라." 사랑의 형이상학, 벗의 형이상학은 저 너머에 있는 존재와 실재에 대한 배려(Fürsorge)를 위한 것이기도 합니다. 지금 사랑하면 되지 않느냐는 그야말로 "타자 지향적 헌신" 혹은 '현실 지향적 헌신'으로서의 사랑으로는 부족합니다. 니체가 "이웃에 대한 사랑보다 더 숭고한 것은 더없이 먼 곳에 있는 사람과 앞으로 태어날 미래의 사람들에 대한 사랑이다"라고 말한 것을 기억할 필요가 있습니다. 사람의 존재가 실재해야 사랑의 실재도 존재합니다. 시간의 끝에서 사랑이 머물고 있다고 하더라도, 현재의 사람의 존재가 먼 곳의 사람, 아직 오지 않은 사람들에 대한 사랑을 고려하지 않는다면 사랑의 형이상학은 허언이 됩니다. 늘 너머에 있는 초월자를 지향할 수 있는 것은 사랑을 나눌 수 있는 실재가 지금과 미래에도 존재할 것이라는 강한 신념 때문입니다. 지금 사랑의 형이상학을 깊이 있게 생각한다면 결코 미래의 사랑의 실재인 사람, 그 사람 안에 있는 사랑 또한 마음-쓰지 (Sorge, 염려) 않을 수가 없습니다.

김승희의 〈신이 감춰둔 사랑〉이라는 시에는 이런 말이 등장합니다. "지구에서 태양까지의 거리가 1억4천9백6십만km인데 하루 혈액이 뛰는 거리가 2억7천31만2천km라고 한다 지구에서 태양까지 두 번 갔다올 거리만큼 당신의 혈액이 오늘 하루에 뛰고 있는 것이다 바로 너, 너! 그대! 그렇게 당신은 파도를 뿜는다 그렇게 당신은 꺼졌다 살아난다 그렇게 당신은 달빛 아래 둥근 꽃봉오리의 속삭임이다 은환의 질주다 그대가 하는 일에 나도 참가하게 해다오 이 사업은 하나님과의 동업이다 그 속에서 나는 사랑을 발견하겠다."(박형준, 이장욱 엮음, 걸었던 자리마다 별이 빛나다, 창비, 2009) 니체가 비판하듯이 사랑은 미사여구가 아닙니다. 사랑은 사람이라는 존재 안에 실재하는 하나님의 감정입니다. 사람의 신앙뿐만 아니라 사람의 움직임과 사람의 일, 사람의 마음과 말, 그리고 그 몸 자체 안에서 내뿜는 생명 안에 사랑이 실재합니다. 그 사람을 한없이 사랑하면서 살아간다면 그게 신앙인의 본분이 아닐까요?

● ● ● ● ● ●

6. 복음, 그리스도의 나타남(고전 15,1~11)

신앙과 정신의 상승

그리스도교의 기쁜소식(Gospel), 즉 복음은 그리스도의 나타남에서 비롯되었습니다. 복음이 복음이 될 수 있었던 것은 나타남이라는 사건, 어떤 현상(現象) 때문에 그렇습니다. 현상은 본질의 드러남입니다. 그리스도가 신앙의 본질로서, 아니 그리스도 자신이 인간의 삶 곳곳에서 정체를 드러낸 것이 복음이 될 수 있었습니다. 그리스도는 자기 자신을 있는 그대로 보이십니다. 인간의 의식과 삶의 저변에서 그리스도를 인식하는 사람이건 아니건 상관없이 그분은 신앙과 삶의 본질로서 드러납니다. 그리스도는 일찍이 신앙의 이치를 깨우치고 하나님과의 긴밀한 외경심을 인식하였습니다. 그와 같은 그리스도는 곧 깨우친 자의 가슴에도 존재하는 것이고, 깨우침이 필요한 존재자에게도 드러납니다. 그리스도를 욕망하는 사람들은 많습니다. 그에 비해 그리스도를 본질로서 깨우쳐 실천적 힘으로 삼으려고 하는 사람들은 적습니다. 우리는 그것을 신앙적 타협이라고 말합니다. 그리스도가 삶과 신앙의 본질로서 드러나는 것은 그분의 생애와 가르침이 주는 빛에 의해서 가능합니다. 그분의 행업과 가르침을 통하여 삶을 보는 시각이 달라지기 때문입니다. 시각이 달라진다는 것은 내적인 자아에 의해서도 가능한 것이기도 하지만 신앙의 본질인 그리스도에 의해서 주어진 정신적 상승에 의해서도 가능합니다.

복음, 정신의 해방

니체는 "정신의 해방을 쟁취한 자는 이제 자기 자신을 정화해야 한다. 아직도 허다한 감옥과 곰팡이가 그에게 남아 있기 때문이다. 그의 눈 또한 깨끗해져야 한다"고 말했습니다. 그리스도의 나타남, 즉 그리스도의 본질이 사람들에게 나타난 것은 정신의 해방과 정화의 결과로서 보여진 것입니다. 그리스도의 본질은 정신의 해방, 신앙의 해방, 내면의 끊임없는 정화의 표상으로서 사람들에게 나타납니다. 다만 시각이 문제이고 이성과 신앙적 감각이 문제일 뿐입니다. 그런고로 사람의 내면에 찌꺼기처럼 남아 있는 정신적 오염의 때를 벗기지 않으면 맑은 시각을 갖기 어렵습니다. 이것은 그리스도가 인류에게 신앙과 삶의 본질로 나타나는 것을 방해합니다. 사람들은 그리스도를 그리스도로서 인식하지 못하고 자기가 믿고 싶고 보고 싶은 대로 판단합니다. 신앙의 때가 끼어 있고 편견에 사로 잡혀 있는 신앙인은 그리스도가 나타난 바 그대로 보지 못합니다. 그리스도를 심령술사나 초능력자와 같은 존재로 보는 것은 그리스도인의 사적인 욕망에 지나지 않습니다. 동일하게 그리스도가 있는 그대로 드러나도록 인식하고 그렇게 믿으려면 그리스도인 스스로도 정신의 해방을 경험해야 합니다. 정신적 해방은 화폐중심의 물질적 중력을 거부하고 끊임없는 자기 정화로서만 가능합니다. 사람들에게 그리스도가 나타났다는 것은 여기저기서 정신의 해방을 갈구하는 사람들에게 그리스도라는 존재가 새롭게 인식되기에 그렇습니다.

복음은 전인적(전체) 구원을 가리킵니다!

사도 바울은 복음이 믿음의 기초가 된다고 역설합니다. 사실 그도 그럴 것이 복음은 그리스도의 말씀과 행적이 기록되어 있기에 어찌 보면 그리스도의 흔적 같은 것이라고도 볼 수 있습니다. 성서 비평학자들이 텍스트들을 낱낱이 조각내어서 그리스도의 삶의 편린들만이 남아 있다고 하더라도 복음은 분명히 구원으로 인도하는 내용을 담고 있습니다. 게다가 그리스도의 나타남의 사실적 경험보다도 더 생생하게 묘사된 것들이 있기에 복음을 읽고 들을 때에 그리스도인은 그리스도가 나타났다고 믿게 됩니다. 그리스도의 나타남을 문자로, 혹은 음성으로 알아들을 때 그분의 현존은 단순히 기호나 감각적인 존재로만 인식하지 않습니다. 눈으로 보고 귀로 들음으로써 그리스도는 가까이에 나타납니다. 눈으로 본다는 것이 단순히 시각적인 것만 의미하지 않습니다. 마찬가지로 귀로 듣는다는 것도 소리로만 듣는 것이 아닙니다. 시각과 청각에 의해서 포착된 정보는 그리스도의 삶이자 가르침입니다. 그분의 삶과 가르침대로 산다면 정신도 깨어나고 육체도 건강해질 수 있습니다. 구원은 전인적인 것으로서 복음을 통하여 총체적인 변화를 꾀하게 합니다. 마음과 몸 그리고 사회 전체가 건강해지려면 믿음의 기초가 되는 복음을 문자나 소리로만 들으면 안 됩니다. 온 몸으로 느껴서 복음을 구현하려고 할 때 자신만이 아니라 세계가 그리스도의 정신의 해방감을 맛볼 수 있을 것입니다.

특수한 예수의 보편적인 나타남

그리스도인에게 그리스도의 삶이 파노라마처럼 읽혀지는 것도 중요하지만, 그 읽힘은 개인과 사회 그리고 세계 곳곳에 파급될 때 진정한 나타남이라고 할 수 있습니다. 육화(탄생), 고통과 죽음 그리고 부활의 현현은 그리스도교에 있어 매우 중요한 신앙적 사건들입니다. 그런데 이 드라마 혹은 예수 이야기는 모든 사람들에게 그리고 세계 곳곳에서 보편적인 사건들처럼 일어납니다. 인간의 탄생의 신비와 약자들의 고통과 죽음 속에 나타나는 그리스도는 부활하신 그리스도를 보는 듯합니다. 부활의 현현은 불의에 진노하는 민중 속에 있고 고통 받는 자연 속에 있으며, 자본에 의해서 착취당하는 노동자들의 모습 속에 있습니다. 따라서 그리스도의 나타남은 보편적인 현상입니다. 그리스도의 본질이 나타나는 것은 특정한 사람들에게 나타나는 것이 아니라 모든 사람들에게 나타납니다. 그리스도의 드라마나 이야기가 단지 그리스도교만의 서사(narrative)가 아니라 모든 사람들을 위한 이야기라는 것을 알게 될 때 그리스도의 나타남의 특수성과 보편성을 깨닫게 됩니다. 죽어서 나타남을 보거나 신비적 체험으로서 그리스도의 나타남을 체험하는 것만이 그리스도의 현상이 아닙니다. 나타남은 거룩하고 삶의 진정성에 바탕을 두고 살려고 하는 사람이라면 언제든지 목격하게 되는 것입니다. 나타남의 본질이 그렇습니다. 나타남은 뜻하지 않게 그 본질이 자신을 내보이게 될 때 보게 되는 것이니 말입니다.

삶에서, 나에게서 그리스도 자신이 보이게 하십시오!

그리스도는 자신이 신앙의 본질이기 때문에 그것 자체로 보이기를 원하십니다. 하지만 사람들은 그리스도를 이렇게 혹은 저렇게 재단하기를 원합니다. 나타나는 바를 그대로 보려고 하기보다는 자신들의 입맛대로 그리스도를 만들어 냅니다. 그러니 세계에서 그리스도를 제대로 보고 싶어 하는 사람들에게 그리스도가 본질로서 나타나기보다는 표피적으로만 보이게 될 것은 뻔합니다. 그것이 그리스도가 아니라는 것을 잘 알면서도 마치 그리스도는 이러해야 한다는 식으로 발언하게 되니 그리스도가 본질 그 자체로 보이기 만무한 것입니다. 그리스도를 그리스도로서 인식하도록 하기 위해서는 그저 하나님의 은총에 기댈 수밖에 없습니다. 자기 자신의 처지와 입장, 그리고 상황들에 맞추어 그리스도의 본질을 인식할 것이 아니라 하나님의 은총에 의존하여 그분 자신의 시각으로 보려고 해야 합니다. 무한하신 하나님의 깊이에서 사태를 바라볼 때 그리스도가 나타나는 것도 달리 나타나게 보일 것입니다. 그것을 통해서 그리스도인이 해야 할 일은 오로지 그리스도가 나타나실 것이고 현존하실 것이라는 믿음을 갖는 것입니다. 나타남을 기다리는 것도 중요하지만 전언을 알리는 것도 중요합니다. 그리스도의 나타남의 특수성인 죽음과 부활을 재해석하고, 그 해석된 것을 삶으로 나타내 보인다면, 그리스도인의 모습에서도 그리스도의 나타남을 보게 될 것입니다.

그러나 한 가지 명심해야 할 것은 그리스도의 나타남을 제대로 인식하려면 내 눈이 깨끗해져야 합니다. 신앙의 눈이 순수한 상태를 유지하지 않으면 나타남을 왜곡하거나 호도할 뿐만 아니라 나타났음에도 불구하고 인식하지 못할 수 있기 때문입니다. 그리스도의 나타남은 오로지 그분 자신의 의지입니다. 그러므로 그 의지를 그리스도인 자신의 의지와 착각하지 않도록 사심 없이 그리스도의 나타남을 보려고 노력을 해야 할 것입니다. 그리스도의 나타남은 그분에 대한 신뢰와 그분의 죽음과 부활에 대한 이야기를 나타남의 희망으로 받아들일 때 곳곳에서, 보편적으로 목격하게 될 것입니다.

7. 부활, 예수의 호흡을 나누는 것(고전 15,12~20)

부활은 현실의 배반이 아닙니다!

도대체 그리스도교에서 말하는 부활이란 무엇일까요? 이와 같은 난문에 대한 해답은 성서에 명시적으로 나와 있는 것 같습니다만, 실상은 그리 간단한 문제가 아닙니다. 고도의 해석학을 적용한다고 해도 모든 사람들에게 만족할 만한 명쾌한 답을 준다는 것은 여간 곤욕이 아닌 게 부활이라는 사건입니다. 그래서 부활이란 단순히 죽었다가 다시-삶이라는 식으로 풀어낸다 한들 신통치 않습니다. 더욱이 죽어보지도 않은, 또한 죽었다가 살아난 본 적도 없는 인간의 유한성과 삶의 유일회성 앞에서 실험적으로 살 수는 없는 노릇입니다. 결국 부활이란 믿음의 문제요 다시 현실의 문제라는 것이 명확해집니다. 시인 박형준은 "사람과 친해진다는 것은 서로가 내뿜는 숨결로 호흡을 나누는 것"이라고 말합니다. 그리스도교에서 부활도 이와 다르지 않다고 봅니다. 예수와 호흡을 나누는 것, 아니 좀 더 현실적으로는 살아 있는 사람들과 생명을 나누는 것이 부활입니다. 부활의 연속성과 그 실제를 지금 여기서 경험할 수 있는 것은 생명이 살아 숨 쉬는 곳에서 일어나는 생생한 삶입니다. 삶을 배반한 후 죽음을 맞이하고 나서 다시 죽음을 역행하는 고도의 물리학적 환원과도 같은 현상이 부활이 아니라는 말입니다. 부활은 지금 여기의 생생한 삶의 현실에서 생생하게 살아 있는 자들과 호흡하는 것, 호흡을 나눠 갖는 것입니다. 또한 부활은 살아 있는 자들뿐만 아니라 이미 죽은 자들의 호흡을 내가 이어가는 것입니다. 호흡을 나눠 갖는다는 것은 내가 사는 삶의 결마다 수많은 사람들의 호흡들이 씨줄과 날줄로 이어지면서 내가 산다는 것을 의미합니다. 그러므로 부활의 삶은 그 실제가 너무나도 고귀하고 진중합니다. 함부로 죽음을 폄하하면서까지 부활의 실증을 보여주는 삶과 생명만이 가장 소중하다고 말하지 말아야 합니다. 이 대지에서 삶과 죽음을 무겁게 이어갔던 생명들의 호흡과 숨결을 우리가 지금 대신 이어가고 있기 때문입니다. 그런 의미에서 부활은 사람과 친해지고[親] 사람과 새로움[新]을 공유하는 것인지도 모릅니다. 사람들뿐만 아니라 이 대지의 수많은 생명들의 숨에는 무한의 결이 있습니다. 그 무한의 결들이 모여져서 결국 오늘의 내가 있는 것이니 부활은 가깝고도 멀며, 온전한 인식이 불가능한 서사이기도 합니다. 우리는 그러한 일을 하나님께서 하셨고, 오직 하나님만이 하실 수 있다고 고백합니다. 모름지기 부활이란 우리 의지의 영역이 아니기 때문입니다. 부활은 하나님의 일이요 수많은 숨결들의 집합에 의해서 이루어진 유한한 인식 너머의 무한의 이야기입니다.

결과 결이 연결되어 삶[부활]이 됩니다!

단순히 부활이 죽고 난 이후의 초월적인 사건이라고 말하는 것에 대해서 니체는 가혹할 정도로 독설을 퍼붓습니다. "이 대지는 존재할 가치가 없는 자들로 가득 차 있고, 생은 많은—너무나도—많은 자들로 인해 썩어 있다. 누군가가 나서서 "영원한 삶"이라는 미끼로 저들을 현혹, 저들로 하여금 생에 등을 돌리도록 해준다면 좋으련만!" 역설적으로 자신이 살아가는 현실은 존재할 가치가 없다고 말하는 사람들이 많이 있습니다. 인생이 고통스럽거나 삶의 의미가 없다고 여겨질 때 우리는 현실을 등지려고 합니다. 게다가 종교는 이 세계를 빨리 등지도록 유도하는 경우도 있습니다. 하지만 등을 돌린다고 해결될 일은 아닙니다. 니체의 독설은 썩어질 대로 썩어 있는 현실에서 등을 돌리라고 말하고 있지 않습니다. 기실 그 썩은 곳에서 생명이 꿈틀대고 숨결이 나오기 때문입니다. 생명과 숨, 그 숨을 고를 수 있고 다시 결과 결이 생기도록 만드는 이 현실을 떠난다면 부활의 실증을 어디서 볼 수 있단 말입니까? 니체가 강조하면서 "영원한 삶"을 미끼와 현혹적인 수사학이라고 말하는 그 삶이란 지금 여기에서 숨결과 숨결이 서로 연결되는 것을 깨닫는 삶입니다. 오래전 그렇게 부활을 맛보았던 예수의 숨결과 연결되는 동시에 수많은 숨결과 연결되어서 또 내게 주어진 삶과 숨결의 고마움을 잘 이어가는 것이 오늘을 살고 있는 우리들의 할 일입니다. 죽고 난 이후의 삶에 대해서 수수방관하거나 아예 믿지 말라는 말은 아닙니다. 대지의 일이 있고 하늘의 일이 있습니다. 중력을 이기지 못하는 인간이 물리적 법칙을 이겨보겠다고 한들 하늘에 닿을 일이 아닙니다. 그 오만함이 부르는 마음의 결은 하나님이 인간에게 주신 한결같은 마음은 아닐 듯합니다. 수많은 결과 결이 부딪혀서 만들어진 숨결과 호흡으로 날마다 새로운 삶의 결이 생기도록 하라는 준엄한 명령을 어긴다면 하늘에서의 초월적인 부활도 결이 달라질 것은 빤한 이치입니다. 따라서 수많은 숨결들이 썩지 않도록 존재하고 또 존재하도록 숨결을 나누고 또 나누면서 호흡을 이어가는 것이 그리스도인의 막중한 책무라 할 것입니다.

비문(碑文)은 예수의-곁에서-맴도는 것입니다!

우리의 선조들은 죽기 전에 비문(碑文)을 써놓는 경우가 왕왕 있었습니다. 수의를 미리 장만해두면 장수를 한다는 설도 있었습니다. 그럼에도 인간의 유한성을 극복하기에는 역부족입니다. 비문은 비문(非文)이자 비문(祕文)일 뿐입니다. 죽은 자가 산 자들에게 주는 메시지이기에 산 자들의 호흡과 숨결로 보자면 그것은 죽은 자들의 글귀들이니 지금의 생명 현실에서 '생물학적으로 살아 있는 그들의 말로 받아들이기 어렵습니다. 그래서 그들의 말은 또 다른 말로 비문(祕文)입니다. 신비스러운 말처럼 들리기도 하고 삶의 주문처럼 외워지는 말이기도 합니다. 유명한 극작가이자 평론가인 버나드 쇼(George B. Shaw)가 남긴 비문도 그렇습니다. "우물쭈물하다가 내 이럴 줄 알았다." 역시 버나드 쇼다운 말입니다. 그러나 그리스도교에서 말하는 부활은 바로 이러한 비문을 넘어선 삶을 지칭하는 서사입니다. 그래서 내가 부활한다는 것은 어렵습니다. "사람들이 몇 줄 글로 남겨놓은 비문을 찾아 읽거나 몸을 잿더미처럼 뒤지며 한 생명이 무덤 곁에 있다." 시인 조은의 〈무덤을 맴도는 이유〉라는 제목의 일부분입니다. 그리스도교의 부활은 예수의-곁에서-맴도는 것입니다. 니체가 비판하듯이, "이 대지는 생에 작별을 고하고 떠나야 한다는 저 죽음의 설교"는 아닙니다. 비문을 말한다는 것은 죽음의 설교를 말하는 것입니다. 죽음의 설교는 항상 무덤 주위를 맴돌고 비문에 아로새길 명문장다운 삶을 살라는 명령으로도 들릴 수 있습니다. 하지만 곱씹어보면 이 대지에서 예수의-곁에서-맴도는 삶을 등한히 하라는 오해를 불러일으킬 수 있습니다. 부활의 사건은 분명히 예수가 죽었다가 살아났다는 전언입니다.

그것은 죽은 자가 살아날 수 있다 혹은 다시 살아난다는 분명한 실증이요 확증입니다. 그렇다면 우리가 할 일은 예수의-곁에서-맴도는 삶을 살아야 합니다. 그것이 없이 부활이란 있을 수 없기 때문입니다.

지금 여기에서 비문적인 삶을 살고 싶다면 우선해야 할 것은 예수의-곁에서-맴도는 삶을 살아야 합니다. 그것이 지금 여기에서 부활을 앞당겨 사는 것이고 명문의 비문을 남길 수 있는 삶이 되는 것입니다. 예수의-곁에서-맴도는 삶을 살게 될 때 그 삶이 곧 우리가 믿은 바의 부활의 실증으로 나타나는 것이고 곧 나타날 실증적인 부활의 비문이 되는 것입니다. 부활을 믿는다는 의미는 바로 예수의-곁에서-맴도는 삶을 충실하게 살아내겠다는 것과 다르지 않습니다. 우리는 지금 부활한 첫 사람, 즉 예수의 숨결로 살고 있습니다. 그 모범을 따라서 살다가 보면 부활한 첫 사람의 몫이 내게도 이어질 것입니다. 첫 사람의 몫이란 순번을 기다려서 갖게 되는 것이 아니라 예수의-곁에서-맴도는 삶을 사는 모든 사람들에게 주어진다는 수사학적 기호입니다. 부활의 믿음을 견지하는 사람들은 항상 제일 처음의 자리에 예수의 인간적인 숨결, 예수의 사회적 숨결, 예수의 생명적 숨결, 예수의 정의로운 숨결, 예수의 사랑의 숨결을 두고 싶어 합니다. 이처럼 예수의 숨결과 호흡 그리고 그분의 숨결과 호흡에 따라서 산 모든 숨탄 존재들과 나누는 숨결과 호흡이 바로 오늘날의 진정한 부활(다시-삶)이 될 수 있을 것입니다.

●●●●●●●●●

8. 그리스도 부재(不在)의 불안(고전 15,35~38·42~50)

부재가 과연 사랑하는 사람을 위한 것일까요?

"부재란 사랑하는 사랑에게는 가장 확실하고 가장 효과적이고 가장 뿌리 깊고 가장 파괴할 수 없는 가장 충실한 현존이 아닐까?" 프랑스 작가 마르셀 프루스트(M. Proust)의 말입니다. 하지만 이게 무슨 역설일까요? 부재(하는 존재)가 사랑하는 사람에게 자신이 가장 확실하게 존재하는 것을 의미한다니요? 사랑하는 사람이 존재하지 않는 세상은 살아가기가 너무 힘겹습니다. 사랑하는 사람이 부재하게 되면 자신의 존재 이유조차 발견하기도 어렵습니다. 그래서일까요? 마르셀 프루스트는 슬쩍 말을 바꾸는 듯합니다. "부재에 익숙하다는 것, 부재를 괴로워하지 않는 것, 이것이야말로 가장 부끄러운 고통이며 가장 심한 타락이다." 죽어서 사라진 존재에 대한 부재로 인한 고통, 그 고통으로 우리는 사랑하는 사람이 얼마나 소중한지를 깨닫게 됩니다. 그래서 아끼고 정을 나누고 사랑했던 사람, 그 사람의 부재로 말미암아 세상에 홀로 남겨진 사람에게 자신의 존재 가치를 확실하게 인식시키는 것도 없을 것입니다. 그만큼 현존재의 지금-있지-않음(부재)의 고통은 크고 절망적일 수밖에 없으니 말입니다. 그런데 그 부재에 대한 고민과 염려 그리고 합리성을 찾으려는 시도는 일상적인 삶뿐만 아니라 종교에서도 나타나는 것이 사실입니다. 사람들은 예나 지금이나 자신의 부재, 가족의 부재, 그리고 완전한 삶의 부재에 대한 해답을 종교가 해주기를 기대했다는 것입니다. 그래서 그리스도교에서는 인간의 부재 혹은 몸의 부재가 끝이 아니라 언젠가 다시 새로운 존재로 변화된다고 확답합니다.

몸의 부재가 다시 재현되는 것[否定/不定]은 하나님의 소관입니다!

사람이 사라지고 난 후에 존재 변화가 어떻게 이루어질 것인가는 인간의 영역이 아닙니다. 그것은 오직 하나님의 일입니다. 죽고 난 후에 다시 살이 붙든 아니면 다시 호흡이 돌아오든 그것은 우리의 의지로 어찌 할 수 없습니다. 어리석은 생각이고 과만(過慢)한 욕망일 뿐입니다. 다만 삶에 질식하고 죽음에 갇혀 있는 사람들, 그것을 미리 맛본 사람들에게 주는 빛이자 현재의 호흡이기도 합니다. 니체는 말합니다. "머지않아 긴 어스름이 다가오리라. 아, 그렇게 되면 나 어떻게 나의 빛을 보존할 수 있을까! 나의 빛이 이 슬픔 속에서 질식하지 않았으면 좋겠다! 그것은 좀 더 멀리 있는 세계와 더할 나위 없이 먼 밤을 비춰주는 빛이 되어야 하기 때문이다." 언젠가 부재를 경험한 존재들이 새로운 존재 변화를 한다는 것은 아마도 그리스도의 빛을 안고 살게 된다는 것과 다르지 않을 것입니다. 이미 죽은 몸의 살이 썩었음에도 불구하고 새로운 살이 붙는다는 것은 새로운 생명을 덧입는다는 의미입니다. 사도 바울이 말하는 것처럼, 그것은 하늘에 속한 사람이 된다는 것이요, 새로운 영적 존재가 된다는 것을 뜻합니다. 그리스도의 사람들은 그리스도의 모범으로 인해서 그리스도처럼 하늘의 사람이 됩니다. 하늘의 초월자의 빛을 안고 그 빛의 인도에 따라서 새로운 삶을 살게 되는 날이 있을 것입니다. 그날이 죽어서 도래할지 살아생전에 도래할지 아무도 모릅니다. 동시에 부재는 지금의 부재가 될 수도 있고, 먼 훗날의 부재가 될 수 있습니다. 몸의 부재만이 부재가 아닙니다. 의식과 정신과 마음이 부재한다면 그 사람은 이미 부재한 것과 다르지 않습니다. 그래서 니체가 말하듯이, 먼 미래의 부재가 아니라 지금 여기서의 부재를 더 슬퍼하면서 내 안에 그리스도의 빛이 존재하지 않은 것에 대해서 염려를 해야 합니다. 아직 오지 않은 부재의 가능성 때문에 지금의 그리스도의 빛을 알아차리지 못한다면, 그것처럼 슬픈 일이 없습니다. 그로 인해 삶과 신앙, 관계 그리고 세계가 질식되고 말 것입니다. 몸이 다시 산다는 것은 몸의 부재의 부정(否定)입니다. 그것이 시간과 거리의 멂을 의미하지 않습니다. 멂은 가까움으로 해소되지 않는 것처럼, 몸의 부재, 그 가까움이 멂의 밝힘으로 해소되지 않습니다. 그렇게 몸의 부재의 부정(不定)은 신비입니다.

부재의 현실은 아주 가까운 곳에서 나타납니다!

현존재의 지금-여기-있지-않음의 가능한 현실, 곧 부재의 잠재태는 언젠가 현실태가 될 것은 자명합니다. 하지만 우리는 더 멀리 있는 세계, 더 멀리 있는 밤을 생각해야 합니다. 가까운 곳이 아니라 멀리까지도 비출 수 있는, 고샅(마을의 좁은 골목길)까지도 환히 비출 수 있는 지금 여기에서의 존재 변화가 우선일 것입니다. 역설은 부재의 현실이 내 앞에서 발생한다는 것입니다. 존재 변화, 몸의 새로운 변화는 미래의 황감한 사건으로 일어나야 할 일이지만, 이 사건의 소관은 하나님의 것이니 그 전에 우리는 미리 실존적 부재를 극복해야 합니다. 부재, 즉 absentia(ab+esse)는 '떨어져 있음'을 의미하는 말입니다. 순수한 존재(존재의 순수성, puritas essendi)인 하나님과 그리스도와 떨어져 있는 삶이 우리의 실존적이면서 종말론적 부재나 다름이 없습니다. 아니 몸을 통해서 드러내는 모든 몸짓이 하나님과 떨어져 있다면 우리의 부재는 물론이거니와 하나님의 부재, 하나님의 공허까지도 보이게 될 것입니다. 그러므로 그리스도인은 가까이는 물론 멀리까지도 자신의 내면에 그리스도의 빛이 비춰질 수 있도록 해야 합니다. 그리스도인의 몸은 하나님을 드러내는 매체(media)입니다. 지금의 몸의 거룩함이 곧 그리스도인의 신앙적 삶의 과정이요 신의 매개적/중간적 삶(medium/medius)을 가리키는 빛이 되기 때문입니다. 따라서 그리스도인은 사람들이 삶의 환경에서 지치거나 질식하지 않도록 멀고도 먼 반경까지 지금의 거룩한 몸(짓)이 종말론적 예표(豫表)가 되어야 할 것입니다.

존재 변화로 이루어지는 몸은 하나님과 세계를 연결합니다!

그리스도인이 몸의 존재 변화를 통해서 궁극적으로 이루고자 하는 것은 하나님과 세계를 이어주는 데 있습니다. 이어줌 혹은 몸에 종말론적인 거룩한 관심을 심어줌은 지금 이 세계에서 질식할 것 같은 삶에서 생명적인 몸의 씨앗들이 움트도록 사람들에게 희망을 줄 수 있는 몸짓을 요청합니다. 하지만 오늘날 그리스도의 몸짓에서는 하나님과 연결되어 있다는 생각을 할 수 없으니 더 멀리에서, 더 깊은 어두움 속에서 희망의 빛을 볼 수 없는 것은 어쩌면 당연한 것입니다. 니체는 "정녕, 우리는 너무 지쳐 죽을 기력도 없다. 그리하여 우리는 아직 깨어 계속 살아가고 있는 것이다. 무덤 속에서나마 말이다!"라고 말합니다. 이와 같은 실존적 상황들이 현재 우리가 사는 현실입니다. 너무 지쳐서 죽을 기력이 없는 삶, 무덤 속에서조차도 쉬지 못하고 계속 깨어 있어야 하는 피곤하고 피로한 삶은 세상을 표표(飄飄)히 소요(逍遙)하는 것을 상징합니다. 실제가 그렇습니다. 그러나 사도 바울이 말하는 종말론적 존재 변화는 그런 것이 아닙니다. 썩지 말아야 할 몸, 강한 몸, 영광스러운 몸, 영적인 몸, 하늘에 속한 몸 등의 상징(symbol)들은 모두 그리스도와의 일치(symballein, 함께, 모이다, 일치를 이루다)를 암시하는 말들입니다. 궁극적으로 우리의 몸의 존재 변화(부활체)는 그리스도의 실존, 그리스도의 존재를 나타내게 될 것입니다. 그리스도는 이미 실존(existence)을 통하여 자신의 유한적 상태에서 빠져나와 인류를 위한 신실한 선물(donum)로 내어 주었습니다.(datum) 그것이 그리스도의 존재(ek-stasis, 없음의 상태에서 있음의 상태로의 변화)의 특수성입니다. "행동은 존재를 따른다"(operari sequitur esse)는 말이 있습니다. 우리의 현재의 몸이 거룩한 부활체의 몸짓으로 존재하는 한, 우리가 그리스도의 존재를 따른다는 것을 사람들이 알 것입니다. 마찬가지로 "바라봄은 존재를 따른다"(intueri sequitur esse)는 말도 있습니다. 우리의 몸과 몸짓을 바라봄으로써 그리스도의 실존을 따르며 살려고 하는 사람들이 있어야 합니다. 그러기 위해서는 철학자 장 뤽 낭시(Jean-Luc Nancy)가 비가시적 하나님이 우리의 몸을 통해서 가시적으로 나타난 것이라고 설파한 것처럼 하나님의 현현의 몸짓으로 살아야 할 것입니다. 그것이 바로 사도 바울이 말한 하나님의 모상(imago)을 지닌 존재임을 증명하는 것이고, 영원한 삶을 지금 여기에서 살고 있음을 알게 될 것입니다. 따라서 니체의 말을 약간 변형시킨다면 이렇습니다. 무덤에서의 죽음의 고독은 절대고독이 아닙니다. 그리스도의 실존(ek-stasis)이 우리에게 더 초월적인 몸, 하늘과도 같은 몸이 되게 하기 위해서 종말론적 신앙적 몸짓을 더 무르익게 할 것이기 때문입니다. 그것이 그리스도교가 말하는 다시-삶을-믿는/사는-믿음의 전망[부활신앙의 희망]이요, 다시-삶의 잠재태요 현실태입니다.

●●●●●●●●●●

9. 무덤에서 피어오르는 파열의 향기(고전 15,51~58)

죽음 너머의 또 다른 삶의 형식(transformation; Verwandlung)입니다!

우리는 그리스도인의 새로운 변화나 변신(Verwandlung)을 '부활' (Auferstehung)이라고 합니다. 윌리엄 블레이크(W. Blake)의 〈아침이 오고 밤은 사라진다〉는 시에서도 이와 비슷한 시구가 등장합니다. "아침이 오고, 밤은 사라진다. 파수꾼은 자리를 떠났다. 무덤은 파열하여 향기가 솟아오르고 죽음의 뼈와 진흙더미 그리고 메말랐던 근육은 다시 일어나 움직이며 숨쉬고 깨어났다." 그리스도교에서는 근본적으로 무덤이란 제한적이고 한정적이고 임시적인 표상에 지나지 않습니다. 그것은 인간의 돌아-감의 완전한 표상이 아닙니다. 종말의 어느 때에 무덤은 조각나고 찢기어서 사라질 한시적 대상이기 때문입니다. 그래서 무덤은 죽음의 향기가 아니라 새로운 불멸성과 영원히 사는 삶의 향기가 맴돌고 있는 상징일 뿐입니다. 그런데 우리는 죽음의 향기에 너무 익숙합니다. 죽음의 향기가 흘러나오는 그 너머에 또 다른 삶의 형식, 즉 변-형, 변-신, 변-화의 삶을 생각하지 않는 것 같습니다. 무덤은 실상 파열되기 위해서 존재합니다. 무덤은 잠정적으로 모든 변-화, 변-신, 변-화를 담고 있는 죽음의 형식, 죽음의 그릇으로 봐야 합니다. 형식 너머의 형식, 죽음이 죽음 스스로 반성을 할 수 있도록 하는 형식은 고착화된 틀과 교육, 관습, 인식으로부터 해방되는 몸의 변-화를 일컫습니다.

부활, 죽음의 노예로부터 해방된 웃음입니다!

니체는 인간이 죽음으로부터 자유로워야 한다고 역설합니다. 죽음으로부터 초월은 인간의 의식과 삶이 향하는 죽음의 노예로부터의 해방을 뜻합니다. 죽음의 한계, 삶의 상실과도 같은 죽음을 극복하려고 하는 인간은 점점 더 죽음의 노예가 됩니다. 따라서 무(nichts)로 사라지는 죽음조차도 무화(Nichtung)시키는 것이야말로 부활, 곧 다시-삶, 변-신이라고 볼 수 있습니다. 윌리엄 블레이크는 무의 긴장을 이렇게 풀어버립니다. "방앗간의 수레에 짓눌린 대기 속에 그가 웃게 하라. 어둠과 비탄에 갇혀 서른 해 동안의 괴로움 속에 그 얼굴은 단 한 번의 미소도 머금지 못했던 사슬에 갇힌 영혼은 이제 일어서서 활짝 웃게 하라." 무를 조롱하고 무라 여기는 죽음을 조소하는 것이야말로 무에 대한 승리요 무를 가소롭게 여기는 것입니다. 사도 바울이 구약성서를 인용한 말, "죽음아, 네 승리는 어디 갔느냐? 죽음아, 네 독침은 어디 있느냐?"는 말은 죽음의 노예로부터 벗어나려는 조소요 죽음의 힘을 와해시키는 표현입니다. 이렇듯 그리스도는 죽음의 노예 상태에서 자신의 영혼을 일으켜 세워(Auferstehung) 무로서의 죽음을 제압하고 승리를 하였습니다. 그는 죽음의 노예가 가진 독침의 기원(Entstehung)을 파악하고 인류를 위해서 그 죽음의 독침의 발생(Entstehung)을 제거해주었습니다. 이제 인간은 죽음의 어둠과 비탄, 그리고 노예의 기분을 털어버리고 미소를 띠고 웃음을 지을 수 있는 가능성이 열린 것입니다. 사도 바울이 말하듯이, "죽음의 독침은 죄입니다. 죄의 힘은 율법입니다." 그러므로 죽음의 독침이 되는 발생과 생성(Entstehung)은 애초에 싹을 잘라야 합니다. 그것이 무와 같은 죽음의 노예가 되는 상태로 추락하는 것이니만큼 진정한 다시-삶, 변-신의 현실을 맞이하고 싶다면 삶과 신앙에서 죄와 율법의 노예가 되어서는 안 될 것입니다.

부활, 죽음의 억압으로부터 돌아-옴입니다!

부활은 독일어로 Auferstehung, 영어로는 Resurrection(re-surrectio)이라고 합니다. 뜻인즉슨 '다시-일어나다'입니다. 죽었다가 다시 살아남, 다시 일어남의 사건이 부활이라는 것입니다. 그런데 독일어에서는 이와는 달리 Wiederbelebung이라는 말로도 사용합니다. 동사로는 wiederaufkommen, wiederaufleben이라고 합니다. 이 단어에는 돌아-온다는 의미가 내포되어 있습니다. 다시 말해서 부활이라는 사건은 죽었다가 돌아-옴, 죽음의 억압으로부터 돌아-옴, 삶과 생명을 억압하려는 죽음으로부터 회-복함이라는 것입니다. 부활은 '다시', 혹은 '되'라는 접두어가 붙음으로써 삶의 단절과 파괴로부터 연속적인 삶을 지향하는 것임을 알 수 있습니다. 그리스도가 죽음의 억압으로부터 승리(Sieg, Erfolg)를 하신 것뿐만 아니라 우리에게 그 승리를 안겨 주셨다는 것은 우리가 연속적인 삶을 살수 있게 되었다는 말입니다. 다시 돌아-옴, 되-삶은 죽음을 복종케 하여(folgen, gefolgt) 삶이 잇따르고 연속적인(aufeinander folgen) 것을 말하는 것입니다. 그러므로 죽음에 대한 신앙의 승리(victoria)는 죽음의 억압을 극복하는 것이요 죽음을 정복하는 것입니다. 윌리엄 블레이크는 "사슬을 풀고, 동굴의 문을 열어라 그리하여 그의 처자가 억압자의 지배로부터 돌아오게 하라"고 노래합니다. 죽음의 향기에 도취되도록 만드는 삶의 수많은 파편들이 여기저기서 난무할 때 죽음의 억압에 의해서 짓눌려 살지 말라고 당부하는 그리스도의 선행(先行)은 다시-삶, 되-돌아옴이 무엇을 의미하는지 알게 해 줍니다.

하나님에 의한 되-삶의 명령을 실행하십시오!

불멸과 불사의 옷을 입는다는 것은 다시-삶, 혹은 변-신을 그리스도인의 신앙 의지로 갖겠다는 것으로 해석할 수 있습니다. 우리는 하나님에 의해서 부여된 생명과 삶 그리고 몸을 가지고 있습니다. 하나님의 의지는 사람이 다시-삶, 변-신의 새로운 생명이 당신 자신으로부터 왔다는 것(Wandlung)을 알기를 원하십니다. 다시 말해서 다시-삶의 의지는 하나님의 의지임을 확인하고, 그것을 나의 의지로 받아들이는 것이라고 볼 수 있습니다. 그 적극적인 의지를 니체는 이렇게 말합니다. "반항, 노예들에게는 그것이 미덕이다. 그러나 너희들에게는 복종이 미덕이 되어야 한다! 그리고 너희들이 내리는 명령 그 자체가 일종의 복종이어야 한다!" 다시-삶과 변-신의 의지는 죽음의 반항 의지와는 다릅니다. 죽음을 향해서 반항하는 것보다 더 중요한 것은 내가 스스로의 의지를 가지고 그것을 하나님의 생명적 의지와 합치되는 것으로 받아들여서 죽음 너머의 새로운 삶의 형식을 꿈꾸는 것입니다. 단순히 영원히 살겠다는 소박한 의지는 아닙니다. 다시-삶과 변-신의 삶은 외부의 힘이 아닌 하나님이 우리에게 주신 인간의 주체적인 명령이어야 한다는 것입니다. 죽지 말고 살도록 하라, 혹은 죽지 마라, 죽어서는 안 된다, 영원히 살아야 한다는 명령은 모두 외부의 강제입니다. 자발이거나 자원이거나 주체적인 의지가 아니라는 것입니다. 살라고 하는 주체적인 의지에 대한 복종이 다시-삶, 변-신으로 이어지는 것은 내면의 옷, 정신의 옷, 영혼의 옷을 바꿔 입는 존재론적 변화로 이어집니다. 존재론적 변화의 명령은 위에서 아래로, 즉 초월자에 의해서 나의 내면으로 강하게 하달되는 것입니다. 그러기에 다시-삶, 변-신은 결코 수동이거나 타율이 아닙니다. 좀 더 정확하게 말한다면 초월자의 (타율적) 자율입니다.

죽음은 초월자의 자율로서의 다시-삶, 그리고 변-신을 이기지 못합니다. 죽음은 끊임없이 노예적인 상태이기에 생명에 반항만 할 뿐, 결단코 다시-삶이라는 그 강력한 생에 대해서 명령을 할 수 없기 때문입니다. 죽음은 생에 대해서 자율이 아니라 타율입니다. 타율을 넘어서 초월자의 자율의 생을 살기 위해서는 지금 여기에서 변-화(trans-formation), 즉 다른 상태로의(trans) 그리스도를 따르는/ 닮는 존재론적 삶을 형성하는 것(form)이 중요합니다. 죽음 너머의 또 다른 삶의 형식과 틀(Verwandlung)이 존재하고 있다는 것은 그리스도교 신앙의 핵심입니다. 그런데 또 다른 삶의 형식과 틀이 나를 위해서만 존재하고 있는 것은 아닙니다. 나의 삶의 형식과 틀이라면 이기적인 삶이 아닐 수 없습니다. 죽음 너머에 또 다른 삶의 형식이 존재함으로써 그 삶을 내가 연속적으로 잇따라 살 수 있다면, 그것은 주님을 위한 것입니다. 주님을 위한 것이어야 우리의 연속적인 삶이 진리가 될 수 있습니다. 주님이 하신 일이기에 우리가 살

수 있었던 것이기 때문입니다. 이것의 선후가 바뀌면 안 됩니다. 다시-삶의 기원과 발생은 그리스도로부터 기인하는 것이지 나로부터 연원하는 것이 아닙니다. 따라서 다시-삶을 염원하는 우리가 주님을 위해서 하는 노력이 헛되지 않도록 해야 합니다. 자칫하면 우리의 신앙적 삶을 통하여 변-화된 모습을 보이는 것이 아니라, 소멸과 파멸된 변화로 보일 수 있기 때문입니다.

● ● ● ● ● ● ● ● ● ●

10. 단순한 일상 그러나 가볍지 않은 구원(롬 10,8~13)

구원은 예수-옆에-있음입니다! 구원은 예수의-말이-안에서 작용하는 것입니다!

구원이 존재한다는 것은 나의 비존재를 깨닫는 데서부터 시작합니다. 구원은 매개가 필요하다, 혹은 나를 살리는 존재가 필요하다는 자기 결핍의 인식에서 싹이 트기 때문입니다. 내가 비록 존재한다고 생각하더라도 나의 불완전성과 소스라칠 정도로 결핍과 비존재를 알게 될 경우에 구원을 희구하고 새로운 존재를 바라게 됩니다. 그 순간에 나는 존재하지 않습니다. 존재한다고는 하나 본질적으로 존재한다고 말할 수 없습니다. 결핍과 불완전함, 무(아무것도 없다)라고 생각하는 순간순간에 우리는 존재하지 않습니다. 먹고 자고 말하고 웃고 하는 모든 순간에 나는 존재하고 있다고 긍정하고 싶겠지만 구원을 바라는 존재는 비존재입니다. 감각하고 인식한다고 해서 존재한다고 말하기는 어렵습니다. 헤겔(G. W. F. Hegel)은 존재는 본질로 이행한다고 보았습니다. 이에 근거하여 사르트르(Jean-Paul Sartre)는 존재란 모든 규정에 선행하는 무규정, 절대적인 출발점이라고 말합니다. 그렇다면 구체적인 삶은 본질을 지닌 존재여야 한다는 말은 아닐까요? 존재로서의 그리스도인의 본질은 무엇일까요? 우리가 '있다'(sein)라고 명료하게 말할 수 있는 근거는 바로 하나님의 말씀, 말씀이신 예수-옆에(안에)-있음입니다. 구원은 모름지기 그렇게 발생합니다. 말씀이 존재를 자각하게 만들고 스스로 비존재라고 여겼던 것을 바로 봄으로써 본질로서의 말씀이 내 안에 자리 잡지 않으면 안 된다는 강한 욕구가 생기는 것입니다. 초월의 말씀이 내게 없다는 것은 순수 존재 그 자체이신 하나님에 대한 인식과 그리스도의 삶을 살아야 한다는 추동력이 생산되기 어렵다는 말과도 같습니다. 존재의 결핍이 있음에도 불구하고 말이 내 안에 울림으로 작용하지 못할 경우에, 그 공허감과 허무, 존재의 무의미는 극단으로 치닫게 됩니다. 그런 의미에서 구원은 초월의 말이 내 안에서 계속 울려야 하는구나 하는 것을 절실하게 깨닫는 것이라고 볼 수 있습니다.

구원은 말씀을 믿는 데서 비롯됩니다!

단순한 것 같지만 그리스도인(의 구원)은 일상 속에서 예수의 말, 하나님의 말씀을 믿(는다 데에 있)습니다. 그래서 교부 철학자 테르툴리아누스(Tertullianus)는 "불합리하기 때문에 나는 믿는다"(Credo quia absurdum)는 역설적인 주장을 했습니다. 이에 토를 달아 철학자 한전숙은 "믿음이란 인간 이성에 의한 합리적인 설명을 초월한 세계의 일이라는 것"으로 풀이합니다. 말씀에 대한 확신을 갖는다는 것은 주관적이라고 말을 할 수 있지만, 그 주관성 안에는 엄연한 진리가 있다는 것을 의미하기도 합니다. 사람이 다시 산다는 것, 즉 부활이란 믿을 수 없는 역설입니다. 그래서 불합리합니다. 하지만 다시-산다 혹은 다시-살았다는 말씀을 믿는다는 것은 그 말씀의 가능성을 내가 현실로 살겠다는 강한 의지를 표명하는 것입니다. 다시 말해서 내가 나로서 존재하기 위해서는 그 말씀의 역설을 진정한 나의 울림과 확신, 그리고 객관적인 진리로 살려고 하는 진정성의 몸짓이 선행되지 않으면 말씀의 본질은 소용이 없습니다. 설령 말씀을 현실로서 살려고 하는 자체가 가치는 있을지라도 진정성의 몸짓이 지금 여기에서 이행되지 않으면, 사람들은 그리스도인의 존재와 본질이 부합하지 않는다고 비난할 것입니다. 그뿐만 아니라 아예 다시-삶에 대한 진리는 거짓이라고 단정 지을 것입니다.

고백은 믿음에 가치를 부여하는 것입니다!

그리스도인은, '예수는 주님이시라'고 고백합니다. 고백(confession)이라는 말은 라틴어 con(함께)과 fateri(인정하다)의 합성어입니다. 말인즉슨 고백이란 상호주관적인 언어 행위입니다. 네가 있고 내가 있어야 가능한 게 고백입니다. 내가 말한 것에 대해서 인정을 해줄 (너로서의 주체인) 대상이 필요한 것이 고백행위입니다. 따라서 고백은 공동체적인 행위입니다. 모두가 더불어 소리 낸 사실과 내용에 어떤 의미와 가치를 부여할 것인가는 결국 상호주관적 공동체 구성원 전체가 인정하고 동의를 해야 하기 때문입니다. 그리스도인이 "예수는 주님이시다"라고 말할 때, 그리고 "하나님께서 예수를 죽은 자들 가운데서 다시 살리셨다"는 말을 할 때 교회 공동체 구성원과 더불어 하나님께서 인정하시는 말로서 받아들여야만 구원이 이루어집니다. 그것만이 아닙니다. 그 구원은 공적이어야 하기 때문에 고백 또한 사적 고백이 아니라 공적 고백이어야 합니다. 설령 비종교인이라고 할지라도 그리스도인의 고백은 그들에게도 진리로서 인정을 받아야 한다는 말입니다. 니체는 이렇게 말합니다. "사람들은 그 자신을 보존하기 위해 무엇보다도 먼저 사물들에게 가치를 부여해왔다. 먼저 사물들에 그 의미를, 일종의 인간적 의미를 부여했던 것이다! 그들 자신을 "사람", 다시 말해 "가치를 평가하는 존재"라고 부르는 이유가 여기에 있다. 가치 평가, 그것이 곧 창조 행위이다." 신앙의 고백도 교회 공동체와 사회 공동체가 함께 그 신앙의 가치를 평가하는 것입니다. 사람들은 종교인의 신앙고백이 새로운 삶의 가치가 있는지를 평가하는 주체이자 객체가 되기도 합니다. 누구나 그와 같은 평가에서 자유롭지 못합니다. 사람이 삶답게 살아가는가 그렇지 않은가를 예의주시할 수밖에 없는 것이 삶이기도 합니다. 그래서 일상적 삶이 가볍지만은 않습니다. 삶은 그래서 명사이기도 하지만 동사입니다. 과정으로서 그때그때 가치를 평가받는 자리에 놓이게 되기 때문입니다. 신앙도 거기에서 예외일 수 없습니다. 그리스도인이 고백하는 신앙이 스스로뿐만 아니라 사회에게도 가치가 있는가를 묻고 과연 그 고백이 의미가 있다면 동일하게 그렇게 살아갈 용기를 얻게 될 것입니다. 그것이 바로 구원의 진정한 의미입니다.

신앙과 구원은 올바른 관계를 통한 창조적 행위입니다!

니체는 "창조하는 자들이여! 평가된 모든 사물에게는 가치 평가 그 자체가 가장 소중한 보물이요 귀중한 물건이니. 평가라는 것을 통하여 비로소 가치가 존재하게 된다. 그런 평가가 없다면 현존재라는 호두는 빈껍데기에 불과할 것이다. … 가치의 변천, 그것은 곧 창조하는 자들의 변천이기도 하다. 창조자가 되지 않을 수 없는 자는 끊임없이 파괴를 하게 마련이다"라고 말합니다. 신앙과 고백을 통해서 구원을 이루는 인간의 삶은 창조적 행위입니다. 아니 구원은 창조적 삶을 가능케 하는 힘입니다. 인간이라는 현존재의 삶을 삶답게 하는 말과 행위의 진정성에 대해서 엄밀하게 평가를 내리고, 그것이 가치가 있다고 판단을 내리는 과정들이 뒤따르지 않으면 삶의 정당한 창조가 아닌 파괴만이 난무할 것입니다. 그와 같은 창조적 삶을 일컬어 사도 바울은 한 문장으로 요약합니다. "마음으로 믿어서 하나님과 올바른 관계에 놓이게 되고 입으로 고백하여 구원을 얻게 됩니다." 이 중에서도 가장 중요한 것은 "하나님과 올바른 관계"입니다. 종교인의 창조적 삶은 신과의 올바른 관계에 놓이게 되느냐 아니냐에 달려 있습니다. 하나님과의 올바른 관계에 놓여야 사람과 사람 사이 그리고 사회적 관계에서도 올바른 관계를 맺고 살아갈 수 있습니다. 이것이 구원을 얻은 사람의 본분입니다. 제대로 된 가치평가를 받게 되고, 그 올바른 관계 때문에 그리스도인의 신앙과 삶, 그리고 소리로 낸 고백이 진정성이 있다고 인정을 받는 것입니다.

구원은 모든 사람들에게 차별이 없습니다!

이와 같은 신앙과 고백에 대한 가치평가를 통해서 정말 그리스도인의 삶이 의미가 있다고 판단이 된다면, 많은 사람들이 자신의 존재와 본질 결핍을 인식하고 그리스도의 말씀을 자신의 삶의 좌표로 여기게 될 것입니다. 그리스도의 말이 울림이 있어서 그 울림이 의미가 있다고 믿게 될 것이니 말입니다. 그러나 안타깝게도 니체가 비판하듯이, 인간(그리스도인)은 자기 자신이 선과 악으로 세계를 재단하고 사람들을 평가합니다. "선과 악의 창조, 그것은 언제나 사랑을 하고 창조를 한다는 자들의 몫이었다. 모든 덕목 속에는 사랑의 불길이, 분노의 불길이 타오르고 있지 않은가." 니체가 개탄하듯이 구원과 비구원, 선과 악의 가치 판단과 창조는 그리스도인의 몫이 아닙니다. 그것은 하나님의 몫입니다. 구원은 모든 사람들에게 열려 있습니다. 그리스도의 이름과 그가 일러주었던 말의 울림을 가치로 여기고 살려는 사람들이라면 구원은 차별과 구별이 없습니다. 오히려 차별과 구별을 함으로써 선과 악의 구분을 짓는 것은 사랑타령을 하고 진정성도 없는 구원행위를 하는 몰지각한 그리스도인입니다. 그것은 "만민의 주님이 되신다"는 사도 바울의 말을 곡해하고 있는 것입니다. 이 세계에는 다양한 사람들, 다양한 민족들(니체의 표현으로 천개나 되는 목표, 천개나 되는 민족)이 존재합니다. 하지만 예수(의 구원)는 단 하나, 자신의 말이 내면적인 울림으로 다가오고 그 말을 자신의 삶의 가치로 살아가려는 사람들을 '단 한번도' 차별하지 않았다는 사실입니다. 사도 바울은 로마인들에게 보낸 편지에서 이렇게 말합니다. "주님의 이름을 부르는 사람은 누구든지 구원을 얻으리라"는 말씀이 있지 않습니까?"

2장

종교적 삶의 자리

1. 신앙의 모범은 신성한 외곬일까?(빌 3,17~4,1)

'한때'의 신앙의 덕이라면 무의미한 교회생활일 뿐입니다!

한때의 치기어린 마음에 신앙에 입문을 하다보면 사람이 다른(다양한) 시선을 갖기가 어려운 경우도 있습니다. 자신의 신앙적 시선이 전부라고 생각하거나 자신의 신앙적 관념이 절대적으로 옳다고 여기기 때문에 다른 길을 보려고 생각하지 않습니다. 그리스도인들이 니체를 수용하기 어려운 줄은 알지만, 그가 말하는 것을 보면 일면 타당하다고 평가하지 않을 수가 없습니다. 다음을 보면 니체는 신앙적인 외골수에 대해서 단호합니다. "그리고 선하다는 자와 정의롭다는 자들을 조심하라! 그런 자들은 자기 자신의 덕을 고안해내는 사람들을 즐겨 십자가에 못박아 처단한다. 홀로 있는 자들을 증오한다. 신성한 외곬이란 것도 조심하라! 이같은 외곬에게 그렇지 않다는 것은 모두 불경스러운 것이 되기 때문이다. 외곬.

그것은 불장난을 즐겨한다. 화형에 쓰이는 장작더미를 가지고 말이다." 사도 바울도 신앙의 외곬이었을까요? 그는 신자들에게 자신의 신앙을 본받으라고 말합니다. 그만큼 신앙 일념에 대해서는 자신감이 있다는 말도 될 것입니다. 자기 자신에 대한 믿음과 더불어 그리스도를 믿는 믿음이 일치하는 동시에 그 완덕으로서의 모범이 될 만한 신앙적 품성을 갖지 않으면 자칫 신앙적 교만으로 들릴 수 있는 말입니다. 원래 외곬이라는 말의 사전적 의미는 '단 한 가지의 방법이나 방향'입니다. 아마도 사도 바울은 예수 이외에는 신앙의 다른 방법을 생각하지 않은 성스러운 외골수였을 것입니다. 마찬가지로 우리도 다른 길, 다른 방법, 다른 인물이 아니라 왜 예수이어야 하는가에 대한 물음의 해답이 될 수 있는 우리의 삶이 준비되지 않으면 외곬은 오히려 불경한 일이 되고 맙니다. 신앙 공동체에서 제일 중요한 덕목 중에 상호주관적으로 신앙모범이 되는 것입니다. 이는 서로 종속되거나 지배당하는 것이 아니라 예수를 자유롭게 믿으면서 자신의 삶을 통해서 증언되는 예수를 내보이는 신앙생활을 뜻합니다. 다시 말해서 예수의 길을 가고 있는 사람, 그 길을 보고 넓고 깊게, 아름답고 예쁘게, 소박하고 사랑스럽게 만들어가는 사람의 길이 많아지면 많아질수록 외골수적인 신앙이라 하더라도 좋은 신앙의 모범이 될 수 있습니다. 그게 없다면 그저 한때의 신앙이고 골수, 즉 마음속 깊은 곳까지 사무치지 않은 표피적 신앙에 지나지 않은 것입니다.

모범을 따른다는 것은 스승을 넘어서려고 하는 노력입니다!

모범을 따라서 산다는 것은 스승의 발자취를 밟아나가면서 언젠가는 스승보다 나은 자리로 나아가겠다는 의지와 행위를 의미합니다. 청출어람이 청어람(靑出於藍靑於藍)이라고 한 옛말이 그것을 가리킵니다. 그리스도교 신앙의 스승은 당연히 예수 그리스도요 세계적인 선교의 공로자인 사도 바울을 칭할 수 있을 것입니다. 사도 바울은 그리스도를 모범으로 해서 살려고 했고, 그에 따라서 자신의 교회 신자들에게는 자기를 본받으라고 말할 수 있었습니다. 현재를 살아나가는 우리는 바로 사도 바울의 신앙적 모범이 사표가 되어 그를 따라 가되 끊임없이 넘어서려는 신앙적 고투가 필요합니다. 니체는 이렇게 말합니다. "영원히 제자로만 머문다면 그것은 선생에 대한 도리가 아니다. 너희들은 어찌하여 내가 쓰고 있는 이 월계관을 낚아채려 하지 않는가? … 신도라는 것이 도대체 무엇이란 말이냐! 마땅히 자신을 찾아 자신의 길을 가야 했거늘 너희들은 그렇게 하지를 않았다. 그 대신에 너희들이 찾아낸 것이 나였으니. 뭔가를 신앙하고 있는 사람들은 너 나 할 것이 이 모양이다. 그러니 신앙이란 하나같이 그렇고 그럴 수밖에. 너희들에게 명하노니, 이제 나를 버리고 너희 자신을 찾도록 하라. 너희가 모두 나를 부인하고 나서야 나 다시 너희들에게 돌아오리라."

신앙생활은 십자가를 주체적으로 짊어지는 삶입니다!

신앙한다는 것은 그리스도의 십자가에 반하는 것에 척을 지는 것입니다. 그만큼 신앙 자체도 어렵지만 그 십자가의 삶을 살았던 스승들의 신앙을 넘어서는 것은 더욱 어려운 일입니다. 스승을 넘어선다는 것은 십자가를 짊어지고 나의 신앙의 길을 간다는 각오가 아니면 안 되기 때문입니다. 누구를 의지해서도 아닙니다. 그냥 스승을 의지하는 제자로서만 머문다면 신앙의 진보는 없을 것입니다. 신앙을 통해서 나답게, 나 자신의 주체적인 삶을 살도록 하는 것이 십자가의 삶입니다. 십자가는 내가 짊어져야 하는 것이지 예수나 바울이 대신 짊어줄 수가 없습니다. 지금까지 그리스도인은 자신의 십자가를 주체적으로 짊어지려고 하지 않고, 심정적으로는 지고 간다고 하면서도 실상은 예수나 사도 바울이 대신 (상징적으로라도) 짊어주기를 바라고 있었는지 모릅니다. 그러니 온갖 주체적인 신앙경험이 자신을 규정하고 새로운 신앙인으로 거듭날 수가 없는 것입니다. 다시 말해서 자기 자신이 누구인지, 무엇을 해야 하는지, 어떤 삶을 살아야 하는지 골수에 사무치도록 아로새기지 못했다는 말입니다.

신앙적 버림은 지금보다 더 나은 삶으로의 도약을 위한 것입니다!

신앙적 버림은 자기 자신을 찾기 위한 환골탈태(換骨奪胎)입니다. 탈심(脫心, 이기적인 마음에서 벗어남) 혹은 초심(超心)을 통해서 현재의 신앙적 관념, 신앙적 이미지, 신앙적 편견을 극복하여 더 큰 예수, 더 큰 바울을 만나야 합니다. 그 버림은 십자가에 반하는 세상 일에만 마음을 쓰는 것에서 벗어남입니다. 하늘의 시민, 즉 하늘에 마음을 두는 사람은 세상의 가변적이고 욕망적인 현실보다 보이지 않는 더 본질적인 삶과 신앙에 뜻을 두게 마련입니다. 니체는 "허다한 자들이 제 맛을 내지 못한다"고 비판합니다. 하늘을 지향하는 그리스도인은 그때 그때 상정되고 목표로 두었던 신앙의 대상에 머물지 말고, 좀 더 높은 길로, 좀 더 초월의 길로 나아가야 그리스도인으로서의 맛과 멋이 나타납니다. 십자가에 반하는 신앙의 미학은 없습니다. 십자가가 아무리 고통스럽다고 하더라도 그게 삶의 미학이고 그리스도교 신앙의 미학의 정수입니다. 그 신앙의 맛과 멋이 제대로 어우러져서 제대로 된 신앙인의 모습을 보여주어야 세상이 살 맛이 납니다.

그리스도의 오심을 지금 여기에서 실존적으로 맞이하십시오!

그리스도의 오심을 믿는 이들은 변-화된 몸과 삶을 지금 여기에서 만들어 갑니다. 우리가 스스로 몸을 창조하거나 변-형시킬 수가 없습니다. 그러자면 신을 만들어야 할 것입니다. 다만 그리스도인이 변-화된 실존적 삶을 선취한다면, 오심을 미리 지금 여기에서 사는 것이나 다름이 없을 것입니다. 셸링(Friedrich W. J. Schelling)은 절대자를 '그 자체의 것'(das Ansich) 혹은 '실체'(die Substanz)라고 했습니다. 그리스도인이 그리스도의 오심을 맞이한다는 것은 본래적 삶을 다시 선택하는 삶(re-legere, 다시-모으는 삶; 그리스어 동사 legein, 독일어 lesen)입니다. 또한 '그 자체'로부터 오는 말을 듣고 이해하는 삶은 깨어 있는 삶(Wachsein)입니다. 결국 오심을 기대하고 맞이한다는 것은 말씀(logos)을 통해서 '그 자체'이신 절대자가 펼쳐 보이려고(현전) 하는 것임을 알아야 합니다. 하이데거에 의하면 말씀은 우리에게 요구된 것을 듣는 것입니다. 그것을 귀담아 듣는다고 풀어 밝혀줍니다. 귀담아 들으려고, 그 말이 시원적인 데부터 오는 것인가를 가려내고 경청하고 근원적으로 모으는 것입니다. 그리스도의 오심은 그렇게 옵니다. 우리가 귀담아 들을 때 말씀이신 그리스도가 현전하고 현현하는 것입니다. '그 자체'이신 그리스도의 종말론적 노출은 말하심과 경청 사이에서 펼쳐 보여주게 되는데, 우리가 그것을 끊임없는 긴장 속에서 자각할 때 알아차리게 됩니다.

••

2. 신앙의 금기를 넘은 무지(고전 10,1~13)

죄는 인식 너머의 문제입니다!

"죄는 무지이다." 키에르케고르의 말입니다. 그러면서 그는 죄란 인식의 문제가 아니라 인간의 의지의 문제라고 주장합니다. 죄는 안다 모른다의 인식의 문제가 아니라 행위의 문제, 즉 우리가 그렇게 행동하지 않는다면 모르는 것이나 다름이 없기 때문입니다. 인간의 의지는 반드시 행위와 연관이 있습니다. 무엇인가를 하려는 욕구와 행동은 단순히 그에 대해서 인식하고 있는가와 별개가 아님을 알 수 있습니다. 그런데 도덕적, 윤리적 행위보다 어떤 의지에 의해서 금기라고 하는 것을 인식하지 못하고, 그것을 행동으로 옮기는 게 인간이기도 합니다. 알면 하지 않을 수 있는데 모르기 때문에 그렇게 행동을 한다는 것입니다. 그러면 정말 모르는 것일까? 하고 반문을 할 수 있습니다. 신앙의 이념이나 삶의 신념보다 우선하는 것이 있을 때는 그것을 언제든 내가 인식하고 있다고는 하나 그 인식 범주를 벗어나 비양심적이고 비도덕적인 행위로 넘어가게 마련입니다. 『니코마코스윤리학』이라는 철학서에도 이런 말이 등장합니다. "덕만 가지고는 역시 사람을 행복하게 하거나 만족시킬수 없다. 인간은 건강과 친구와 지상의 재물을 지녀야 하고 가정에서도 행복해야만 한다." 덕의 가치에 대해서 중요하게 생각하는 아리스토텔레스조차도 이런 말을 하는 것을 보면, 현실적인 인간의 생존과 관계의 문제는 어느 누구도 간과할 수 없다는 것을 의미합니다. 다시 말해서 현실세계에서 인간은 먹고 사는 문제에서 크게 벗어나기 어렵다는 것입니다. 그러다 보면 신앙적 가치나 도덕적 가치, 형이상학적 가치를 내려놓고 현실적 삶의 본능적 욕구에 충실하기 마련입니다. 그것이 반드시 죄라는 말은 아니고 신앙의 금기라는 말도 아닙니다. 다만 그것을 지나치게 추구하다보면 어느새 신앙인도 죄 혹은 죄성과 부합하는 삶을 살 수 있게 된다는 말입니다.

신앙이 아니면 행동하지 마십시오!(非信勿動)

성서의 금기가 삶을 복잡하고 어렵게 만든다고 생각할 것입니다. 성서가 금기 혹은 금지를 명령하고 있고 반드시 신앙생활을 할 때에 지켜야 할 목록들이 언급될 때는 그것을 비켜갔으면 하는 바람이 싹트기도 합니다. 우상을 섬기지 말라거나 주님을 떠보지 말라거나 불평을 하지 말라거나 음행에 빠지지 말라는 등등의 사도 바울의 신앙적 권고사항들을 들을 때면 그리스도인이 된다는 것이 그리 쉽지 않다는 것을 알게 됩니다. 아니 인간답게 살려고 하는 것이 만만치 않다는 것을 깨닫게 됩니다. 인간이란 그래서 고뇌하는 존재입니다. 신앙적인 고뇌가 없이 올바른 신앙생활을 하기가 녹록치 않습니다. 신앙은 책임이 뒤따르는 것이고, 신앙생활을 하겠다는 것은 진중한 각오와 결단이 수반되어야 한다는 것을 알아야 합니다. 신앙을 갖게 되면 편하고 구원을 얻게 된다고 하기에 선뜻 교회에 발걸음을 하였더라도, 그에 걸맞은 삶을 살아야 신앙적 결과가 그렇게 따라오는 것입니다. 안일하게 신앙생활을 할 것 같으면 차라리 신앙이나 종교를 갖지 않는 것이 더 나을 것입니다. 앞에서 언급한 것처럼 명료한 신앙적 인식을 하지 못하면, 그것이 죄가 되거나 윤리적으로 저촉된다는 생각일랑 아예 없을 것이기 때문입니다.

개인 이상의 개인인 그리스도!

신앙은 모름지기 윤리/학 이상입니다. 만일 그리스도가 일반 윤리나 도덕적 삶을 위해서 인류의 대속적 죽음을 감행했다면, 그저 여러 죽음 중 하나가 되었을 것입니다. 하지만 그의 죽음은 키에르케고르의 말대로, 전 세계의 죄를 지고 벌을 받은 존재였고, 그것은 "그리스도는 개인 이상의 개인"이었기 때문이었습니다. 그리스도는 일반적인 사람이 아니었다는 말입니다. 개별적인 단독자가 윤리적 행위에 저촉되는 일을 하였던 것에 대해서 죄를 통감하고 대신 그 행위에 적절하게 반응을 해줄 수 있는 사람이 있을 수 있습니다. 나아가 어떤 상황에서 윤리적 행위를 결단하도록 촉구할 때, 일정한 윤리적 행위를 행동으로 옮기는 사람이 있을 수 있습니다. 우리는 그 사람을 보편적인 인간이라고 말을 합니다. 윤리적 이념은 바로 그와 같은 보편적인 인간상을 상정합니다. 인간이라면 이러저러해야 한다는 식의 어떤 범형에 초점을 맞춥니다. 하지만 그리스도는 그와 같은 개인이나 보편적인 인간을 넘어서는 특수한 인간입니다. 그는 개인이 아닙니다. 단순히 개인이 아니라 개인을 넘어선 인간 개인 이상입니다. 그가 개인 이상이었기 때문에 그 행위를 통해서 인류가 구원을 받을 수가 있었던 것입니다. 좀 더 정확하게 말해서 구원을 받을 수 있는 가능성이 열린 것입니다.

신앙의 내용은 어근버근한 것을 방관하지 않습니다!

니체는 정신과 신체의 관계를 이렇게 풀고 있습니다. "정신이란 것, 신체에게 그것은 어떤 존재인가? 신체가 벌이는 싸움과 승리를 알리는 전령사, 전우 그리고 메아리 정도가 아닌가... 너희들의 신체는 고양되고 소생하게 되리니. 신체는 자신의 환희로 정신을 매료시킨다. 정신으로 하여금 창조하는 자, 평가하는 자, 사랑하는 자, 그리고 온갖 사물에게 선행을 베푸는 은인이 되도록." 우리는 정신의 외현이 몸이라고 생각합니다. 맞습니다. 그래서 정신이 몸을 지배한다고 믿습니다. 그렇다고 니체는 정신이 우월하고 몸은 열등하다는 논리를 말하려고 하지 않습니다. 반대로 신체 혹은 몸은 정신을 더 격상시키거나 정신을 더 고양시킵니다. 달리 말하면 인간의 삶의 외현으로서 나타난 몸짓이 어떠냐에 따라서 인간의 정신의 상태가 어느 정도인지를 가늠하게 됩니다. 정신은 눈에 보이는 것이 아니기에, 사람의 정신적 수준이나 가치의 척도는 그 삶과 행동의 모습에서 발견될 수밖에 없습니다. 마찬가지로 신앙이란 것도 자신의 신앙적 가치나 내용하고 전혀 다른 어근버근한(사이가 멀어진, 떨어진) 상태라면, 신앙은 존재하지 않는다고 단언해도 과언은 아닐 것입니다. 신앙적 금기로 "~을 하지 마라"는 조항은 행동의 명령이지 마음의 상태만을 일컫는 것이 아닙니다. '하다', '하지 마라'는 동사(움직씨)가 이를 가리킵니다. 서양철학이나 신학에서는 마음과 몸을 가를지는 몰라도, 동양에서는 몸과 마음이 따로 분리

되어 있지 않습니다. 자신의 행동을 통해서 그리스도의 개인 이상의 구원자를 나타냄이요, 자신의 삶을 통해서 그리스도교적인 신앙이란 이런 것이다라는 것을 보여줄 수 있는 것입니다. 동시에 자신의 몸가짐을 통해서 하나님의 사람이 품고 있는 정신이란 이런 것이다라는 것을 알게 해줄 뿐입니다.

신앙의 삼근계(三勤戒)를 잊지 마십시오!

다산 정약용은 자신의 유배지 강진에서 서당의 이름을 내걸었을 때, 사의재(四宜齋)라 하였습니다. 그 뜻은 다음과 같습니다. "생각은 담백해야 한다. 담백하지 않으면 서둘러 이를 맑게 해야 한다. 외모는 장중해야 한다. 장중하지 않으면 빨리 단속해야 한다. 말은 과묵해야 한다. 과묵하지 않으면 바삐 멈춰야 한다. 동작은 무거워야 한다. 무겁지 않거든 재빨리 더디게 해야 한다." 니체도 한 마디 거듭니다. "사람들과 어우러져 산다는 것은 힘든 일이다. 침묵하기가 그토록 어렵기 때문이다." 신앙생활을 한다는 것은 신앙의 기나긴 역사적 전통 안에 자신의 마음과 몸을 두고 가볍게 하지 않는다는 것을 의미합니다. 자신의 몸짓이 하나님을 드러내고 정신과 마음을 표현하는 것이며, 그리스도교 역사의 한 줄기를 형성하는 것이라면 신앙의 긍정과 부정의 권고와 명령을 어떻게 이행할 것인가를 잘 생각해야 합니다.

그러므로 사도 바울은 말합니다. "자기 발로 서 있다고 생각하는 사람은 넘어지지 않도록 조심해야 합니다." 신앙은 명심누골(銘心鏤骨), 즉 마음에 새기고 뼈에 아로새겨야, 그로 인해 새로운 사람으로 살아갈 수 있습니다. 대충 살 것 같으면 신앙이 필요가 없을 것입니다. 하지만 이왕지사 신앙을 가지고 일평생 살겠다고 다짐했다면, 그리스도의 뜻과 의지를 확고하게 새겨서 그것을 지키며 사는 것이 제대로 된 신앙생활이라 할 것입니다. 그러나 살다보면 시련도 닥치고 고통도 있게 마련입니다. 그렇다고 좌절하거나 절망할 수만은 없는 노릇입니다. 키에르케고르는 절망이야말로 인간이 죽음에 이르는 병이라고 했습니다. 오죽하면 니체도 "신 또한 자신의 지옥을 갖고 있다. 사람에 대한 사랑이 바로 그의 지옥이다"라고 말을 했을까요? 절망하고 좌절하고 시련과 고통 속에 있는 수많은 인간을 신조차도 사랑한다는 것이 버겁다는 역설은 아닐까요? 그렇다고 하나님은 신앙인들이건 비신앙인들이건 그들의 한계상황을 그냥 두고 볼 분이 아닙니다. 그에 따라 인간의 한계상황도 잘 감당하고 극복하도록 그 길을 열어주시는 분도 하나님임을 믿고 또 믿어야 할 것입니다. 그러기 위해서 우리도 마치 정약용이 자신의 제자 황상(黃裳)에게 삼근계(三勤戒)를 통해서 공부법을 일러준 것처럼, 하나님을 믿는(신앙) 일에 있어 "부지런하고 부지런하고 또 부지런해야" 합니다. 그러면 언젠가 우리도 신앙생활의 참 맛에 이르게 되고 마침내 그 신앙의 정수인 하나님을 깨달아 알게 될 것입니다.

• • •

3. 구원은 억측일까?(고후 5,16~21)

편견을 가지고 그리스도를 생각하지 마십시오!

그리스도인은 왕왕 신앙(의 대상)도 마음이 믿고 싶은 대로 혹은 생각하고 싶은 대로 그려냅니다. 상상력이나 추론에 대한 자유가 있다고 해도 제멋대로, 자기 입맛대로 그리스도를 그려놓고 자신에게 끼워 맞추는 것은 신앙이 아닙니다. 니체는 "신이란 하나의 억측에 불과하다. 나는 이 억측이 너희들의 창조 의지를 뛰어넘는 일이 없기를 바란다. 너희들은 신을 창조할 수 있는가? 가능한 일이 아니니 일체의 신들에 대해 침묵해야 할 것이다! 그러나 위버멘쉬는 창조해낼 수 있을 것이다"라고 말합니다. 억측은 근거 없는 생각으로 헤아리는 것인데, 하나님의 존재나 그리스도를 통한 구원의 신비를 자신의 생각으로 다 헤아릴 수 있는 것일까요? 생을 붙잡아 매는 분명한 영향력을 지닌 존재를 사유한다고 하더라도, 사심이 없어야 하고 혹여 내 사적인 삶의 상황에 따라서 신을 조정하는 추론은 삼가야 합니다. 니체가 억측에 대해서 경고를 하고 있는 것은, 사도 바울이 말하는 것과 다르지 않습니다. 그리스도에 대한 이해의 폭이 세속적인 판단기준에 따를 수는 없습니다. 세속적인 표준이나 잣대에 의해서 형성된 그리스도는 신앙의 순수의식에 의해서 포착되거나 인식된 존재는 결코 아닙니다. 더군다나 니체가 보고 있듯이, 인간이 감히 신을 창조할 수 있는 것도 아닙니다. 그러나 실상은 언어나 생각이나 판단을 통해서 자기에게 걸맞은 신을 만들어내는 것이 현실입니다. 그러니 다만 아무것도 모른다고 생각하고 겸허한 마음으로 침묵(沈口)을 해야 합니다.

순수한 정신(순수의식)을 통해서 그리스도를 바라보십시오!

침묵이란 개처럼 짖어대지 않고 입을 봉한 채 저 밑바닥으로 내려가는 형상을 뜻합니다. 소리를 내지 않고 자기 자신의 밑바닥으로 깊이 들어가서 그 심저(心底)에 있는 존재 그 자체를 만나야 합니다. 소리는 나의 목울대의 헤아림과 동시에 그 목울대에서 나오는 파장을 타자와 같이 인식을 해야 합니다. 그러나 그 파장은 오해의 소지가 있습니다. 생각을 담아내도 얼마든지 왜곡되고 몰이해가 가능합니다. 하지만 침묵은 공통분모인 초월자의 심연(深淵)에서 타자와 내가 만날 수 있습니다. 그 초월자를 만나는 경험이 바로 새로운 사람이 되는 것입니다. 그리스도를 믿으면 새로운 사람이 된다고 했는데, 새로운 존재는 그리스도에 대해서 순수의식을 통해서 사념과 편견을 제거하고 있는 그대로 바라보려고 합니다. 새로운 존재의 눈은 그리스도의 눈을 가지고 있기 때문입니다. 과거의 것, 낡은 것, 즉 그리스도를 믿기 이전에 내가 가진 생각과 눈은 그리스도와 관계없는 것들입니다. 아우구스티누스와 동시대 인물이기도 한 4세기의 저명한 수도자인 에바그리우스 폰티쿠스(Evagrius Ponticus)는 관상생활에 대해서 이렇게 말합니다. "수행의 목적은 정신을 정화하여 욕정에서 자유롭게 하는 것이다. … 그러나 정신을 사물에서 멀어지게 하여 제일원인을 향해 돌아서게 하는 것, 그것은 신학의 한 선물이다." 그리스도에 의해서 정신이 정화되고 사물로부터 거리를 둔 삶을 사는 그리스도인은 끊임없이 현상태를 넘어서려고 합니다. 초월을 지향하여 그리스도에게 눈을 돌리면서 모든 영적이고 정신적인 것이 아닌 것으로부터 멀어지려고 합니다. 이와 같은 신앙 태도는 그리스도인이 사물성이나 물질성으로 전락하지 않기 위해서라고 생각할 수 있습니다. 지금의 실존적 상황을 넘어선다는 것은 순수한 정신을 가지고 살아가는 삶을 견지하겠다는 몸부림이기도 합니다.

가슴의 깊이로 신앙을 생각하십시오!

우리가 니체의 말을 자꾸 곡해를 하는데, 그는 도리어 인간이 신을 죽여 놓고 스스로 신을 창조하려는 것은 오만이라는 것을 일깨워줍니다. 신을 믿는 것과 신을 만드는 것과는 분명히 다른 차원입니다. 그런데 지금 벌어지는 신앙현상을 보면 그리스도인은 신을 창조하고 있습니다. 피조물인 인간이 오히려 신을 창조하고 있습니다. 니체는 다음과 같이 조언합니다. "너희들은 신을 사유할 수 있는가? 하지만 모든 것을 사람이 사유할 수 있는 것으로, 사람이 볼 수 있는 것으로, 사람이 느낄 수 있는 것으로 변화시키는 것, 그것이 너희들에게 있어 진리를 향한 의지를 의미하기를 바라노라! 너희들은 너희들의 감각을 끝까지 사유해야 할 것이다." 하나님을 생각할 수는 있습니다. 그런데 정말 신에 대해서 사유하고 시각적으로 보이게 하고 사람들이 신의 있음을 느끼게 만드는 것, 그리고 그리스도인이 진리에의 의지를 품고 있구나를 알 수 있게 하는 방법은 '화해'(和解)입니다. 화해의 진리, 화해의 정서, 화해의 느낌을 사람들로 하여금 알도록 해야 합니다. 하나님은 인간과 화해를 했기 때문에, 그로 인해 인간과 인간이 화해를 하는 삶을 살아야 합니다. 화해는 조화로움이요 화목함입니다. 막히고 묶인 것은 풀어야 합니다. 만일 그리스도인이 화해의 삶을 살지 못한다면 1차적으로는 하나님과의 관계에 문제가 생긴 것입니다. 사람들이 그리스도인들을 통해 화해의 감각을 느끼지 못한다면 바로 그와 같은 신앙에 문제가 있다는 것을 반증하는 것입니다. 그러므로 니체식으로 화해의 신앙적 감각을 끝까지 사유한다면, 화해가 무엇인지

가슴 깊이 깨닫고 알게 된다면 자신의 신앙을 변형시켜야 합니다. 이웃과 조화를 이루고 있는지, 사람들과 화목한지, 이웃과의 관계가 얽혀 있는 것은 아닌지 마음으로 잘 생각해보고 풀어내려고 해야 합니다. 왜냐하면 우리는 죄를 용서하기 위한 화해의 조건을 달지만, 하나님은 우리에게 죄를 묻지 않으셨기 때문입니다.

그리스도를 통해 인간의 죄가 억측이 되었습니다!

죄를 묻지 않음은 그리스도 때문에 그렇습니다. 그리스도는 화해의 중재자이십니다. 그분은 화해의 모범이십니다. 인간에게 익숙한 죄가 그리스도를 통해서, 하나님에게 낯설게 되었습니다. 죄란 하나님의 얼굴에는 낯-설은 것입니다. 죄는 하나님에게서 유래하지 않는 낯선(fremd) 것이요, 나의 것이 아닌 다른 존재의 것입니다. 따라서 죄가 낯설도록 만든 그리스도는 하나님께 흡족한 화해의 표본이 될 수 있었습니다. 하나님에게 인간의 죄가 보이지 않으신 것도 그리스도가 아예 죄를 낯설게 만들었기 때문입니다. 무죄의 선언이라는 놀라운 표현이 이를 반영합니다. 인간에게 죄가 없다고 선언한 것은 죄가 있는 인간임에도 불구하고 죄가 낯선 상태에서는 더 이상 죄가 성립될 수 없기 때문입니다. 낯선 죄는 물을 수 없습니다. 인간의 구원을 위한 그리스도의 편에서는 죄는 낯익은 것이어서 죄가 무엇인지 물을 수 있지만, 하나님의 편에서는 죄란 낯선 것이어서 물을 수가 없습니다. 그래서 하나님께서는 죄에 대해서 억측이라고 보십니다. 그에게 죄는 있을 수가 없습니다. 그 앞에서 죄가 존재한다면 그는 하나님이라고 말할 수가 없습니다. 죄가 그분 앞에 가기 위한 길도 자리도 존재하지 않습니다. 그러므로 그분 스스로 하나님이시기 위해서는 절대적으로 죄를 낯설게 해야 합니다. 그러나 하나님 스스로 죄를 낯설게 할 수 없습니다. 죄와 하나님은 상면한 적이 없는 것은 물론이거니와 죄와 하나님은 같은 수준에서 짝을 할 수 있는 것이 아니기 때문입니다. 인간을 구원하고 죄를 사하기 위한 존재, 즉 죄에 익숙하고 낯익은 그리스도만이 인간편의 죄를 무화시킬 수 있습니다. 그것을 통해서 죄는 약해지고 인간은 자유로워져서 하나님 앞으로 나아갈 수 있는 것입니다. 하나님이 인간에게 죄가 없다고 선언할 수 있었던 것에는 그리스도가 인간에게 낯익은 죄를 자발적으로 감당했기 때문입니다. 인간은 죄로부터 자유로움을 얻을 수 있었고 그 죄가 과거에는 낯익고 익숙했지만, 이제는 낯선 것이 될 수 있었던 것은 그리스도의 덕분입니다. 그분이야말로 죄란 억측이다, 죄란 하나님에게 억측이다라는 것을 친히 보여주셨기 때문입니다. 그것이 인간과 하나님의 화해의 극치요 화해의 선언이요 화해의 놀라운 감각이자 사유입니다. 그러므로 그리스도인은 매순간 자신의 죄에 대해서 감각적으로 사유하여 그 죄를 낯설게 할 뿐만 아니라 무조건 "하나님과 화해"해야 합니다. 그리스도에게 진 빚을 갚기(가볍게) 위해서라도 말입니다.

● ● ● ●

4. 신앙의 유전자와 아스케제(빌 3,4b~14)

선천적 신앙의 유전자보다 중요한 것은 후천적 신앙의 유전자입니다!

프랑스 작가이며 철학자인 장 그르니에(Jean Grenier)는 "사람들을 하나하나 구별 지워 주는 것은 바로 그들의 사상이 아니라 행동이다"라고 말합니다. 그리스도인들은 다른 종교나 비(非)종교인들과 구별되는 신앙적 인식과 행위를 하는 사람들입니다. 그렇다면 구별을 짓는 척도는 무엇일까요? 장 그르니에가 말한 것처럼, 나름의 독특한 신앙적 사유도 중요하지만 그에 못지않은 신앙적 행위입니다. 게다가 아무리 어려서부터 신앙생활을 했거나 아니면 어머니의 뱃속에서부터 신앙적 감각을 키웠다고 한들 신앙행위의 차별성이 발생하지 않는다면 아무런 소용이 없습니다. 그런 사람들은 다만 수동적인 신앙 자세로 일관하고 관념적 신앙행위로 그친다면 세계의 신앙적 사건이 발생할 리가 만무합니다. 처음에는 태생적이고 선천적인 신앙감각을 가진 신앙인들이 열심히 신앙생활을 하기는 합니다. 습관적이고 무비판적인 태도로 자신에게 각인된 선대의 신앙 유전자를 향유하기 때문입니다. 발전이 있고 변화가 있는 듯하지만, 주체적인 반성에서 이루어진 신앙이 아니기에 곧 회의에 빠지고 이내 신앙감각을 상실하고 마는 것을 볼 수 있습니다. 사도 바울이 말한 율법적인 열성에 가깝고 타성에 젖은 신앙을 견지하니 그럴 수밖에 없습니다. 자신이 직접 신앙적으로 성찰을 함으로써 새로운 신앙적 습성을 만들어 내는 신앙적 통찰이 있어야 합니다. 반드시 그래야 합니다. 그러나 그것은 내가 하려는 것이 아니라 성령이 하는 것입니다. 성령이 새롭게 나의 내면에 빛을 비추게 되면, 지금까지의 선천적이고 태생적인 유전자에 대한 숙고와 함께 그것들이 오히려 내 신앙에 장애가 된다는 인식이 싹트게 됩니다. 그럴 때 진정한 그리스도를 알게 됩니다. 나의 존재가 신앙의 부모로 인해 구성된 신앙의 공동체적 존재라는 자연스럽고 소박한 태도에서 벗어나 그리스도로부터 오는 신앙인식을 가질 때, 새로운 그리스도인으로 거듭나게 됩니다. 니체는 그것을 "의욕은 해방을 가져온다. 이것이야말로 의지와 자유에 대한 참다운 가르침이다"라고 말합니다. 그리스도에 대해서 의욕하고 의지하지 않고서 신앙의 해방을 가져오지 않습니다. 내가 알고 싶고 느끼고 경험하기를 원할 때에 진정으로 삶과 신앙의 기쁨과 자유를 만끽할 수 있습니다. 어느 누구의 의욕이 아닙니다. 부모의 의욕이나 가족 공동체의 의욕이 아니라 나의 의욕이어야 합니다. 주어진 신앙의 조건이 잘 형성되어 있다고 하더라도 그것이 나의 의욕이 아니라 타자의 의욕이라면 그저 율법적 신앙으로 일관하게 됩니다. 타자가 의욕하는 대로 신앙을 바라보고 그리스도를 경험하고 인식하기 때문에 그 신앙이 나의 신앙이라고 볼 수 없습니다. 초월자를 온전하게 나의 그분으로 인식하려면 내가 성령에 의지하여 나의 의욕으로 만나야 합니다.

그리스도를 만나게 되면 모든 것을 무(Nichts)로 보게 됩니다!

모든 것은 마음에서 비롯됩니다. 신앙도 마음에서 비롯됩니다. 내가 의욕한다는 것도 마음의 작용입니다. 마음을 그리스도의 마음과 일치하려는 의욕은 마음이 깨끗해야 가질 수 있습니다. 욕망의 마음으로는 그리스도를 만날 수 없습니다. 그래서 태생적 신앙의 유전자를 벗어나야 한다는 것입니다. 전승된 신앙의 유전자가 좋은 기운을 줄 수 있고 그 바탕 위에서 신앙생활을 하니 그만큼 더 많이 그리스도를 알 수 있다는 착각에 빠질 수 있습니다. 그것조차도 나의 욕망이 아닌 타자의 욕망입니다. 내가 의욕했던 것이 아니라 신앙의 전통 안에서 율법적인 틀이 형성되어 있어서 그 조건에 따라서 보기 때문에 간혹 마음의 때가 끼어서 타자를 함부로 판단하여 배타적으로 대하고 우월한 신앙의식을 가지곤 합니다. 그러나 그뿐입니다. 더 이상 그 신앙 바탕에서 해방이 일어나지 않습니다. 자유로움이 없이 점점 더 율법적으로 변합니다. 고착화된 신앙의 틀이 자신을 옥죄고 억압합니다. 스스로 그렇게 되었다는 것을 잘 인식하지 못하니 순수한 마음을 되찾을 수 있는 가능성이 희박해집니다. 프란치스코 수도사 이재성 보나벤투라는 이렇게 말합니다. "자유롭지 못하면 모두가 죄다." 니체도 이렇게 말합니다. "인간이 존재한 이래, 인간에게는 즐거운 일이 너무나도 적었다. 형제들이이여, 이것만이 우리의 원죄렸다!" 원죄(peccatum originale)란 악을 행할 수 있는 가능성을 타고 난다는 유전자적 선천성을 교리적으로 정리한 것입니다. 그러니 우리는 그 원죄라는 것 때문에 신앙이 즐겁지 못합니다. 태생적으로 죄인이라는 의식이 나를 수치스럽고 힘 빠지게 만듭니다. 내가 하나님을 즐기려고 하기 때문입니다. 우리가 하나님을 즐기는 순간 신앙적 즐거움을 느낄 수 없습니다. 그리스도인이 하나님을 주체적으로 향유한다고 생각할 수 있으나, 그 향유의 주체는 하나님이어야 합니다. 그것은 곧 모든 것을 무화할 때 일어나는 현상입니다. 내가 아니라 신앙의 주체적인 힘은 하나님으로부터 온다는 인식을 가져야 그 시선에서 내가 형성한 신앙의 상(相), 신앙의 이미지가 잘못되었던 욕망이었구나 하는 것을 알 수 있습니다. 그것들이 아무런 것이 아니다, 없는 것이다라는 인식과 깨달음이 있어야 합니다. 그리스도인이 향유할 수 있는 것은 오직 무이신, 대답 없으신 하나님입니다. 그렇게 향유할 수 없는 신앙은 오히려 역설적으로 원죄입니다. 하나님은 우리의 신앙함을 향유하고 동시에 우리는 침묵하시는 하나님을 향유하라고 자신을 감추신 것인데, 그럴 수 없다는 것이 아직도 죄로 인한 마음의 때가 끼어 있다는 반증입니다.

신앙은 하나님이 나를 즐기도록 하는 것입니다!

신앙은 내가 즐기는 것이 아닙니다. 내가 하나님을 즐기는 것 같지만 실상은 하나님이 즐거워 하도록 해야 합니다. 하나님이 나를 기뻐하고 즐거워 해야 합니다. 신앙은 하나님이 주체가 되어야 하지 내가 주체가 될 수 없습니다. 하나님의 시선이 우리에게 닿아야 내가 누구인지를 알 수 있듯이 말입니다. 내가 누구인지 어디로 가는지 어떻게 살아야 하는지의 주체적인 작용과 판단이 나 스스로의 노력에 의해서 알 수 있다고 확신하지만, 실상은 내면에 하나님의 빛이 들어오지 않으면 평생 그것조차도 깨닫지 못하고 살아가는 경우가 많습니다. 단 한 번도 자신의 실존에 대해서 장해물도 여긴 적도 없이 살다가 죽습니다. 그것이야말로 원죄를 벗어나지 못하고 자신이 쳐놓은 인식의 굴레 속에 갇혀 있기 때문입니다. 사도 바울은 그리스도를 만나게 되면 그 모든 것들이 변하게 되고 장해물로 여기게 된다는 것을 실증적으로 보여 주었습니다. 하나님의 빛이 내면을 비추고 그리스도가 자리를 잡게 되면 삶의 거추장스러운 것을 장해물로 보게 됩니다. 순수한 신앙의 내면이 더 중요한 것이지 외물(外物)이 중요한 것이 아니라는 것을 알게 되기 때문입니다. 그것은 결국 하나님이 나를 즐기면서 발생한 결과입니다. 하나님이 나를 즐기게 되면 그 즐거움으로 "거룩한 단순성"(* 보나벤

투라 이재성)이 생기게 됩니다. 신앙의 거룩한 단순성, 삶의 거룩한 단순성으로 몸과 마음, 그리고 삶 전체가 그리스도를 향해서 단순해집니다. 거룩한 단순성이란 다른 것이 아닙니다. 사도 바울이 말한 그리스도를 아는 것만이 가장 중요하다는 인식으로의 전환을 의미합니다. 즉, 마음이 청정한 것으로 바뀌는 것입니다. 그리스도의 마음은 순수입니다. 순수한 존재가 가득 찬 상태입니다.

순수한 신앙으로 대범한 신앙인이 되십시오!

결국 신앙인이 된다는 것은 마음의 때를 벗기는 것이기도 합니다. 그리스도와 하나가 된다는 사도 바울의 말이 그 표현입니다. 그리스도와 일치가 되면 마음이 순수해집니다. 하나님의 눈길이 나를 보고 있다는 생각을 충일하게 갖습니다. 신앙은 그래야 합니다. 지금까지의 율법적 시선이나 율법적 편견으로부터 벗어나서 경계가 없는 순진무구한 하나님의 시선으로 타자와 사물 그리고 세계를 바라보아야 합니다. 마음이 깨끗해야 세상도 깨끗하게 볼 수 있고 또 그렇게 만들어 갈 수 있습니다. 하나님의 나라란 그러한 세상입니다. 순수한 사람, 순수한 관계, 순수한 존재 그 자체만으로 만족하고 순수한 목적을 지향하는 공동체입니다. 그러므로 신앙이 대범해지기 위해서 노력을 해야 합니다. 우리는 그것을 아스케제(askese)라고 합니다. 부단히 노력하고 경주하려는 태도입니다. 니체는 말합니다. "무엇보다도 고약한 것은 속좁은 생각들이다." 대범한 신앙은 무엇보다도 하나님과의 관계를 올바로 맺으려고 하는데 있습니다. 하나님을 수단으로 여기거나 나의 삶의 욕망을 채우기 위한 힘으로 생각한다면, 하나님은 우리를 즐기는 분이 아니라 우리를 통해 악행을 저지르는 분으로 등장합니다. 사람들이 우리를 통해서 그런 하나님을 보게 됩니다. 그러면 하나님과 잘못된 관계를 설정한 것입니다. 다만 통큰 신앙인이 되고 대범한 신앙인이 되기 위해서 그리스도의 본질을 알고 따르고 살기를 원하는 사람, 그렇게 그분을 향해서 달려가려고 부단히 애를 쓰는 사람이 되어야 합니다. 사도 바울이 자신이 "하나님의 목적"이 되었다는 말은 그렇게 하나님을 향해서 나아가려고 하고, 그리스도와 일치를 이루려고 할 때 하나님이 나를 즐거워 하고 자신의 거룩한 즐거움까지도 향유하도록 한다는 것과 다르지 않습니다. 삶의 즐거움보다 더 높은 차원은 하나님의 즐거움 자체에다 맞추려고 할 뿐만 아니라, 자신의 삶을 초월적 삶의 영역으로 높여서 살도록 하는 데 있습니다. 우리의 신앙 목표는 무엇이고 어디를 향하고 있습니까? 나의 사적인 욕망입니까? 타자에 의해서 만들어진 욕망입니까? 하나님과 더불어 즐거움입니까? 우리의 신앙 목표는 하나님의 즐거움이 나의 즐거움이 되는 것이요 하나님의 초월적인 자리가 우리의 초월적인 자리가 되는 것이며, 우리의 정신이 하나님의 정신이 되는 데 있습니다. 그러므로 지금까지 태생적이고 선천적인 신앙의 유전자가 지닌 욕망의 시선을 견지했다면, 이제부터는 그것을 멈추고 오로지 순수한 눈으로, 사심 없이 하나님을 바라보려고 노력하십시오!

● ● ● ● ●

5. 최악의 증인(빌 2,5~11)

피는 죽음의 실재를 드러냅니다!

"피는 진리에 대한 최악의 증인이다. 피가 더없이 순수한 가르침조차 더럽혀 마음의 망상과 증오로 바꿔놓기 때문이다." 니체의 말입니다. 피는 사람과 사람, 사람과 신의 관계를 확인하는 순수한 존재로서의 매체입니다. 모든 생명체에게 있어 살(리)기도 하고 죽(이)기도 하는 순수한 존재가 붉은 피입니다. 피는 감추어져 있습니다. 감추어진 것이 드러나는 순간, 고통 아니면 죽음이라는 실체가 곁으로 다가옵니다. 다가온다는 표현보다 나타난다는 말이 나을 것입니다. 피는 드러나고 나타납니다. 모든 존재가 다 살아 있을 때는 죽음이 드러나지 않은 것 같습니다. 하지만 피가 나타나는 때는 죽음이 드러납니다. 감추어져 있고 잊혀진 죽음이 드러나는 것입니다. 그래서 피란 공포이자 두려움이고 차라리 영원히 잊혀졌으면 하는 욕망입니다. 그렇게 잊혀지기를 바라는 이유는 피가 낭자하게 뿌려지는 순간 어느 누구도 삶이라는 순수함으로부터 뒤로 영원히 물러서지 않으면 안 되기 때문입니다. 그리고는 마침내 삶은 죽음이 드러나는 현장에서 이내 증오로 바뀌게 됩니다. 피는 감춰져 있는 죽음의 현상을 적나라하게 보여줍니다. 이렇게 사람들은 피가 가진 속성에 대한 수많은 직간접적인 경험을 토대로 궁극적인 죽음이라는 현상을 생각하고 싶어 하지 않습니다.

십자가에 하나님의 마음이 있습니다!

그렇게 보면 예수는 그 죽음이라는 진리, 모든 인간은 죽는다 혹은 피는 곧 생명이다라는 진리를 최악의 십자가 사건을 통하여 보여준 인물입니다. 물론 수많은 사람들이 인류의 역사를 등에 지고 죽어갔습니다. 사라지는 그곳에는 엄청나게 많은 피가 흘러넘쳐 그 비린내가 진동했던 적도 있었습니다. 하지만 그 피는 진리가 되지 못했습니다. 다만 살인이요, 다만 전쟁이요, 다만 보복이요, 다만 어쩔 수 없이 맞이하는 죽음의 피흘림이었을 뿐입니다. 그러나 예수의 피흘림은 달랐습니다. 거기에는 자신의 피흘림을 통하여 인류를 구원하고자 하는 강한 의지가 드러난 십자가의 잔혹함이 있었습니다. 십자가에서 흘린 피는 인류의 진리가 되었고, 그 피는 하나님의 사랑이었으며 예수의 마음이었다는 것이 입증되었습니다. 피의 진리는 사랑이고 마음이라는 것을 예수의 죽음을 통해서 보여주었던 것입니다. 니체가 말하듯이 어쩌면 예수는 가장 잔혹하고 최악의 방식을 통하여 진리를 드러냈는지 모릅니다. 그러나 피의 최악이 구원이라는 최선을 가지고 왔습니다. 예수는 자신의 피를 통해서 죽음이라는 보편적 기호를 드러낸 것이 아니라 구원이라는 특수한 기호를 드러내었습니다. 십자가라는 기호를 쳐다보면 그리스도의 피가 생각나고 나의 치부가 깊게 드리워져 있는 것처럼 느끼는 것은 피를 통해서 나를 반성하기 때문에 그렇습니다. 피는 실수도 아니고 단순히 헤모글로빈을 통해서 산소를 운반하는 도구도 아닙니다. 피는 나를 물들인 죄에 대한 반성입니다. 피는 나의 속마음을 드러내는 실체입니다. 예수는 바로 인간의 그 속마음의 자리가 죄로 물들어 있는 것을 보고 십자가라는 하나님의 마음 자리에 뿌린 존재입니다.

인간적인 너무나 인간적인 예수!

그런데 여기서 우리는 사도 바울의 다음과 같은 말에 주목을 할 필요가 있습니다. "그리스도 예수는 하나님과 본질이 같은 분이셨지만 굳이 하나님과 동등한 존재가 되려 하지 않으시고 오히려 당신의 것을 다 내어놓고 종의 신분을 취하셔서 우리와 똑같은 인간이 되셨습니다." 예수는 하나님과 본질이 같으신 분이셨으며 동시에 동등한 존재였다는 증언, 그리고 우리와 똑같은 인간이 되셨다는 증언은 인간의 보편성에 내던져졌다는 말입니다. 그렇지 않고는 피의 진리를 드러낼 수가 없습니다. 피는 흘리면서 죽음을 드러내고 역설적으로 생명을 약속합니다. 사람들은 피의 현실을 보이고 싶지 않고 보고 싶어 하지 않습니다. 피는 늘 감춰져 있어야 한다는 것이 인간의 진리입니다. 그러나 더 보편적인 진리는 피는 숨겨져 있는 것을 드러내야만 비로소 생명을 깨닫는다는 데에 있습니다. 반드시 보편적인 인간의 속성을 드러내는 인간이 아니면 피의 진리를 알릴 수가 없습니다. 그래서 십자가에는 예수의 마음과 인간의 마음이 공존합니다. 피는 자신을 숨기고 싶어 하지만, 인간이신 예수에 의해서 구원으로 드러납니다. 다시 말해서 '하나님은 사랑이시다'는 진리가 드러납니다. 니체는 "더없이 위대한 사람조차도 너무나도 인간적이라는 것을!"이라고 말합니다. 평범한 사람인 까닭에, 보잘것없다고 생각하는 한 인간의 피를 통해서 보편적인 인간을 위해서 특수한 인간이 되었다는 것은 인간 예수의 피가 헛된 진리가 아니라는 것을 알게 해줍니다. 결국 위대하다고 생각하는 예수조차도 한 사람의 인간이었다는 것을, 그리고 그 존재가 십자가에서 흘린 피는 하나님의 피가 아니라 바로 인간의 피였다는 것을 깨닫게 함으로써 인간이라는 존재가 어떤 마음을 갖고 살아야 하는가를 보여준 것입니다. 그것은 다름 아닌 하나님의 마음, 그리스도의 마음입니다. 피의 진리는 만인을 사랑하는 그리스도의 마음입니다. 따라서 모든 인간의 마음도 십자가 위에 있어야 합니다. 십자가 위에 있다는 것은 달리 세상을 바라보고 세상을 향한 실천의 마음, 더없이 위대한 예수의 마음으로 사랑하는 실천의 마음으로 바라보기 위함입니다.

그리스도의 피는 인간의 정신을 파고듭니다!

생명적 존재의 피가 보편적으로 공포와 두려움을 야기하기 때문에 감추고 싶은 힘을 지닌다면, 한 인간의 위대한 피는 인류의 정신을 상승시키는 효과를 가져옵니다. 그리스도의 피를 가학이나 피학이라고까지 말할 수도 있습니다. 하지만 그리스도의 피는 자신의 낮춤을 통하여 인간의 드높임에 있습니다. 그렇다면 그리스도의 피는 거룩하신 하나님과 죄인인 인간의 가학이 아니라 차라리 피학에 가깝습니다. 하지만 그의 죽음의 피를 통하여 인간의 정신은 급상승하게 됩니다. 처절하고도 비통한 죽음으로 인간 자신마저도 한없이 유약{柔弱/幼弱/나약(懦弱)}하여 위축될 수 있습니다. 그리스도의 피의 진리는 다릅니다. 니체는 "정신의 행복이란 성유를 바르고 산 제물이 되어 눈물로 봉납되는 데 있다"고 외칩니다. 그리스도는 자신의 영혼의 행복, 즉 인간 영혼의 행복을 위해서 자신의 행복을 버렸습니다. 인간의 정신적 상승을 위해서 자신의 정신과 행복을 하나님께 드렸습니다. 자신을 사물처럼 봉납(捧納)함으로써 인간은 구원을 받을 수 있었고 정신적 퇴락의 길에서 다시 하나님을 향한 정신적 상승을 꾀할 수 있었습니다. 그러므로 그리스도의 피의 진리는 인간의 행복을 드러나게 하는 실제입니다. 그리스도의 피로인해서 인간의 정신 안에 하나님의 정신이 스며들 수 있었습니다. 그리스도가 자신의 정신과 행복, 몸의 피를 하나님께 사물과 물건처럼 올려 받쳐진 것은 인간으로 하여금 다시 하나님의 마음과 하나님의 정신을 내려 받을 수 있도록 하기 위함입니다. 그럼에도 인간은 니체가 비판하듯이, "정신의 긍지를 모른다!"는 것입니다. 하나님의 정신, 그리스도의 정신, 진정한 그리스도의 진리와 정신의 가치를 실추시키고 긍지조차도 상실하고 있는 시대가 되어버렸습니다. 니체는 "정신은 그 자체로 생명 속을 파고드는 생명이다. 생명은 그 자신이 겪는 고통을 통하여 자신의 앎을 증대시킨다"고 말합니다. 우리의 신앙적 혈액 속에 그리스도의 정신이 흐르고 있는지 살펴야 할 때입니다. 그리스도의 피 흘리심이 헛된 고통이 되지 않도록 그리스도인의 정신을 상승시켜야 합니다. 그리스도의 고통이 곧 인간의 정신과 영혼의 상승에 있다는 것을 깨달아야 합니다. 한자성어로 위약조로(危若朝露)라는 말이 있습니다. "위험(危險)하기가 아침 해에 곧 마를 이슬과 같다"는 뜻으로서 사람의 운명(運命)이 위태(危殆)로움을 이르는 말입니다. 지금 인간의 정신과 영혼 그리고 몸이 위험과 위기에 처해 있습니다. 그럴수록 그리스도의 피를 생각하지 않을 수가 없습니다. 피는 진리의 드러남입니다. 그리스도의 피는 인간이 다시 하나님을 기억하겠다는 하나님을 향한 보고(報告)입니다. 그러므로 이제부터라도 이 말을 상기해야 할 것입니다. "여러분은 그리스도 예수께서 지니셨던 마음을 여러분의 마음으로 간직하십시오." 사도 바울이 오늘날의 그리스도인들에게 보내는 전언입니다.

6. 큰 이성의 부활(1고린 15,19~26)

타자의 죽음은 곧 나의 죽음입니다!

언젠가 우리는 죽음을 맞이합니다. 이것은 매우 단순한 진리입니다. 죽음을 맞닥뜨린다는 것은 이 세상의 삶을 정리하고 나라는 존재가 아예 사라진다는 것입니다. 이것은 피할 수 없는 사실입니다. 그래서 죽은 자의 영정 앞에서 애도를 표한다는 것은 삶과 죽음의 경계에서 잠깐 나를 뒤돌아보는 시간입니다. 그럼에도 우리는 죽음이 아득히 멀리 있다고 생각합니다. 아니 나의 사건이 아닌 타자의 사건인 것처럼 받아들이곤 합니다. 시간이 갈수록 산다는 것과 죽는다는 것이 함께 붙어 있는 것처럼 살지 않고 분리해서 살아갑니다. 특히 도시의 시공간은 죽음을 감추고 삶의 치열함만 보여주는 것 같습니다. 죽음은 시각화되지만 실상 그 죽음은 나의 죽음이 아니라 여전히 타자의 죽음일 뿐입니다. 다만 그 죽음이 나의 죽음으로 다가오는 것은 사회적 죽음으로 연결될 때 인식되는 위기 때문입니다. 그만큼 우리는 죽음을 자꾸 나의 삶의 저편으로 밀어내려고 합니다. 이는 자신의 유한성을 보고 싶어 하지 않는다는 반증입니다. 니체는 자신의 답답한 마음을 이렇게 표현합니다. "나는 신체이자 영혼이다. 어린아이는 이렇게 말한다. 어찌하여 사람들은 어린아이처럼 이야기하지 못하는가?" 자신의 생조차도 순수하고 단순하게 그리고 사심 없이 바라보는 존재에게는 인간이란 신체만 있는 것이 아니라 영혼도 있다. 혹은 영혼만이 아니라 신체도 있다고 생각합니다.

그리스도교의 부활은 온 생명의 부활입니다!

우리가 희망을 거는 것도 이러한 인식 때문이기도 합니다. 인간은 이 세계의 시공간을 넘어서 영혼이란 영원히 존속할 것이라는 소박한 믿음을 가지고 있다는 것입니다. 니체는 과감한 생각을 단행합니다. "나는 전적으로 신체일 뿐, 그 밖의 아무것도 아니며, 영혼이란 것도 신체 속에 있는 그 어떤 것에 붙인 말에 불과하다"고. 영혼이 중요하다고는 하나 그 영혼은 신체 속에 들어 있을 때 비로소 의미가 있습니다. 그리스도교에서 부활을 말한다는 것은 결국 영혼만의 부활이 아닙니다. 몸의 부활과 더불어 일어나는 온 생명의 부활입니다. 그리스도가 부활했다는 고백의 증언은 그분의 영혼만이 아니라 몸도 부활했다는 것을 뜻합니다. 모두가 죽었으나 그분이 죽음이라는 유한성을 극복한 것, 즉 단지 영혼이 아니라 몸도 그렇다는 것은 놀라운 전언입니다. 그것에 희망을 두고 살고 있는 사람들이 그리스도인입니다. 그런데 좀 더 현실적이고 놀라운 니체의 아포리즘을 더 들어보겠습니다. "신체는 커다란 이성이며, 하나의 의미를 지닌 다양성이고, 전쟁이자 평화, 가축 떼이자 목자이다." 니체에게 있어 영혼보다 더 중요한 것은 사실 신체입니다. 신체의 경시, 몸의 천시는 참을 수 없을 만큼 그의 철학적 자존심을 건드리는 문제입니다. 하지만 큰 이성의 문제는 비단 철학의 문제만은 아닙니다. 그리스도교에서 큰 이성으로서의 몸의 경멸은 종종 있어왔던 사실입니다. 영혼을 강조하고 그 영원성을 논하다가 보면 몸은 별것이 아닌 양 치부했기 때문입니다. 큰 이성으로 말미암아 작은 이성, 곧 정신이나 영혼이 있습니다. 큰 이성의 몸이 목적으로 되지 않으니 몸을 함부로 하는 것이 오늘을 살아가는 인간의 단적인 모습입니다. 몸의 부활은 그래서 온 생명의 부활입니다. 영혼만이 부활이 아니라 온 생명의 부활이라는 것은 달리 현실적으로 몸의 귀중함을 다시 한 번 인식하는 명령이기도 합니다.

큰 이성으로서의 몸이 부활을 사유하고 현존을 인식합니다!

죽어서 우리의 몸이 어떻게 될 것인가 하는 것은 하나님의 소관입니다. 하나님이 그리스도의 선례에 따라서 우리를 온 생명으로 부활시켜줄 것인가 하는 것은 전적으로 믿음과 고백의 영역입니다. 다만 우리는 우리의 큰 이성으로서의 몸이 어디에서 기원하는가와 그 몸의 신앙적 무게감을 새롭게 인식할 뿐입니다. 큰 이성으로의 몸은 신앙 안에서 지속적으로 생각하며 살아야 하는 몸이라는 것을 깨닫게 해줍니다. 그것은 온 생명으로 부활하는 존재라면 몸은 결코 폐기처분되어야 할 대상이 아니라 신앙적으로 사유해야 할 대상입니다. 나의 몸의 기원과 죽고 난 이후의 몸은 모두 그리스도의 전범에 따르게 되어 있습니다. 그리스도인이 그리스도를 믿는다는 것과 그에 따라서 부활을 신앙의 사실적 고백으로 믿는다는 것은 그러한 의미입니다. 만일 그렇지 않다면 부활은 없습니다. 독일어로 'Geschehen ist geschehen'이라는 말놀이가 있습니다. 뜻인즉슨 "벌어진 일은 돌이킬 수 없다" 혹은 "한 번 일어난 일은 어찌할 수 없다"는 말입니다. 부정적 어투로 들리기도 하지만, 부활의 비가역성으로도 풀어도 손색이 없습니다. 부활이 현재하고 지금도 그 부활의 영이 현존한다는 것은 큰 이성의 몸이 그 현존을 사유한다는 것과 다르지 않습니다. 몸과 영혼이 분리되지 않고 오히려 영혼(이성이나 정신)이 몸의 도구이면서 그것이 큰 이성에 비해서 작은 이성이라고 니체가 말한 이유도 거기에 있습니다. 머리로는 분명히 사유한다고 하면서 큰 이성인 몸을 간과한 채 사유한다면 현실적으로 반쪽짜리 신앙을 고백하는 것이나 다름이 없습니다. "말미암다"(come from, arise from, derived from)는 신앙언어가 지시하는 것이 이를 가리킵니다. 그리스도의 큰 이성 역시 하나님을 몸으로서 사유한 결과이고 하나님을 작은 이성인 정신으로 뿐만 아니라 큰 이성으로서의 몸으로 감각한 부활입니다. "원인이나 근거가 되다"는 뜻의 '말미암다'는 큰 이성의 원인과 근거가 바로 그리스도에게 있다는 것을 뜻합니다. 과거의 몸이성의 그리스도는 현재의 그리스도인의 몸이성을 규정짓는 것이며, 동시에 미래의 그리스도인의 큰 이성과 작은 이성의 결과를 예견하는 것입니다. 그분으로부터 큰 이성과 작은 이성이 왔고 그분으로부터 유출되어 큰 이성과 작은 이성이 살았고, 다시 그분으로 인해서 큰 이성과 작은 이성이 살게 될 것이라는 신앙고백은 우리를 현재에서 늘 깨어 있도록 합니다. 독일어 'durch'가 바로 '말미암다'라는 뜻 이외에 '~의 덕택으로'라는 뜻을 덧붙이고 있는 것도 흥미롭습니다. 또한 같은 맥락으로 번역을 할 수 있는 'aus dem Grunde'도 '근저로부터', '근본으로부터'라고 하는 것도 주목해야 합니다. 그리스도인의 부활이 온 생명으로서, 큰 이성으로의 몸과 작은 이성으로서의 정신이 함께 부활한다는 사건은 그리스도의 덕택이기 때문입니다. 그리스도인의 부활은 근본적으로, 가장 밑바탕에는 바로 그리스도로부터 연원한다는 것을 말해주고 있기 때문입니다.

그리스도인의 부활을 실천하는 몸이 되십시오!

그리스도교의 부활은 관념이 아니고 단순히 희망사항도 아닙니다. 부활은 실천입니다. 살아난다는 것은 생명의 실천이고 행위이지 추상이 아닙니다. 종말에 일어날 사건은 말 그대로 일어남(geschehen)입니다. 하나님에 의해서 행해지고 수행되는 것입니다. 그것은 오늘날 그리스도인들에게 앞당겨 행동할 것을 요청합니다. 앞당겨 살게 하고 살게 하셨으니 이웃 생명들과 더불어 살도록 하는 사건을 일으키고 반생명적 사건에 저항하도록 부추깁니다. 부활은 그렇게 오고 있고 지금도 오고 있습니다. 생명의 사건이 단순히 종말의 어느 때에 완성되는 것이 아니라 그리스도의 근저로부터 온 것으로서 이미 완성했으며, 그 완성을 마무리하는 일만이 남은 것입니다. 부활을 완성한다는 것은 큰 이성의 몸으로서 우리의 신앙 이성과 정신이 깨어 있어야 함을 뜻하기도 합니다. 니체는 이렇게 말을 합니다. "믿기지 않겠지만 그 자아(Ich)보다 더 큰 것들이 있으니 너의 신체와 그 신체의 커다란 이성이 바로 그것들이다. 커다란 이성, 그것은 자아 운운하는 대신에 그 자아를 실천한다. … 형제여, 너의 사상과 생각, 느낌 배후에는 더욱 강력한 명령자, 알려지지 않은 현자가 있다. 이름 하여, 그것이 바로 자기(das Selbst)다. 이 자기는 너의 신체 속에 살고 있다. 너의 신체가 바로 자기이기도 하다."

자기는 자아에게 명령을 합니다. 인간의 저 깊숙한 곳에 있는, 근저에 있는 자기는 자아로 하여금 초월자를 생각하게 하고 살게 합니다. 큰 이성으로서의 몸은 자아를 실천하는 주체입니다. 그리스도인의 진정한 부활이 가능하도록 자아를 살게 하고 자아로 하여금 거짓된 것과 죽음의 한계에 저항하는 의지가 나타나도록 하는 것이 큰 이성입니다. 자아는 자기로 말미암아, 저 깊숙한 진정한 현자인 자기, 곧 그리스도의 탄생으로 인해서 부활이라는 기쁨의 희망을 확신하게 됩니다. 사도 바울은 그리스도가 죽음의 유한성, 원수와도 같은 죽음의 현실을 물리치실 것이라고 말합니다. 이에 니체도 말을 거듭니다. "자기가 자아에게 명한다. 자, 기쁨을 느껴라!" 그러면 자아는 기뻐하며, 앞으로 얼마나 자주 기뻐하게 될 것인가를 생각해본다. 그럴 수 있기 위해 자아는 머리를 써야 한다." 큰 이성으로서의 현실적인 몸을 경멸한다면 작은 이성으로서의 정신 또한 몰락을 하고 말 것입니다. 더불어 몸이성의 저 깊은 근저에 있는 자기도 등을 돌릴 것입니다. 몸이성과 작은 이성은 근저에 있는 자기를 통해서 지금 여기에서 부활의 실천, 생명적 살림의 사건을 만들기를 원합니다. 이미 몸이성으로 다시 사셨고 살고 계시며 살아서 오실 그리스도가 지금 그리스도인의 몸이성을 창조하셨으니 몸이성의 온갖 감각들은 세계의 모든 생명적인 것들이 목적 그 자체가 되기를 원하십니다. 그러므로 큰 이성으로서의 몸을 통해서, "감각의 눈을 도구로 하여 탐색하며", "정신의 귀를 도구로" 살아 있는 그리스도의 현존의 목소리를 경청하십시오! 부활은 하늘이 주신 선물입니다!

"Geschehen ist geschehen"(엎지른 물은 다시 담을 수 없다, 벌어진 일은 돌이킬 수 없다, 한 번 일어난 일은 어찌할 수 없다).

●●●●●●●●

7. 죽음은 깨어남이다!(계시 1,4~8)

죽음은 "내가 여기 있다"는 역설입니다!

그리스도교의 역설은 죽음에 있습니다. 죽음은 존재의 사라짐이 아닙니다. 경전(canon)에 기록된 고백들에서 볼 수 있는 것은 죽음이 아니라 삶입니다. 그리스도교에서 죽음은 삶이라는 것과 등치되는 개념입니다. 경전에서는 과거, 현재 그리고 미래의 어느 시간에서든지 존재하는 죽음이란 곧 삶이라고 말합니다. 그 역설의 사건을 실증적으로 보여준 사람이 그리스도입니다. 그의 죽음은 항상 "내가 여기 있다"는 강한 선언입니다. 비록 죽음 이전에 겪어야 할 그의 고난과 고통이 잔혹했더라도, 그가 시종일관 보여주려고 했던 메시지는 "내가 여기 있다"는 존재 선언, "내가 여기에 살아 있다"는 삶의 확증이었습니다. 만일 그리스도의 죽음이 없었더라면, 그리스도의 있음, 그리스도의 살아 있음도 없었을 것입니다. 그리스도의 죽음은 '생명이란 언젠가 죽음이 있다'는 한계상황을 드러낸 것이 아니라, 죽음은 곧 삶이라는 새로운 등식을 만들어 냈다고 하는 데 있습니다. 그리스도교에서는 그것을 '부활'이라고 말합니다. 부활이란 그렇게 '그리스도가 있다', '삶이 있다'는 말의 축약된 개념입니다. 어제도 있었다, 지금도 있다, 미래에도 있을 것이다라는 것이 부활의 선언적(宣言的) 표현들이다. '있다'는 것이 지금 내가 있는 것의 근거와 원인으로서 이미 조건 지어진 상태, 그리고 사태(sache)로서 그리스도의 있음의 사건으로 늘 현재화된다는 것을 의미합니다. 그러므로 '내가 있다'는 것은 실제로 내가 있는 것이 아닙니다. '그리스도가 있음'입니다. 부활의 사건이나 사태는 그렇게 발생한 것입니다. 죽음을 통해서 완전히 상실되고 사라지는 것이 아니라 부단히 내가 있음을 인식시켜주는 존재로서 '있음'으로 나타난다는 것이 진정한 의미에서 부활입니다. 니체는 사제들을 비판합니다. "저들은 그 사람을 십자가에 못 박는 것 말고는 달리 신을 사랑한 줄 몰랐다!" 그리스도의 손목을 관통하는 못질은 죽음을 현실화하고 전가하는 가혹입니다. 인간 자신의 구원을 위해서 반복되는 그리스도에 대한 가학은 그의 사라짐 이후의 부활을 위한 언어적 도발이나 다름이 없습니다. 거기에 그친다면 실제로 그리스도교는 한 사람을 죽음으로 모는 가혹과 가학적 종교에 지나지 않을 것입니다. 니체의 독설을 피하는 방법은 그리스도의 고통과 죽음이 오히려 자신의 존재 방식과 인류의 영원한 존재를 위한 것임을 인식하는 것입니다. 고통과 죽음 속에서 있음 그리고 그 사태와 연관하여 내가 있음을 보지 못한다면 그의 죽음은 처참하고 비참한 죽음에 불과한 것입니다.

그리스도의 죽음은 망각이 아닙니다!

죽음이 되레 그리스도의 있음과 나의 있음의 사태를 말하는 것이라면, 그 죽음이 어떤 죽음인가를 명확하게 알아야 합니다. 성서에 나와 있는 대로 그리스도는 먼저 죽음을 맛보았습니다. 또한 먼저 삶을 맛보았습니다. 여기서 '먼저'라는 부사어는 "시간적으로나 순서상으로 다른 것에 앞서서"라는 뜻입니다. 그분의 죽음은 처음의 성격을 띱니다. 해방과 자유, 희망과 생명, 정의와 사랑 등 온갖 인간의 삶에 샘솟는 상상력과 영감을 불어 넣어준다는 것은 매

일이 태초의 새로운 사건을 맞이하도록 한다는 것입니다. 죽음도 시초이지만, 삶도 시초입니다. 죽음으로 인해서 잊어버릴 것을 곧장 삶으로 연결 지었으니 죽음이 생명의 시간을 종결짓는 순간 삶이 새롭게 이어지고 또 이어짐으로써 그리스도인의 삶은 시초가 됩니다. 그래서 니체가 말하듯이 삶은 고통스러운 창조인지 모릅니다. "창조. 그것은 고통으로부터의 위대한 구제이며 삶을 경쾌하게 하는 어떤 것이다. 그러나 창조하는 자가 존재하기 위해서는 고통(suffering)이 있어야 하며 많은 변신(transformation, R. J. Hollingdale 번역)이 있어야 한다." 삶의 있음과 매번 변할 것도 없는 삶을 넘어서 새로운 삶의 형식(trans-form)을 부여하기 위해서 넘고 극복하도록 추동하는 힘과 의욕(willing)은 그리스도(의 부활에 대한 인식과 깨달음)에게서 나옵니다.

성서에서 그리스도가 먼저 죽음을 겪었으며 제일 먼저 살았다는 실제적 발언은 죽음과 삶의 시초가 그분으로부터 연원한다는 것을 의미합니다. 인간의 죽음과 삶에 대한 물음을 적실하게 답해준다는 것은 어려운 일입니다. 자칫 죽음은 망각이고 삶은 가볍게 스치는 일상적 사건들의 연속인 것으로 생각할 수 있습니다. 한 사람이 죽었다고 해서 대수랄 것도 없습니다. 그냥 잊으면 그만이기 때문입니다. 그런데 유독 2천 년 동안 한 사람, 예수의 죽음을 끊임없이 반복적으로 회상한다는 것은 죽음이 지닌 사태의 힘을 무화시키는 것이나 다름이 없습니다. 그로 인해 삶은 반복되고 생명이 되고 희망이 된다는 사실만으로 이미 그리스도의 죽음은 한 인간의 망각과는 전혀 다른 결을 갖고 있습니다.

그리스도의 죽음은 변하는 것들에 대한 불변적 저항입니다!

인간의 죄는 사람을 옭아매고 스스로를 부자유스럽게 만듭니다. 그것은 인간 자신을 구속함으로써 더 이상 옴짝달싹 못하게 하는 고착성과 몰감각(무딘 감각)으로 일관하도록 만듭니다. 그래서 그의 죽음과 다시 삶은 모든 구속과 억압과 지배로부터의 해방이요 자유입니다. 더 이상의 의존과 종속이 필요 없는 자유로운 인간, 삶의 주체적인 인간이 되게 한 사건이 바로 그리스도의 죽음과 부활입니다. 부활은 계시록의 저자가 말하고 있듯이, 우리로 하여금 하나님을 섬기는 사제 혹은 제사장이 되게 하셨고, 우리 스스로 감각적으로 민감하게 그리스도의 오심에 대해서 깨닫도록 한 사건입니다. 죽음이 아니라 다시 삶이다라는 깨달음은 신앙감각에서 그의 오고-있음, 그를 보고-있음, 그를 느끼고-있음을 의미합니다. 주체적으로 우리가 그리스도를 매개자나 중재자가 없이 그렇게 깨달을 수 있도록 한 그리스도의 죽음과 부활의 사건은 일상적 사건들이 변함이 없는 무미건조한 것처럼 삶을 수동적으로 받아들이지 않게 합니다. 그는 모든 것들의 처음이 되고 마지막이 됩니다. 변하는 것들에 대해서 변하지 않게 하는 본질적인 존재에 대해서 계속 생각한다는 것은 매우 어려운 일이기는 합니다. 더군다나 일상에 매몰되어 복잡하고 빠른 삶을 살아가는 현대인들이 신에 대해 본질적인 사유를 한다는 것은 자신의 삶과 죽음조차도 주체가 될 수 없다는 것을 뜻합니다. 그리스도가 자신의 죽음과 부활을 통해서 "당신의 하나님 아버지를 섬기는 사제가 되게 하"셨다는 고백은 주체적인 신앙인의 삶을 강하게 부각시키는 말이라고 봅니다.

사람들은 오래 살고 싶어 합니다. 게다가 대부분의 종교인들은 영원히 살기를 원합니다. 그래서 그리스도교에서 부활이란 하나의 삶의 사태 혹은 일상적인 삶에서 일어나는 평범한 생명적 사건이라는 사실에 대해서 간과하기 일쑤입니다. 그렇다면 진정한 그리스도인은 부활을 맞이하거나 부활의 삶을 살기를 간절히 바라는 만큼 그와 같은 조건과 자격을 갖추는 일이 급선무입니다. 죽음이 없이 부활이 있을 수 없습니다. 죽음을 자신의 삶으로 받아들이고 그리스도처럼 하나님을 섬기기 위한 봉헌자가 되지 않는다면 부활 역시 경험하기 어렵다는 말이 됩니다. 니체는 "제때에 죽도록 하라(Die at the right time) … 그러나 결코 제때에 살지 못하는 자가 어떻게 제때에 죽을 수가 있겠는가?"라고 반문합니다. 적당한 시기, 적합한 시간은 너무 빠르거나 너무 늦거나 하지 않고 딱 들어맞는 때로서 시의적절하게 순간순간을 잘 살아야 합니다. 그것을 한자어로 '시중'(時中)이라고 합니다. 삶을 살지 못하는 사람이 그와 상응하는 제때에 죽을 수는 없는 노릇입니다. 죽음 이후에 무엇이 존재하는가?라고 질문하면서 그 해답을 찾아나가려고 하는 그리스도인이 많이 있습니다. 아니 죽음 이후에도 여전히 영원한 생명을 가지고 하나님의 나라에서 살 수 있을 것이라고 확신합니다. 그러자면 그리스도인은 '지금 이 순간에 무엇을 경험하고 있는가?' 하는 것이 매우 중요한 관건이 되어야 합니다. 지금 내가 그리스도의 있음을 있는 그대로 또렷한 깨어남으로 보고 있는가, 그렇지 않은가가 부활 참여의 필요충분조건이 될 것입니다. 그뿐만 아니라 지금 삶을 경험하고 있는 그 적당함이 제때에 죽음을 맞이하고 더불어 제때에 부활을 경험할 것이기 때문입니다. 그 단순한 진리를 깨닫지 못한다면 부활, 즉 죽음에서 깨어나지 못할 것입니다.

8. 예수와 사는 방법(계시 5,11~14)

예수와 함께 살고 있을 때는 내가 그와 살고 있지 않을 때입니다!

계시록의 해석은 난해하기 이를 데가 없습니다. 계시록의 요지는 종말을 미리 현시(revelation)하였다는 것입니다. 다시 말해서 미래를 '베일 벗기듯이'(revelare) 드러내 보여주었다는 것입니다. 그래서 계시록에는 들었다, 보았다는 감각적인 표현들이 자주 등장합니다. 감성적인 말들을 통해서 미래의 사태를 인간의 시공간 안으로 끌어들인다는 것은 어려운 일입니다. 그래서 계시록은 은유나 상징이 많이 등장합니다. 종말(eschaton)은 궁극적인 것의 종결과 결별(Abschied)이지만 동시에 새로운 시작입니다. 우리가 살고 있을 때는 종말은 당대의 사건으로 등장하는 것 같지 않지만, 죽음을 통해서 완전히 무화가 될 때는 세계의 사건은 더 이상 나와는 전혀 상관이 없습니다. 하지만 역사는 나와 관계없이 항상 새로운 시작을 전개합니다. 성서의 계시는 미래의 새로운 시작을 의미합니다. 언젠가 사라질 현재의 세계이지만, 미래는 항상 새로운 시작으로 등장하는 세계입니다. 그런데 그것을 미리 앞당겨서 새로운 시작을 지금 여기에서 살 수 있는 방법이 있습니다. 다름이 아니라 예수와 함께 지금 살면 됩니다. 매우 간단한 논리임에도 불구하고 우리는 그렇게 살고 있지 않습니다. 역설적이게도 그와 함께 살고 있다고 말하는 순간, 우리는 그와 함께 살고 있지 않은 자신을 발견하게 됩니다. 그것은 실존적 종말입니다.

예수와 함께 자신의 삶을 드러내십시오!

페르난두 페소아(F. Pessoa)라는 포르투갈의 모더니즘 시인이 있습니다. 그는 이런 말을 합니다. "그는 언덕 가운데 자리한 우리 집에서 나랑 같이 산다. 그는 영원한 어린아이, 사라졌던 신이다. 자연스러운 의미에서 인간이요, 웃고 장난치는 신적 존재다. 그래서 나는 확신한다. 그가 진짜 아기 예수임을." 시인의 천연덕스러움이 철학적 사유를 하게 만듭니다. 같이 산다는 것의 의미란 집에서 같이 산다는 것처럼 살갑게 다가오는 말도 없을 것입니다. 한상에서 밥을 먹고 같은 공간에서 함께 잠을 자고 웃고 떠들고 하는 모든 행위는 생명현상으로서의 친밀한 관계를 맺고 사는 인간의 모습을 상징합니다. 신은 바로 그렇게 우리와 함께 합니다. 멀리 있는 존재나 우주 바깥 혹은 지구 바깥의 어느 공간에 있는 존재가 아니라 예수는 우리가 사는 일상 안에서 항상 존재합니다. 그래서 하이데거에 의하면 '거주하다'는 말은 '있다', '이다'라는 동사의 bin과 같습니다. 우리가 거주한다는 것은 단순히 어느 누구와 어느 공간에 속해 있는 것이 아니라 있음, 즉 그야말로 사는 것이고 영원한 현재로서 존재하는 것입니다. 예수와 함께 항상 한 시공간에서 거주한다는 것은 그렇게 사는 것을 의미합니다. 내가 지금 있다고 하는 것은 사물로서 있는 것이 아니라 늘 사건으로 등장합니다. 하나의 사건이 되기 위해서는 살아 있어야 하고 나타나야 하는데, 단독자로서 혼자 가능한 일이 아닙니다. 예수와 함께 드러내야 삶이 삶답게 됩니다. 그것이 그리스도인의 종말론적 삶입니다. 나의 때가 그분의 때와 일치하면서 그분이 요구하는 때를 나의 때로 받아들이게 되면 시간의 충만이 이루어지는 것이고 완성이 됩니다.

감성적 세계 안에서 있는 그대로 예수를 감각하십시오!

감성적 현시, 즉 시각, 청각, 촉각, 미각, 후각 등의 오감각은 때로는 우리를 속입니다. 감성적 인식능력이 있지만, 시공간 안에서 이루어지는 것들이 완전하게 파악되지 않고 정리되지 않은 채로 우리에게 다가옵니다. 신앙에서도 종말론적인 현상에 대해서 오감각적으로 말하는 사람들이 종종 있습니다. 그럴 때마다 그 오감각적 경험이라는 것의 실증적이고 현상학적인 삶의 태도로서 지금 여기에서 예수와 생활세계를 복원하면서 살고 있는가를 물어야 합니다. 그렇지 않고 목소리로 미각의 쾌락적 욕망으로, 바라봄의 왜곡된 시선으로, 감촉의 편견으로, 들음의 편취로는 도저히 예수를 있는 그대로 인식할 수가 없습니다. 페르난두 페소아를 철학자로 격상시킨 알랭 바디우의 상찬도 일리가 있다고 생각합니다. 그 시인의 말을 좀 더 들어보겠습니다. "너무나 인간적이어서 신적인 이 아이는 바로 시인으로서의 내 일상. 그가 항상 나와 같이 다니고 또 내가 늘 시인이기에, 나의 가장 사소한 시선으로도 나의 감각을 가득 채우고, 가장 작은 목소리로도, 그게 무엇이든, 나와 대화하는 것만 같다." 그분과 함께 머무르고 그분에게 속해 있어야 들을 수 있고 볼 수 있습니다. 신앙적 경험, 특히 종말론적 경험을 앞당겨 맛본다는 것은 결국 신앙의 감각적 훈련이 올바르게 되어 있어야 가능한 일입니다. 신앙을 감각한다고 하면서도 그분과 신앙적 세계, 혹은 감성적 세계 안에서 체류하지 않는다면 늘 내게 다가오는 예수를 느낄 수가 없습니다.

계시록은 피로 쓴 예수의 넋입니다!

계시록이 문자화된 언어들 중에서 다의적이거나 오해의 소지가 많은 것은 그 문자의 자구적 의미를 미래의 어느 시점에서 현실화되는 것으로 믿기 때문입니다. 가만히 생각해보면 일면 타당성이 있는 것처럼 보이지만, 미래란 아직−오지−않은−시간입니다. 그래서 미래는 복잡합니다. 함부로 예단할 수도 없습니다. 예측불허라는 말이 그냥 나온 말이 아닙니다. 그만큼 시공간 안에서 살아가는 사람들의 삶의 모습은 늘 예상대로 전개되는 경우가 많지 않다는 반증이기도 합니다. 그렇다면 그리스도교의 미래 혹은 그리스도인의 신앙의 미래도 계시록에 기록된 단 한 권의 책으로 다 설명이 될 수 있을까요? 누군가 오감각적 신앙의 경험, 그것도 미래의 어느 시공간에서 발생하게 될 것을 현시해주었다고 하는데, 그 문자와 의미는 과연 예수의 정신이나 그분이 원했던 미래의 가치를 충분히 담아내어 설명해주고 있는지를 물어야 합니다. 기록자도 그럴진대, 해석자는 더 말할 것도 없습니다. 보았다, 들었다, 말했다 등등의 감성적 표현들은 객관성이 아니라 주관성을 내포하는 경우도 있습니다. 물론 계시록은 문자의 초월적 주관성에 입각한 것일 수 있습니다. 그럼에도 그것이 함의하는 것은 분명합니다. 과연 그 문자들이 예수의 정신이 각인된, 하나님의 무한한 사랑이 암시된 것들인가 하는 것입니다.

니체는 "일체의 글 가운데서 나는 피로 쓴 것만을 사랑한다. 글을 쓰려면 피로 써라. 그러면 너는 피가 곧 넋임을 알게 될 것이다"

라고 말합니다. 매우 유명한 니체의 말입니다. 마찬가지로 계시록의 문자는 피로 쓴 것입니다. 계시록의 문자와 의미는 미래의 예수와 어떻게 살 것인가를 당대의 언어와 은유로 풀어 쓴 글입니다. 그래서 그 문자에는 예수의 정신이 스며있습니다. 예수의 정신이 오롯이 담긴 그와 같은 글들이 난해하기에 이단시비도 많습니다. 그러나 논점은 분명합니다. 예수와 함께 살라는 것, 예수가 오고 계신 것처럼 살라는 것입니다. 정신이 번쩍 드는 말은 위협이나 협박처럼 들리기도 합니다. 현재가 위기이기 때문입니다. 그만큼 급박하고 절박한 신앙인의 삶에서 예수와 더불어 살아야 한다는 것을 누누이 강조하고 있는 것입니다. 예수를 하늘에 있는 존재로, 골방에 쳐 박힌 존재로 여길 것이 아니라 항상 내가 있는 곳에서 익숙한 존재로 나타나는 삶의 동반자요 구원자로 인식해야만 합니다. 그리스도인이 어떻게 존재해야 하고 어떤 방식으로 살아야 하는가를 일러준 계시록은 그래서 넋이고 정신입니다. 넋을 빼놓고 살면 삶은 무용지물입니다. 신앙도 그렇습니다. 예수의 넋이 있어야 신앙도 삶도 의미가 있습니다. 계시록의 문자를 삶으로 생명으로 정신으로 푼다면 그리스도인이 정신을 바짝 차리고 살아야 한다는 것을 알 수 있습니다. 니체는 말합니다. "삶에 친숙해 있기 때문이 아니라 사랑에 익숙해 있기 때문에 우리는 삶을 사랑하는 것이다." 예수의 넋이 담긴 계시록을 읽다보면 삶을 어떻게 살아야 하는 것을 조명해줍니다. 심판이니 징벌이니 죽음이니 지옥이니 하는 말보다 더 중요한 것은 삶을 삶답게 만드는 예수의 사랑입니다. 하나님의 사랑에 익숙해 있으면 우리가 보는 현실과 현재의 삶도 사랑할 수 있습니다. 그 삶을 사랑하지도 않고 지옥이니 진노니 징벌을 말한다는 것은 어불성설입니다. 계시록의 하나하나의 글자들이 하나님의 사랑과 예수의 넋을 말하고 있으니 그 어마무시한 말들이 무색하게 보이게 됩니다. 그분을 보고 들었던 감성적이고 감각적 표현들 속에는 우리에게 낯선 표현들이 아니라 익숙하고 친숙한 집안의 언어들이 될 날을 고대하는 수많은 시간들이 농축된 것임을 상기해야 할 것입니다. 그런 의미에서 '계시록'의 또 다른 말은 '사랑의 베일을 벗김'이라고 볼 수 있습니다.

●●●●●●●●●

9. 죽음 이후의 나는 사랑이어야(계시 7,9~17)

죽음 이후에 직면하는 것은 무한존재 앞에서 쉼입니다!

김형영의 〈내가 죽거든〉이라는 시가 있습니다. "내가 죽거든/ 내 눈 뚜껑은 열어둬./ 관악산 문상을 받고 싶어./ 아침마다 걷던 숲 길이며/ 수억만 년 묵상 중인 바위들,/ 새들의 만가,/ 춤추는 나무들,/ 내가 죽거든/ 관 뚜껑을 열어둬./ 용약하는 관악산의 내 친구들/ 마음에 담다 떠나고 싶어."(시집 〈화살시편〉, 문학과지성사, 2019) 인간이란 죽음 이후에 어떤 생이 전개될지 모르면서도, 그곳에서도 이 세상에서 지낸 삶의 연장에 있기를 희망합니다. 그뿐만 아니라 생전의 기억조차도 고스란히 가져가길 염원합니다. 그런데 정작 볼 수 있는 것은 수많은 삶의 틈바구니 속에서 하나님 앞에서 정결하고 거룩하게 서 있는 사람들입니다. 앞에 서 있다는 것은 서로-마주-봄, 서로-바라-본다는 것입니다. 죽은 이후 혹은 종말에는 초월자인 하나님과 유한자인 인간이 마주 볼 것입니다. 마주─봄은 서로에 대한 온전한 확인이요 인격적인 눈 마주침입니다. 그렇게 신과 인간은 일방이 아니라 쌍방으로 볼 날이 있을 것입니다. 내 안의 신심으로 하나님의 시선을 담을 수 있는 시간, 그 때가 바로 종말의 시간입니다. 하나님의 시선을 마주 바라보면서 느낄 수 있다는 것은 어려운 일입니다. 신의 시선과 나의 시선은 다릅니다. 나는 유한하고 비루하나 신의 시선은 무한하며 순수하고 거룩하기 때문입니다. 앞에서 시인이 생전에 보았던 것들을 보고, 듣고 싶었던 것들을 듣고 싶어 하는 것은 인간이 가진 유한한 감각들의 작용이기도 하지만, 그 안에라도 담고 싶어 하는 욕망적인 것들이 많다는 것을 뜻합니다. 생이 각인되고 신앙이 마음에 담겨지는 것도 그런 것 같습니다. 눈이 열려 있고 마음이 열려 있으며 귀가 열려 있는 신앙, 그와 같은 감각은 단순한 욕망의 차원이 아니라 하나님의 차원에 있는 감각이 지속적으로 맞닿아 열리기를 바라는 간절함입니다. 말로는 하나님과 마주 서고 눈빛이 마주치는 공간과 시간에 있기를 바란다고 하지만, 정작 매번 우리는 일정한 관계 속에서 자신의 욕망의 시선과 눈빛만 교환하고 맙니다. 순간 하나님의 시선은 사라지고 그 시선을 대신하는 수많은 군중들의 욕망의 시선만 바라보게 됩니다.

구원받은 사람들의 고백과 머리의 조아림은 겸손한 인간의 마음입니다!

죽음조차도 우리는 소유할 수 없습니다. 우리가 죽은 이후에 소유할 수 있는 것은 다만 하나님의 은총판단입니다. 아니 겸허하게 하나님의 처분만을 바란다는 표현이 맞을 것입니다. 하나님의 자비로 구원을 주시는 당신을 고백하며 머리를 조아리는 인간의 태도는 그분에 대한 존경입니다. 프랑스 철학자 시몬느 드 보부아르(Simone de Beauvoir)는 "나는 세상에 존재하는 하나하나에 절대적인 집착을 느끼고 있다. 그뿐만 아니라 그 전부를 소유하고 싶은 것이다. 그런데 나의 손 안은 텅 비어 있다. 아무것도 소유하지 못한 채"라고 말합니다. 삶의 시작과 과정 자체가 끊임없는 집착의 연속입니다. 죽음에 직면해서도 놓지 못하는 것이 생명에 대한 집착, 삶에 대한 집착입니다. 그런데 그 집착 이후의 죽음조차도 우리의 것으로 만들고 싶어 하지만 정작 죽음도 내 것일 수는 없습니다. 죽음을 소유할 수 없기 때문입니다. 다만 죽음은 구원이라는 이름과 다르지 않습니다. 그리스도가 그랬듯이 몸과 영혼의 초탈을 통해서 진정한 자유로움을 얻을 수 있기 때문입니다. 오직 하나님과 그리스도에 대한 겸손한 고백과 경배만이 우리가 해야 할 일입니다. 죽음 이후에 내가 하나님을 직면하는 방식은 겸손한 고백과 경배일 뿐이지, 죽음을 소유하고 나의 것으로 할 수 없습니다. 그것은 하나님의 소유입니다. 죽음은 하나님의 지배 아래에 있는 것이지, 나의 영역 안에 있는 것이 아닙니다. 그러므로 인간이 할 수 있는 것은 구원을 베풀어주신 하나님에 대한 높임과 칭송과 존경과 감사입니다.

죽은 이후에 나의 정체성의 물음에 대해서 답을 할 수 있어야 합니다!

'어디서 왔는가?', '어디로 가는가?', '나는 누구인가?' 하는 물음들은 쉼 없이 우리 자신에게 던졌을 뿐만 아니라 인생의 과제처럼 옥죄었던 궁금증이었습니다. 그 물음을 이제 내가 묻는 것이 아니라 타자가 묻습니다. 나와 전혀 관계가 없는 듯한 사람들이 대신 물어봅니다. 그에 대한 답변을 내가 할 수 있는 것이 아닙니다. 죽은 이후에 우리의 물음에 대한 답변은 자신이 할 수 없습니다. 죽은 이후 구원받은 사람들에 대한 정체성은 그리스도와의 관계에서 드러나는 독특한 답변이 될 수밖에 없기 때문입니다. 그것은 '내가 정말 그리스도와 밀접한 관계를 맺고 살았는가'와 '내가 그리스도를 위해서 목숨이라도 내놓을 정도로 살았는가'를 가지고 평가받고 그에 대한 정체성이 주어집니다. 말인즉슨 하늘로부터 오는 답변의 긍정성은 그리스도인이라는 나의 실존이 어떤 삶을 살았는가에 따라서 결정된다는 말입니다. 그래서 정체성의 답변은 내가 구할 수 있는 것이 아닙니다. 내가 구할 수 있다면 그것은 나의 자만이요 나의 신앙적 잣대에 따른 판단이기에 하나님의 신앙 충족과는 다를 수 있습니다. 그러므로 그리스도인은 늘 하나님의 판단과 기준이 무엇일까를 물어야 합니다. 고무줄처럼 늘었다 줄었다 하는 매우 자의적인 신앙적 판단 기준으로는 사후에 나에 대한 정확한 정체성을 평가할 수 없습니다. 하지만 분명한 사실은 그 정체성의 평가는 '지금 여기에서' 결정된다는 것입니다. 내가 누구인가, 어디서 와서 어디로 가는가에 대한 끊임없는 물음에 대한 해답을 추구하려는 신앙인이라면, 반드시 그에 부합하는 삶을 살아가려고 노력할 것이기 때문입니다. 그래서 물음을 던지는 것이 중요합니다. 신앙의 물음이 없이 해답이 있을 수가 없는 것은 자명한 이치인데, 문제는 그 물음과 해답조차도 나의 물음과 해답이 아니라는 데 있습니다. 물음은 정체성을 평가하는 종말론적 타자를 염두에 둔 나의 물음이어야 하고, 해답은 기필코 현실을 자비로운 시선으로 바라보는 하나님에게서 찾아야 합니다.

이웃을 하나님의 그윽한 눈빛으로 바라보십시오! 보상은 그 다음입니다!

그리스도인은 죽은 후에 자신의 신앙에 걸맞은 보상을 기대하는 것이 타당한 것인가 하는 물음을 던질 수 있습니다. 그것은 보상이 목적 그 자체였는가, 아니면 그리스도가 목적의 목적이었는가라는 질문에 대한 답변 여부에 달려 있습니다. 계시록의 저자는 종말의 때에 참다운 그리스도인이 하나님의 사랑스런 돌봄을 받을 것이라는 것을 말하고 있습니다. 가난과 고통, 온갖 시름과 슬픔까지도 다 감싸주실 것이라는 희망을 안겨줍니다. 그러나 그런 사랑을 받기 위해서는 하나님과 마주-보고, 시선을-마주하며, 섬김의 도를 다하려는 신앙자세가 선행되어야 합니다. 상대방을 마주하려고 하는 사람이 타자를 조정하려고 하거나 진실하지 못한다면 그것은 마주하는 것이 아니라 기망(欺罔)하는 것입니다. 마주라는 말이 암시하듯이, 시선을 정면으로 응시하려면 진심과 진실한 눈빛이 아니고는 상대방을 회피하게 됩니다. 하나님을 향해서 똑바로 시선을 던지려면 자신을 속이는 마음이 있어서는 안 됩니다. 니체는 "네가 마주칠 수도 있는 적 가운데 가장 고약한 적은 언제나 네 자신이리라. 동굴과 숲에서 너는 네 자신을 숨어 엿보고 있지 않은가"라고 말한 것도 자기 자신에 대한 경계입니다.

우리는 어느 것도 자기 자신의 소유라고 말할 수가 없습니다. 기실 태어나면서부터 죽을 때까지 자연과 주변 사람들과의 관계 속에서 이루어지는 사랑과 베풂으로 살아가게 됩니다. 그 모든 것 위에는 하나님의 자비하심이 있기 때문입니다. 부부라 하더라도, 자식을 향한 부모라도 서로 소유관계가 아니며, 지식, 사물, 재화도 결국 나의 소유가 아닙니다. 그저 나를 위해서 잠깐 존재했던 관계들 일뿐입니다. 죽음도 마찬가지입니다. 나의 소유가 아닙니다. 그래서 죽음 이후에 내가 어떤 존재로 하나님의 평가를 받을 것인가에 대한 관심조차도 내려놓는 용기가 필요한지도 모릅니다. 미래의 어느 날 다가올 종말의 보상보다 더 중요한 것은 '항상 지금 여기에서의 삶'에서 '하나님이 사랑하는 타자를 마치 하나님을 대하듯 사랑의 눈빛과 시선으로 마주-보는 것'입니다. 니체는 이렇게 말합니다. "언젠가는 너희들 자신을 뛰어넘어 너희들 이상의 것을 사랑해야 할 것이다! 그러나, 먼저 어떻게 사랑을 해야 하는지 그 방법을 배우도록 하라", "베푸는 자의 눈길은 금빛으로 반짝인다."

●●●●●●●●●●

10. 신앙, 이전과는 다른 해방의 족적(계시 21,1∼6)

"대부분 사람들은 삶을 마치 경주라고 생각하는 듯해요. 목적지에 빨리 도달하려고 헉헉거리며 달리는 동안, 주변에 있는 아름다운 경치는 모두 놓쳐버리는 거예요. 그리고 경주가 끝날 때쯤엔 자기가 너무 늙었다는 것, 목적지에 빨리 도착하는 건 별 의미가 없다는 것을 알게 되지요. 그래서 나는 길가에 주저앉아서 행복의 조각들을 하나씩 주워 모을 거예요. 아저씨, 저 같은 생각을 가진 철학자를 본 적이 있으세요?"_(진 웹스터의 『키다리 아저씨』 중에서)

신앙은 날마다 새로움을 경험하는 것입니다!

신앙을 갖는다는 것은 비신앙인과는 달리 날마다 새롭게 살겠다는 의지의 발현입니다. 신앙을 가지면서 예수의 언어와 예수의 사랑과 예수의 삶을 재현한다는 것이 가치가 있지 않으면 구태여 그리스도교에 발을 들여놓을 필요가 없습니다. 수많은 신앙의 선조들이 남긴 발자취를 따라간다는 것은 자신도 그와 같은 해석학적인 성스러운 삶(sacred life)을 살겠다는 각오가 아니면 안 됩니다. 한 인간이 종교를 접할 때, 신앙은 그 사람의 이전과 이후를 다르게 살도록 추동합니다. 신앙은 시간과 공간에 있어서 새롭지 않으면 비신앙과 다를 바가 없습니다. 왜 무엇을 믿는가라는 물음을 던져보면 분명히 믿지 않는 것보다 믿는 것이 행복하다는 것을 알기 때문은 아닐까요? 그런데 그것과 상관없이 신앙이 강박이 되어서 그리 하지 않으면 자신의 영혼이 '영원성'을 담보 받지 못할까 봐 두려워서 신앙을 유지하는 경우가 많습니다. 하지만 신앙은 '새로움 그 자체'입니다. 새로움을 날마다 나의 삶의 시공간에서 볼 수 있어야 합니다. 그리스도교 공동체는 그 새로움을 종말의 사건으로 유보한 듯하지만, 신앙인이 날마다 '지금 여기에서' 새로운 시공간을 경험하게 되면 그 종말을 선취하는 것이나 다름이 없습니다. 신앙은 그렇게 새로운 것을 보는 것, 새로운 것으로 삶 — 큰 덩어리는 보는데 사이(inter)를 보지 못하는, 존재(esse)와 존재 사이를 보지 못하는 삶이 아니라 사이와 사이, 틈과 틈 사이를 내면서 신앙의 눈으로 보는 삶(관심, interesse) — 을 인식하려고 하는 것에서 출발합니다. 그렇지 않다면 나중에 일어날 종말이란 굳이 새로울 것조차도 없을 것입니다. 지금 여기에서 이전과 이후가 달라진 자신 그리고 세계를 경험하고 고백하는 사건이 일어난다면 종말은 이미 와 있는 것입니다.

지금 여기에서의 신앙인의 삶이 종말을 결정합니다!

삶의 끝, 시간의 끄트머리를 인식한 사람에게는 삶이 절실해집니다. 그만큼 초월자에 대한 의존도 커질 수밖에 없습니다. 몽땅 사라지고 난 이후에 남는 것은 자신이 그토록 염원했던 초월자와의 삶, 그리고 사라진 세계 이후에 맞이하는 새로운 삶에 대한 기대는 사라진 기억을 통한 현재의 새로운 삶의 성실한 일굼에 있습니다. 이전과 이후가 달라짐, 그럼에도 이전과 이후가 연속선상에 있는 종말론적인 삶이 되기 위해서는 지금 여기에서의 사라질 시간과 공간 속에서 나날이 새로운 삶을 살았는가, 하는 것과 직접적인 연관이 있습니다. 사라지고 있는 세계를 보고 있노라면 지금 여기가 소중해질 수밖에 없습니다. 그럴수록 신에 대한 동경과 사람과의 관계, 그리고 세계에 대한 애착을 가지면서 더 신앙적으로 살아야겠다는 깊은 성찰을 하게 됩니다. 신앙은 그래야 합니다. 아직 오지 않은 시간과 공간에 대한 희망보다도 더 중요한 것이 지금의 신앙을 통하여 미래의 신앙을 앞당기는 책임 있는 삶입니다. 과거 그리스도인은 그렇게 살았습니다. 지금 여기에서 예수를 맞이하듯 철저하고도 긴박하게 살아갔던 그리스도인의 삶이 있었습니다. 그래서 그들은 하나님이 하늘에 계시다가 내려온다는 고백을 통해 '하늘에서 땅을 향한 시선'(하나님이 계신 모든 곳은 하늘입니다)도 가능했던 것입니다. 그런데 지금 우리는 어떤 종말론적 시선을 가지고 있는 것일까요? 땅에서 하늘로 올려다보는 시선은커녕 하늘로부터 땅으로 내려오는 시선에 대한 민감함이 없는 듯합니다.

하나님은 숭고한 인간이 머무는 집에 존재합니다!

그래도 위로가 되는 것은 하나님의 집이 사람들이 사는 곳에 있다는 전언(傳言)입니다. 집은 존재와 함께 머무는 공간입니다. 초월자와 유한자가 함께 머무는 곳은 그 초월자로 인해서 그리스도인 자신이 존재한다는 인식을 가능하게 합니다. 온갖 첨단의 시설과 초호화 빌딩으로 지어진 집(그러한 집에서 산다고 하더라도)이라고는 하지만 존재가 없는 곳에는 나도 존재하지 않습니다. 콘크리트와 수많은 불빛, 그리고 전파들과 소음들이 뒤섞인 도시의 집들은 존재가 없습니다. 사람들이 사는 곳에 하나님의 집이 있다는 것은 하나님이 사람들과 있을 수 있는 공간과 장소여야 가능합니다. 사람들이 있을 수 있는 공간과 장소는 기능적이고 파괴적이고 폭력적인 공간에 불과한데도 미화되는 것들이 많이 있습니다. 공간과 장소가 있어서 사람들이 들락날락거리고 건(築)물 안에 존재자들이 있는 것이 아닙니다. 그곳에는 반드시 존재가 있어야 합니다. 나를 있게 만들고 인간과 세계가 있게 만든 하나님이 거하지 않으면 공간과 장소는 의미가 없습니다. 그 공간과 장소는 죽은 곳, 상실된 곳, 사라진 곳, 호명되지 못한 곳이나 다름이 없습니다. 신앙인이 존재가 거처하는 공간과 장소 속에 그분과 함께 머물 수 없다면, 차라리 인간적이라도 되어야 합니다. 니체는 "더없이 위대한 사람조차도 너무나도 인간적이라는 것을!"이라고 말합니다. 인간적인 너무나도 인간적인 성품을 가지고 있어서 그 인간이 머문 공간에 하나님조차도 머물고 싶어 하는 숭고한 인간이 아니라면 아무리 좋은 집이라도 무슨 소용이 있을까요?

'나'라는 자기(Selbst)와 하나님이 일치가 되는 삶이어야 합니다!

종말은 시간의 끝이고 새로운 세계로의 진입이자 펼쳐짐이라고 합니다. 물론 다른 종교에서는 종말이 시공간의 새로운 시작이라고 말하기도 합니다. 그리스도교의 종말은 끝이면서 새로운 시작이고 만남입니다. 만남은 하나님과 내 안의 자기가 완전히 일치하는 지점에서 이루어집니다. 하나님이 인간의 하나님이 되고, 인간이 하나님의 백성이 된다는 것은 하나님과의 완전한 일치를 의미합니다. 일치는 고통과 슬픔 그리고 죽음의 명료한 소재가 밝혀지는 것입니다. 일치를 한다는 것은 내가 없어지는 것이 아니라 내가 완전해지는 것입니다. 그래서 생의 모든 질곡들과 한계들에 대해서 내가 책임을 질 수 있는 성숙한 성인이 된다는 것을 뜻합니다. 그만큼 내 안에 함께 하는 신의 위로가 내게 신앙적으로 홀로 설 수 있는 큰 힘과 성장의 계기가 되는 것입니다. 신앙은 그래서 위로이고 성숙입니다. 니체의 말이 더욱 마음에 와 닿는 이유도 그런 데 있습니다. "아, 벗들이여! 마치 어머니가 내면에 있듯이 너희들의 자기라는 것이 너희들의 행위 안에 있다는 것, 이것이 덕에 대한 너희들의 말이 되게 하라!" 신앙의 덕과 그에 걸맞은 성품을 말하면서 자신의 행위 안에 진정한 자기가 없이 껍데기로만 행동하는 신자가 많습니다. 행위 안에 거짓과 위선으로 가득 차 있으면서 신자라고 말을 하고 성직자라고 통칭한다면, 신앙 이전과 이후가 도대체 뭐가 달라졌단 말인가요? 신자는 행위 안에 있고, 그 행위의 새로움 안에 하나님이 있습니다. 하나님이 모든 것을 새롭게 만든다고 했습니다. 이전 것들이 다 사라졌다고 했습니다. 종말이란 그렇습니다. 사라짐과 새로움입니다. 자신의 거짓 자아가 사라지고, 자신의 진짜 자아가 나타나는 사건이 신앙 이전과 이후의 다른 모습입니다. 종말을 멀리 있다고 생각하지 마십시오. 신앙 이전과 이후는 신자의 삶과 행위 속에서 드러난 자기의 모습이 달라졌는가를 보면 알 수 있습니다. 하나님의 현존이 신자의 행위 안에서 진짜 자기로 드러나기 때문입니다.

신앙은 삶의 처음과 끝에다 항상 하나님을 두려고 하는 데 있습니다. 삶의 시초는 내가 좌지우지할 수 없습니다. 삶의 끝도 내가 감당할 수 없는 시간입니다. 그러니 신앙은 하나님이 모든 시공간의 주인이 되도록 나 자신을 그곳 – 시간적 흐름과 공간의 사이 사이 – 에 꽉 찬 존재에게 완전히 내맡길 뿐입니다. 그런데 사람들은 시공간을 창조라도 하듯이 마음대로 주물러 댑니다. 모름지기 시간과 공간은 시작도 끝도 없습니다. 시작이 있다고 해도, 반대로 끝이 있다고 해도 그것은 이율배반(antinomy)이 됩니다. 삶의 시작과 끝은 하나님이 완성하도록 해야 합니다. 우리가 할 일은 다만 켜켜이 쌓인 시간, 넓기도 하고 좁기도 한 일상의 공간, 일상을 초월한 공간에 머무는 존재를 기억하고 회상하고 떠올리는 일 뿐입니다. 그 외에 내가 신앙의 시간이 사라지는 시점에 다시 새로운 신앙의 시간이 나타나는 것을 볼 수 있는 것은 아무것도 없습니다. 그만큼 한 인간이 신앙의 족적을 남긴다는 것은 지난한 일입니다. 그저 시공간에서 떠올리고 상상된 존재를 내가 어떻게 올바로 식별하고 깨달아 그대로 살아가느냐, 하는 것입니다.

"하루가 지나면 그 날은 더 이상 없는 거야. 그 날 뒤엔 무엇이 남는지 아니? 이야기가 남는단다. 만일 이야기들이 없고, 책들이 씌어지지 않는다면 사람은 그저 하루하루를 짐승처럼 살게 될 게다." 제부룬 선생님은 이런 말을 남겨 주었습니다. "우리가 오늘을 살고 있지만, 내일이 되면 오늘은 이야기로 될 것이다. 모든 인간의 생활은 하나의 긴 이야기란다."_(아이작 싱어의 『행복한 바보들이 사는 마을』 중에서)

우리는 이 종말의 시공간에서 어떤 삶의 이야기, 신앙의 이야기를 남기며 살아가고 있는 것일까요?

3장

종교적 언어와 삶의
지근(至近) 존재

●

1. 거룩한 공간[聖殿]의 여백(계시 21,10·22~22,5)

마음의 여백이 있어야 성전을 볼 수 있습니다!

일정한 건(築)물에 들어와 있다고 해도 인간이 마음의 여백이 없으면, 건물은 그저 아무런 의미가 없는 시멘트가 섞인 모래와 철근의 조합에 지나지 않습니다. 마음의 공간이 있어야 그 심적 공간 안에 거하시는 하나님의 마음이 건물을 떠받치는 힘으로 작용하게 됩니다. 사람들이 건축물의 크기 혹은 위용에 놀라거나, 그 속에 들어가서 소속감을 가지게 되면 자신의 마음이나 신앙도 그 건물과 동일시 생각하기 쉽습니다. 건축물의 크기가 자신의 마음의 크기라고 착각을 하는 것입니다. 하지만 건축물보다 마음이 먼저입니다. 마음공간의 크기가 건축물의 질/양을 따지는 척도입니다. 신앙인은 그래야 합니다. 건축물은 감추어져 있어야 합니다. 역설적인 것 같지만 건축물의 유무가 어떤 종교나 신앙인의 정체성을 나타내는 기준이 되면 안 됩니다. 건축물이 아니라 신앙인 개개인의 종교적 심성이 건축물이 되어야 합니다. '성전을 보려고 했더니 성전은 보이지 않더라', 왜냐하면 도성이 하나님이고 예수님이기 때문이라고 계시록 저자의 진술이 의미심장합니다. 오늘날 종교들은 어디를 가나 종교적 본래성은 보이지 않고 외형적인 건축물만 보임으로써 그 가치나 신앙적 품격을 증명하려고 하는 듯합니다. 하지만 건축물은 시감각적인 만족감을 줄지는 몰라도 그것이 신앙의 본질적인 깊이를 드러내주지 않습니다. 신앙은 보이지 않지만 신앙을 통해서 하나님 혹은 예수라는 내면적 신앙의 축조물을 보여주어야 참이 될 수 있습니다. 내면에서 쌓아 올린 건축신앙이 보이지 않으니 아무리 놀라운 건축물을 가지고 있다고 한들 그 건축물은 하나의 재산 가치나 계급을 나타내는 세속적인 평가 이상의 의미를 지니지 못하는 것입니다.

나의 마음 도성 안에 하나님의 빛이 비추도록 해야 합니다!

마음의 공간이나 여백이 없이 하나님의 빛이 들어오기를 기대한다는 것은 어렵습니다. 마음을 비우고 그 마음 바탕에 하나님의 빛이 비친다면 내 마음의 상태를 알아차릴 수 있습니다. 마음 구석구석에 때가 꼈는지 순수한 마음 상태인지 알 수 있습니다. 하지만 마음에 온갖 잡다한 생각들과 어두움으로 음습(陰濕)하다면 빛이 들어갈 틈이 생기지 않습니다. 따라서 마음의 여백이나 정신적 공간이 많은 사람일수록 하나님과 만나기가 더 수월합니다. 하나님의 빛 혹은 하나님 자신이 거하기가 편안할 수 있으니 말입니다. 니체는 "이슬은 더없이 고요한 밤에야 풀 위에 내리지 않는가"라고 읊

조립니다. 맞는 말입니다. 풀 위에 이슬이 내리기 위한 조건은 고요함이라는 최적의 상황이 만들어지지 않으면 안 됩니다. 흔들림이 없고 작은 이슬이 내릴 수 있도록 틈과 틈 사이로 조용한 바람도 용납하지 않는 적막함만이 존재해야 합니다. 신앙인의 마음도 그러해야 합니다. 하나님의 존재의 빛, 파동과 입자로서 구성된 빛조차도 살포시 내 마음 안에 들어와 작용하도록 하려면 나의 마음도 요동이 없어야 합니다. 마음의 틈과 틈 사이에 존재하는 미세한 흔들림도 조심해야 합니다. 빛이 안착을 하려면 마음의 공간 틈을 잘 비추도록 나의 마음을 충분히 비워놓아야 합니다. 그럴 수 없다면 빛은 어둠에 부딪히고 마음의 공간을 두루 비출 수가 없으며 빛이신 하나님이 신앙인의 마음에 거주할 수가 없습니다.

하나님의 빛 속에서 살아가십시오!

당연한 말 같지만 빛이 없이 세상이나 사물을 바라볼 수가 없습니다. 빛이 사물을 밝게 비추어 줌으로써 그 외형의 됨됨이를 파악할 수 있는 것입니다. 대낮에 사람들이 걸어 다니고 일을 할 수 있는 것도 마찬가지 이유입니다. 빛이 있는 동안만 활동을 할 수 있습니다. 성서의 정확한 표현대로 우리는 "빛 속에서 걸어다니"는 것입니다. 니체는 "길을 잊더니만 이제는 걷는 법조차 잊어버렸구나!"라고 뇌까립니다. 길을 잊으면 방향을 찾지 못해서 헤매게 되고 길을 걷고 있다고 하지만 실상은 길을 걷는 게 아닙니다. 그러므로 대낮이건 한밤중이건 길을 걷는 사람에게는 일단 내가 어떤 길을 갈 것인가, 그 길을 정확하게 알아야 할 필요가 있습니다. 그래서 방향감각이 중요한 것입니다. 길을 걷는 사람에게는 길을 기억해야 하는 것과 동일한 원리로 우리가 하나님의 빛 속에서 걷지 않으면 길을 잃기 쉽습니다. 길을 걷고 있다고 하지만 그 길이 정말 올바른 길인지 아니면 그릇된 길인지 분간할 수 없기 때문입니다. 하나님의 빛 속에 있다는 확신을 갖고 그 빛을 신뢰하면 내가 가는 길을 빛이 환하게 비추어 줄 것이기에 길을 잃을 염려가 없습니다. 그러므로 그리스도인은 하나님의 빛 속에서 길을 걸어야 합니다. 인생의 출발이 되는 탄생에서부터 죽음에 이르기까지 쉼 없이 인생의 길을 걸어 갈 텐데, 그럴 때마다 내가 하나님의 빛 속에서 걷고 있는가라고 자문해보아야 합니다. 그렇지 않고 인생의 길을 잘 안다고 자만하고 홀로 길을 걷다보면 전혀 돌이킬 수 없는 길로 들어서는 경우도 있습니다. 그 길이 죄의 길이든 실패의 길이든 절망의 길이든 깊은 밤이나 수렁과도 같아서 되짚어 돌아 나오기가 어렵습니다. 더욱이 종말이 다가오는 긴박한 시간 속에서는 항상 하나님의 빛에 의존하여 신앙을 점검하고 삶을 성찰해야 합니다.

고독과 침묵을 통해서 마음이 거룩한 공간[聖殿]이 되도록 해야 합니다!

건축물이 아니라 마음이 거룩한 공간이 되려면 필요 이상의 마음의 짐과 생각의 과잉은 과감하게 끊어내야 합니다. 거룩함에 대한 강박 때문에 자신의 잣대로 세속적인 것은 무조건 더럽고 흉측하다, 거짓이다라고 단정 짓는 것도 문제일 수 있습니다. 하지만, 하나님이 주시는 빛의 시선으로 자신의 내면을 바라보면 분명히 거룩함과 속됨을 구분할 수 있습니다. 하나님이 싫어하시는 불경스럽고 가증스러운 말과 행동은 분명히 하나님과 짝할 수 없다고 판단할 수 있습니다. 마음의 공간이 하나님이 거주하기를 바라는 게 그리스도인의 마음일 것입니다. 적어도 그 공간은 거룩하지 않으면 안 됩니다. 거룩한 공간이 되기 위한 조건은 '고독'과 '침묵'입니다. 고독과 침묵은 하나님이 인간과 세상을 판단하실 수 있도록 하며, 하나님이 친히 인간과 세상을 기록하고 기술하고 기억하도록 자리를 내어드리는 것입니다. 내가 고독하고 침묵을 해야 하나님이 우리 안에 그분의 자리를, 세계 안에서 그분의 자리를 마련해드릴 수 있습니다. 부산스러움은 우리의 신앙의 덕을 위한 기록들, 기술들, 기억들이 존재할 수 없습니다. 그분 안에 우리의 모든 것들이 담겨져 있도록 하기 위해서는 거룩한 고독과 침묵을 생활화해야 합니다. 니체는 이렇게 말합니다. "이제 너는 다시 고독 속으로 돌아가야 한다. 더 무르익어야 하기 때문이다."

여기서 무르익음이란 하나님을 뵙기 위한 자격조건이기도 합니다. '무르익다'라는 사전적 풀이는 "제대로 잘 익다", "일을 하기 위해서 충분히 성숙되다"라는 뜻입니다. 공교롭게도 익다는 말은 낯설지 않고 친숙한 느낌을 일컫습니다. 그렇다면 신앙적 고독, 삶의 고독은 하나님의 얼굴을 뵐 수 있는 성숙한 삶에서 나오는 지표입니다. 고독(solitude, solus)과 침묵(silence, quietus), 즉 자발적으로 혼자 있는 삶과 평화롭고 고요한 삶의 자세는 하나님의 얼굴을 뵐 수 있는 자격이 됩니다. 고독과 침묵은 하나님의 이름이기도 하기 때문입니다. 인간의 고독과 침묵의 지표는 하나님의 이름과 같습니다. 하나님은 고독과 침묵으로서 거기에서 당신 자신의 모습을 여실히 보여주십니다. 차라리 하나님은 고독이요 침묵입니다. 따라서 우리가 하나님을 만나려면 고독과 침묵으로 돌아가서 그 장소와 공간이 하나님의 거주지가 되도록 해야 합니다. 그 공간과 장소야말로 인간의 마음 공간, 거룩한 공간의 원천이요 더 나아가서 고독과 침묵이 흐르는 거룩한 공간이 외형적인 성전으로 구현될 것입니다. 그런 의미에서 고독과 침묵은 그리스도인을 더 무르익게 하고 성숙하게 하며 하나님을 더 잘 드러내는 지표임에 틀림이 없는 것 같습니다. 그러나 기억하십시오. 고독과 침묵은 신앙의 부정이나 신앙의 밤이 아닙니다. 오히려 하나님의 빛이 스며들 수 있는 마음과 정신 그리고 영혼의 공간, 곧 거룩한 틈새가 될 것입니다.

● ●

2. 목소리와 호명되기 위한 몸짓(계시 22,12~14·16~17·20~21)

신앙은 오고 있는 존재에 대한 기대감입니다!

매일 또 매일 평범한 듯한 일상 혹은 별거 없는 듯한 일상을 사는 것도 무료(無聊)하게 보이는데, 거기에다가 힘들고 어려운 상황이 발생하면 존재에 대한 그리움과 의존은 더 커집니다. 그 때 신앙이 삶을 버티게 해줍니다. 예수가 와 있음, 예수가 오고 있음, 예수가 올 것이라는 믿음은 지금의 인간이 지닌 유한성을 극복하게 만듭니다. 그리스도교에서 오고 있고, 오는 것에 대한 기대감(anticipation)은 먼저(anti) 붙잡음(cipate)이라는 말의 합성어입니다. 이것은 오고 있음을 선취한다는 뜻을 함축하는 지도 모르며, 이미 와 있음을 인식하려는 감각적인 몸짓, 기다림, 시선입니다. 오고 있는 분, 오실 분은 존재의 목소리를 들려주려고 오십니다. 존재의 목소리는 나의 삶의 행위가 어떠했는가에 대한 호명(呼名)이 될 것입니다. 호명이 되기 위해서는 일정한 자격조건이 필요합니다. 그리스도인은 하나님으로부터 호명되기 위해서 삽니다. 호명되지 않는다는 것은 당신의 맘에 들지 않았다는 것을 의미합니다. 호명은 단순히 이름을 부르는 정도가 아니라, 신앙과 삶의 평가입니다. 삶의 행위에 대한 평가의 목소리를 먼저 붙잡는 것이 그분에 대한 기대감이요 기대행위입니다. 아니 좀 더 정확하게는 평가의 목소리에 대해서 확신에 찬 신앙을 가지고 기다린다는 것이 나을 것입니다. 종말의 때에는 예수가 신앙인의 삶의 행위에 대한 평가를 할 텐데, 먼저 예수의 평가에 앞서 그분이 생전에 말씀하셨던 신앙지침대로 살아가는 것이 기대감이라는 말과 잘 어울립니다. 기대한다는 것은 오고 있는 분, 오실 분에 맞갖게 살려는 의지요 욕망입니다. 기대하면서 무작정 기다릴 수는 없습니다. 기대한다는 것은 그와 같은 사태를 만나보겠다는 희망과 의지의 반영입니다. 신앙인들이 오고 있는 분, 오실 분에 대해서 기대하는 것은 무엇인가에 대한 기대, 무엇을 향한 기대입니다. 오고 있는 분, 오실 분에 대해서 생각하고 상상하고, 나아가 삶을 살아보면서 준비하는 태도가 기대감을 가진 사람의 모습일 것입니다. 그러다보면 호명은 자연스럽게 따라옵니다. 호명되기를 바라서 인위적으로 호명의 주체인 하나님에게 가식적으로 잘 보이려고 할 필요가 없습니다. 진정성과 진실함 그리고 성실함과 정직함이 오실 분, 오고 있는 분에 대한 상상력과 함께 묻어나지 않는다면, 호명되는 순간 자신의 거짓신앙이 탄로가 날 것입니다.

검박한 신앙의 옷을 입은 신자가 양식(良識)이 있는 사람입니다!

세기의 기호학자이자 소설가이자 철학자인 움베르토 에코(U. Eco)는 이런 말을 했습니다. "데카르트가 말했던 것과는 반대로 세상 사람들이 가장 공평하게 나눠 가진 것은 양식(bon sens, good sense)이 아니라 어리석음이다. 사람들은 누구나 자기 안에 있는 어리석음을 보지 못한다. 그래서 다른 것에는 쉽게 만족하지 않는 아주 까다로운 사람들조차도 자기 안의 어리석음을 없애는 일에는 관심을 두지 않는다." 어리석음은 상식이나 양식과는 전혀 다릅니다. 물론 상식적이거나 양식이 있다고 해서 전혀 어리석지 않다는 것을 뜻하지 않습니다. 하지만 자기 안의 어리석음이 있음에도 불구하고 그것을 들여다보지 못한다면, 아무리 상식과 양식을 갖추고 있다고 해도 자기의 본래성을 인식하지 못하는 것입니다. 세계의 시작과 끝, 자기의 원인과 결과가 어디에서 비롯되는가라는 고민도 하지 않은 채 살아가는 사람이야말로 어리석은 사람이나 다름이 없습니다. 굳이 양식의 반대말을 어리석음으로 규정한다면, 그 어리석음은 대부분의 사람들이 갖고 있는 공통점이라는 것입니다. 인간과 세계에 대한 기원과 종말을 가능하게 한 존재는 하나님이라는 고백은 결국 인간 자신과 세계라는 무한 공간을 인간의 인식으로 다 파악할 수 없다는 데서 비롯됩니다. 그러한 고백이 가능하게 될 때 인간의 본래적이고 근원적인 어리석음으로부터 탈피할 수 있습니다. 오만함과 불손함으로 대하는 삶에 대해서 겸손해질 수 있습니다.

사람들이 종교를 갖는 주된 이유 중에 하나가 사후 세계에 대한 보상과도 연관이 있습니다. 보상을 얻기 위해서는 깨끗함, 정결함, 고결함, 성결함 등으로 자신의 신앙의 옷을 입지 않으면 안됩니다. 종교와 합치된 삶은 최소한 세상과는 다른 삶의 결을 사는 것을 의미합니다. 그렇지 않다면 종교적 삶은 허울에 지나지 않을 것입니다. 거기에는 반드시 새로운 신앙의 옷이 필요합니다. 날마다 자신의 신앙의 옷이 어떤 색깔이며 어떤 형태인지를 점검하는 것은 그래서 중요합니다. 그러지 않은 사람들이 사후 세계에서의 보상을 생각한다면 어불성설입니다. 신앙이 화려하지 않아도, 소박한 신앙생활을 하여도, 검박하게 삶을 살며 사심과 욕망을 버리고 오로지 하나님으로 덧입은 신앙의 옷으로 만족하려는 사람, 그런 사람이 하나님 앞에서 두둑한 보상을 받을 수 있습니다.

호명을 위한 신앙의 목소리를 멈추지 마십시오!

니체는 "뭔가를 갈망한다는 것, 내게 그것은 이미 내 자신을 이미 잃어버렸다는 것을 의미한다"라고 말했습니다. 그리스도인뿐만 아니라 인간은 타자에 의한 호명을 갈망합니다. 그것은 니체가 말한 대로 자기 자신을 상실했기 때문입니다. 자신에 대한 분명하고도 확실한 자아 혹은 자기가 확립되어 있다면 호명하지 않아도 그에 휘둘리거나 감정이 무너질 일이 없을 것입니다. 하지만 현실은 그렇지 않습니다. 목소리를 내고 자기 자신에 대한 끊임없는 몸짓을 내보이지 않으면 누구도 그 사람에 대한 존재를 인식하지 않습니다. 예수에 대해서 "오소서!" "오소서!"라고 외치는 목소리는 호명을 적극적으로 받아들이겠다는 신앙적 몸부림입니다. '내게 그리스도가 결핍되어 있습니다. 내게 오셔서 삶의 빛이 되어 주시고 나의 신앙적 유전자를 새롭게 하소서' 하고 외치는 소리는 비단 그리스도인들에게만 해당되는 것은 아닙니다. 호명에 대한 결핍, 더 정확하게는 그리스도에 대한 결핍은 그리스도의 사랑에 대한 갈증이요 영원한 생명에 대한 욕망입니다. 세계는 시간이 갈수록 호명에 대해서 자신감이 결여되고 있습니다. 호명, 곧 "오소서!" 하고 외침으로써 나의 존재 이유에 대해서 말씀해 주시고 삶의 행위에 대해서 평가를 해주실 예수에 대한 믿음들이 사그라진다는 반증입니다. 호명을 위한 욕망을 멈추지 말아야 합니다. 부르고 또 부름으로써 예수를 적극적으로 받아 모시겠다는 몸부림이 있어야 합니다. 신의 부르심(vocare)에 대해서 먼저 내가 신을 부른다는 것은 신에 부르심에 대해서 적극적으로 응답하겠다는 것입니다.

그럼에도 부르는 것은 내가 적극적으로 부름으로써 응답하고 그에 상응하여 호명을 한다고 볼 수 있지만, 순서상 먼저 하늘에서 신의 부르심이 있어야 내가 부를 수가 있습니다. 그것이 바로 계시입니다. 자신의 목소리를 통해서 신자들을 불러주어야 우리가 덩달아 응답의 목소리를 내어 "오소서!"라고 부를 수가 있는 것입니다. 그렇게 예수는 인간의 신에 대한 결핍을 잘 알고 있습니다. 신과 인간 사이에 심연이 존재하는 것을 목소리로 중재하는 것입니다. 부르심에 대해서 부름으로 응답하는 것은 신과 인간의 상호 신뢰입니다. 신의 부르심에 대한 인간의 부름은 자신 안에 그리스도의 결핍이 있음을 잘 알고 있다는 것입니다. 그것은 앞에서 말한 것처럼, 신의 부르심을 통하여 내가 응답해야 할 그리스도가 텅 빈 마음속에 존재하지 않는다는 것을 잘 알기 때문입니다. 그 깨우침이 먼저 하늘에서부터 울림으로 울려 퍼질 때 인간이 하늘의 울림을 통하여 그리스도를 인식할 수 있습니다. 그러나 그리스도의 인식은 하늘의 목소리를 끊임없이 열망하는 그리스도인뿐만 아니라 모든 사람들에게도 가능합니다. 그와 같은 은총은 모든 사람들에게 주어졌기 때문입니다. 신의 매혹적인 사랑의 노래를 통해서 말입니다. 이에 빅토르 위고(Victor-Marie Hugo)는 이렇게 읊고 있습니다. "오네요! 아련한 피리 소리/ 과수원에서 들려와요./ 한없이 고유한 노래/ 목동의 노래/ 바람이 지나가요, 떡갈나무 그늘/ 연못 어두운 거울에/ 한없이 즐거운 노래/ 새들의 노래/ 괴로워 말아요, 어떤 근심에도/ 우리 사랑할지니, 영원히!/ 가장 매혹적인 노래/ 사랑의 노래!"(오네요! 아련한 피리소리)

● ● ●

3. 성령으로 놀이되는 삶(롬 8,14~17; 행 2,1~21)

성령은 인간에게 세상에서 한바탕 신앙으로 놀이하라고 말합니다!

시인 존 키츠(J. Keats)는 "세상의 모두가 무대이고 모든 여자와 남자들은 단지 배우일 뿐이다"(All the world's a stage, And all the men and women merely players)(〈세상의 모두가 무대〉)라고 말합니다. 배우는 놀이를 하는 사람들입니다. 그런데 놀이를 하는 주체는 배우(players)가 아니라 놀이(play)입니다. 철학자 가다머(H.-G. Gadamer)는 그것을 놀이하는 것이 아니라 놀이되는 것이라고 해석합니다. 놀이를 하다보면 정말 놀이를 하는 것은 놀이하는 인간이 아니라 놀이가 놀이를 하고 있다는 것을 알게 되기 때문입니다. 모름지기 세상사나 인생사가 그런 것 같습니다. 놀이에 너무 심취하다가 어둑해지는 저녁이 되는 줄 모르듯이, 놀이는 삶을 그렇게 순식간에 황혼녘으로 몰고 갑니다. 마찬가지로 신앙의 놀이를 하도록 흥을 돋우어 주고 제대로 신앙을 즐기도록 만드는 것은 내가 그러자고 해서 되는 것이 아니라 성령이 그렇게 해야 그리 되는 것입니다. 신앙이 인위적이거나 작위적으로 되지 않는 이유가 여기에 있습니다. 만일 인간이 신앙을 통해서 억지로라도 하나님을 믿자고 하면 세상은 달라졌을 것이나, 아쉽게도 인간 안에 있는 성령이 자신의 뜻대로 믿도록 추동하지 않으면 믿음은 발생되지 않습니다. 신앙도 흥겹고 심취되는 것인데, 그러기 위해서는 앞에서 말한 인위적이고 작위적인 요소를 가지고는 안 됩니다. 신앙은 자연스러워야 합니다. 믿도록 만들고 신앙인답게 행동하도록 하는 것은 내가 그러려고 하는 것이 아니라 성령이 인간으로 하여금 그렇게 놀이하라고 하는 것입니다. 다시 말해서 성령은 인간에게 제대로 신앙놀이를 하라고 이끌어 줍니다. 성령이 인간에게 깨닫게 하고 자극을 주는 제일 첫 번째 사건은 각 사람에게 하나님의 자녀라는 인식을 심어줍니다. 그런데 신앙놀이를 할 때 분명한 규칙이 있습니다. 그것은 하나님의 자녀답게 놀이하라는 것입니다. 하나님의 자녀답게 놀이하지 않으면 그 무자격의 놀이로 인해서 세상사의 질서는 엉망이 되는 것은 물론, 인간은 제 스스로 잘난 줄 알고 하나님이 마련한 무대에서 놀이가 아니라 난동을 피웁니다. 더불어 사는 삶, 더불어 놂이라는 원칙과 규약이 있는데, 그것을 완전히 무시하고서 인간만의 규칙과 규율을 세우고 자신이 무대를 따로 만들어 놀려고 합니다. 그래서 하나님은 성령을 통해서 인간에게 강제하고 있는 것이 있는데, 그것은 반드시 신앙을 통해서 더불어 살고 같이 놀라고 하는 것입니다.

성령은 인간으로 하여금 '더불어 놀아라'라고 말씀하십니다!

더불어 놀고 더불어 살고 더불어 즐거워하는 것이 진정한 신앙의 놀이라고 한다면, 놀이의 방칙(方則)대로 놀아야 모두가 행복합니다. 한바탕 놀 때는 누구도 배제되어서는 안 됩니다. 신앙의 놀이에서는 하나님의 자녀라고 인정받은 모든 사람들이 함께 즐기는 것이 되어야 합니다. 놀이 자체는 인간의 놀이가 아니라 하나님, 즉 성령의 흥에 의해서 삶의 놀음판, 신앙의 놀음판이 형성되는 것이기 때문입니다. 거기에는 신분의 고하, 나이의 대소, 재산의 다소가 문제가 되지 않습니다. 오로지 모든 사람이 하나님의 정신과 기운이 펄펄 넘치도록 신명나게 놀 수 있는 사람이라면 그분의 삶의 무대나 신앙의 무대에서는 언제든 신앙놀이 속에 들어올 수 있습니다. 그 놀이에 공포는 없습니다. 두려움도 없습니다. 지배자나 피지배자가 있지도 않습니다. 놀이를 할 때는 오직 놀이 자체에만 관심을 두는 것이지 놀이의 자격이 우선이 될 수는 없습니다. 하나님의 신앙 놀이나 삶의 놀이는 그렇습니다. 그분은 자신이 만들어 놓은 세상의 모든 무대에서 노예처럼 살라고 삶의 배우를 창조한 것이 아닙니다. 하나님을 신뢰하고 인식하는 사람들은 누구나 그분의 방식대로 놀이하기만 하면 됩니다. 하나님은 이 세상에 태어난 인간이 자신의 품에서 한평생 잘 놀다가 가라는 데 목적을 두고 있습니다. 하나님의 품이란 자신이 설정한 신앙 범주와 공통된 영역과 고백 안에서 이루어지는 삶을 의미합니다. 그것은 바로 하나님을 감히 "아빠"(Abba)라고 부를 수 있는 친화력입니다.

즐거운 삶의 놀이의 규칙과 범주는 하나님을 아빠라고 고백하는 데 있습니다!

하나님을 아빠라고 부를 수 있다고 하는 것은, 우리가 놀이를 하려고 한다면, 그 놀이를 승인하시는 존재임을 당연시하는 것입니다. 아빠라는 범주와 영역 안에서 놀이를 하지 않으면 위험합니다. 놀이되는 영역 안에 있어야 인간이 제대로 또는 올바로 신앙을 하고, 삶을 산다고 할 수 있지만, 자신이 놀이를 한다고 자부할 때는, 하나님을 아빠라고 하는 고백 범주 바깥으로 나간 것이나 다름이 없습니다. 하나님은 인간으로 하여금 자신을 아빠라고 부를 수 있는 특권을 주셨습니다. 아니 애초에 아빠라는 인식도 없었던 인간이 삶의 놀이 혹은 신앙의 놀이를 할 수 있는 특별한 인식을 준 것입니다. 이는 놀이하는 것이 아니라 놀이되는 것임을 분명하게 알게 해준 것입니다. 인간은 자신이 놀이하는 줄 알고 노는 것 같지만, 놀이 자체는 전혀 인간을 놀게 해줄 맘이 없습니다. 그러니 세상에서 삶의 놀이가 제대로 이루어질 리가 없습니다. 삶의 재미가 없습니다. 신앙의 재미는 말할 것도 없습니다. 삶도 신앙도 놀이의 주체 혹은 놀이 그 자체가 놀 수 있도록 해서, 놀이 속으로 인간 자신이 겸손한 맘으로, 고마운 맘으로 참여해야 놀이가 흥이 납니다. 인간 자신이 놀 수 있을 거라 생각하고 논다고 하지만 돌이켜보면 단 한 번도 스스로 논 적이 없습니다. 그것은 놀이가 놀이를 한 것이 아니라 인간이 놀이를 하려고 작위적이고 인위적으로 애를 썼기 때문입니다. 하나님의 정신과 마음으로, 하나님의 영과 기운으로 장이 마련된 곳에서 놀이가 놀이마당을 끌고 갈 수 있도록 인간의 마음을 열어놓아야 합니다. 그래서 어쩌면 '놀이'는 인간이 자기의 마음을 '놓으리'라는 생각과 함께 동시에 하나님의 정신과 영의 마음을 '얻으리'라고 마음을 먹지 않으면 제대로, 올바로 놀 수가 없습니다. 아니 놀이가 될 수가 없습니다. 세상의 삶의 흐름과 경제 원칙, 정치의 역학도 다 놀이되도록 하지 않는 데서 문제가 발생하는 것을 볼 수 있습니다.

놀이는 거기에 참여하는 모든 사람들을 행복하게 합니다!

하나님의 놀이, 곧 놀이가 놀이되도록 하기만 하면 하나님의 자녀로서 영원한 놀이를 할 수 있는 공동 구성원이 됩니다. 하나님이 무대를 마련한 이 세상에서의 놀이에서 신명나게 함께 서로 배려하면서 즐겁게 놀이되도록 노력하면서 놀았던 사람들은 모두가 하나님 아빠의 범주 안에서 보호를 받습니다. 아빠의 상속자가 된다는 것은 아빠처럼 거리낌이 없이 자유로운 존재로서 스스로 판단하고 결정할 수 있는 힘을 허락한다는 뜻입니다. 신앙의 놀이 혹은 삶의 놀이는 동전의 양면이기도 합니다. 신앙의 놀이와 삶의 놀이가 서로 따로 있는 게 아닙니다. 놀이의 배우로서 이 세상의 무대에 등장한 인간의 삶이란 어차피 조물주가 형성한 놀이에 뛰어든 것입니다. 그 놀이에 놀이되는 삶을 살게 된다면 놀이가 인간을 놀게 하는 것인지, 인간이 놀이를 하고 있는 것인지 아예 분간이 되지 않도록 놀이로 하나가 되는 삶을 살게 마련입니다. 이것은 언젠가 우리도 그리스도처럼 자유로운 신앙인이 되어 거침없는 삶을 살 수 있는 기회를 잡게 된다는 말입니다. 그러나 지금 우리는 놀이의 무대에서 놀이가 요구하는 규칙과 원칙, 그리고 고백적 범주들이 약화되는 시대에 살고 있습니다. 놀이는 그야말로 잠깐의 놀이이건만 그 무대에서 경쟁하고 싸우고 전쟁을 하듯 하면서, 때에 따라서는 삶과 신앙을 가볍게 여기고 서로 희롱하기 때문인 것 같습니다. 동일한 개념으로 프랑스에서 '투기'(投機, spéculation)나 영어의 spiel이 "세일즈맨이 능숙하게 떠벌리는 말"이라는 뜻을 가진 것도 우연이 아닙니다. 그만큼 인간 스스로가 놀이(Spiel)를 망가뜨리고 있다는 언어사적 반증입니다. 그렇다면 이제부터라도 하나님의 신앙 무대, 삶의 무대에서 어떻게 올바르고 제대로 즐기는 (성령의) 놀이가 되도록 할 것인가에 대해서 깊이 생각하고 사색(speculation)해야 할 것입니다. 니체는 다음과 같이 말합니다. "나는 춤을 출 줄 아는 신만을 믿으리라... 어린 아이는 순진 무구요 망각이며, 새로운 시작, 놀이, 스스로의 힘에 의해 돌아가는 바퀴이며 최초의 운동이자 거룩한 긍정이다." 성서는 이렇게 말합니다. "그 때 주의 이름을 부르는 자는 구원을 받으리라."(행 2,21) 신이 춤을 추는 놀이는 사람들이 구원의/구원을 위한 추임새(보비유)를 넣어줄 수 있을 때 흥이 더 나는 법입니다. 어린 아이처럼 부르는 언어는 순수한 구원의 추임새와도 같습니다. 지금 우리에게 그 최초의 구원언어가 필요한 것은 아닐까요?

●●●●

4. 시인들만이 꿈꿀 수 있는 신앙언어들(롬 5,1~5)

하나님을 믿는다는 것은 맹목적이 아니라 무목적적(無目的的) 입니다!

믿음은 관계입니다. 진정하고도 확실한 관계를 위해서는 상호 신뢰와 지속적인 노력, 상대방에 대한 진실함이 전제되어야 합니다. 하나님과의 관계도 그와 같은 소통적 노력과 끈끈함 그리고 무목적적 순수함을 갖고 이루어지지 않는다면, 그분과의 관계는 깨질 수밖에 없습니다. 말로는 믿는다고 하면서도 실상은 여전히 하나님과 자신의 신앙에 대해 계산 혹은 계량화하고 나의 목적을 위해서 수단화한다면 신앙생활이 다른 삶과 다를 바가 없습니다. 신은 무목적적 존재로서, 자신이 목적 그 자체의 목적으로서, 순수함 그 자체를 지닌 존재이기에 우리의 순수한 마음과 삶을 위해서 관계 맺기를 원합니다. 그러자고 예수가 하나님과 인간의 관계를 연결해 주면서, 그 하나님과의 관계는 결국 평화적 관계여야 한다는 것을 자신의 삶을 통해서 증명해준 것입니다. 그로 인해 우리도 하나님과 평화적 관계가 회복된 것입니다. 무목적적이라는 말은 신을 믿는 것 자체로서만 의미가 있어야지, 뭔가를 바라서 믿는 것이 되어서는 안 됩니다. 중국의 철학자 묵자(墨子)는 "신[信, 믿음]은 말이 (말한 사람의) 본래 의도와 합치했을 때에만 얻어지는 것이다"(信, 言合於意也)라고 말합니다. 믿음은 뜻을 속이지 않는 것이며, 꾸밈이 없는 것입니다. 믿음은 말과 실제가 일치를 해야 합니다. 그러나 무엇보다도 믿음은 말을 통해서 이루어지는 마음의 작용입니다. 말하는 사람과 듣는 사람의 일치, 대상을 말할 때 그 대상에 일치되는 말은 곧 마음에서 나오는 말입니다. 만일 사람이 하나님이라는 존재에 대해서 마음에서 일어나는 말을 한다면, 속에 품고 있는 생각과 일치를 해야 합니다. 공적 고백이든 사적 고백이든 그러한 말로 표현하는 것이 하나님의 존재에 대해서 품고 있는 마음과 다른 말을 하는 것은 믿음이라 볼 수 없습니다. 그것은 꾸밈이요 거짓입니다. 단지 인간이 바랄 수 있는 것은 하나님의 영광(doxa)에 참여할 수 있을 것이라는 어떤 가늠이자 당신의 존재성의 일부분(part)을 취할 뿐(cip)입니다. 하나님의 존재성의 일부분의 몫을 우리가 분여(分與)받을 수 있는 자격이 주어지는 것, 그것이 인간의 최종적인 목적이어야만 합니다.

하나님의 존재성에 참여하는 삶이 인내입니다!

삶은 고통이라고 말을 하곤 합니다. 인도의 붓다는 그것을 절실하게 깨달은 사람입니다. 인생은 집착하면 할수록 고통스럽다는 것입니다. 허상을 붙잡는 나(ego)라고 하는 것은 가짜고, 진짜 나(Self)를 찾아야 한다고 말을 합니다. 사실 이 깨달음은 매우 가치 있고 깊은 진리입니다. 애착을 넘어 집착하면 할수록 고통스럽습니다. 그래서 놔야 합니다. 놓는다는 것 자체가 쉬운 일이 아닙니다. 놓는다, 방기(放棄)한다는 뜻의 Gelassenheit라는 말이 초연함이라는 뜻을 품고 있는 것도 의미심장합니다. 자기를 초월자 앞에서 무(Nichts)로 만들어야 합니다. 우리 자신을 무로 만든다는 것은 인내(라틴어 pati, patiens)를 필요로 합니다. 고통을 참고 견디는 목적은 자신의 존재성이 하나님의 몫으로 인식되고, 하나님의 존재성의 일부분으로 피하는 것, 하나님의 존재성을 허락하는 것(Geduld, 피함과 허락)입니다. 그것은 하나님의 존재성을 지속적으로 연결하려는 시도입니다. 나의 존재성이 아니라 하나님의 존재성을 분여 받는 것이기에 인간적인 욕망을 버리고 하나님의 존재성으로 피신하는 것입니다. 삶이 고통스럽다는 것은 대부분 잘 아는 사실입니다. 니체도 이렇게 긍정합니다. "너희들은 말한다. 삶을 견뎌내기 힘들다

고. 그런 일이 아니라면 너희들은 어찌하여 오전에 긍지를 갖다가
도 저녁에 이르러서는 체념하는가? 삶은 견뎌내기 힘들다. 그러나
그토록 연약한 언동을 삼가라! 우리 모두는 짐깨나 질 수 있는 귀
여운 암수 나귀가 아닌가." 참고 견딤은 인간이 자기 자신이 무라
고 생각하고 방기해버리면 고통스런 삶을 짊어지고 가기에는 훨씬
수월합니다. 아무것도 짊어질 것이 없는 나 자신을 발견하게 되니,
오직 하나님의 존재성만으로 살아가는 나는 하나님의 존재성으로
피하고 허락함으로써 오히려 자유로워집니다. 그러므로 비록 사람
들이 생각할 때에 나귀(당나귀, Esel)와 같은 바보(Esel)스러운 삶이나
허세를 부리는 멍청한 삶(ein Esel inunter der Löwenhaut)이라고 할지라도,
인간의 한계로 변덕부리지 말고 그 존재성만을 짊어지고 가야 할
것이다.

신앙은 삶을 가볍게 합니다!

"아, 하늘과 땅 사이에는 시인들만이 꿈꿀 수 있는 것이 그토록
많이 있구나! 특히 하늘 위에는, 신들은 하나 같이 시인의 비유이
며 시인의 궤변이기 때문이다! 정녕, 우리는 언제나 위로 끌려 올라
간다. 구름 나라로. 우리는 구름 위에 형형색색의 껍데기들을 앉혀
놓고는 신이라고 부르기도 하고 위버멘쉬라고 부르기도 한다. 저
들은 구름 위에서 앉을 수 있을 정도로 가볍다! 저들 모든 신과 위
버멘쉬는." 니체의 풍자적 비유이자 약간의 비꼬는 말투는 현실의
삶이 더 무겁다는 것을 반증하는 듯합니다. 시인들의 언어유희는
신이나 위버멘쉬(Übermensch; Overman, 극복인 혹은 초인)조차도 구름보다
가볍게 합니다. 삶을 깃털처럼 가분하게 하고 삶 위에 신과 위버멘

쉬를 가볍게 할 수 있는 것이 우리의 신앙언어, 즉 끈기입니다. 끈기는 희망(Hoffnung)을 갖게 합니다. 삶을 가볍게 할 것이라는 하나님에 대한 기대와 믿음이 희망입니다. 신도 무겁지 않고 극복인도 부담스럽지 않은 느낌과 감각, 그리고 생각을 가지려면 신앙적 끈기가 필요합니다. 끈기는 기대와 기다림, 즉 삶이 아무리 무겁고 고통스럽다 하더라도 그 시련을 이겨내도록 보호하고 보살펴 줄 것이라고 믿음을 갖는 것입니다. 하나님이 보호하고 보살펴 줄 것이라는 믿음은 하나님을 끈기 있게 기다림(Abwartung)입니다. 또한 하나님은 현실을 넉넉하게 이겨낼 수 있도록 예방(Aufwartung)해 주는 분이시기도 합니다. 현실보다 더 가볍게 올라서서 바로 그곳에서 삶을 여유 있게 조명하도록 하는 존재들은 인간의 의식이나 의지도 삶의 가벼움 혹은 무거움 그 너머에 두어야 한다는 것을 깨닫게 해줍니다. 그럼에도 조심해야 할 것은 그와 같은 희망이 신을 넘어서거나 낮잡아 보는 교만(Hoffart)이 되어서는 안 된다는 사실입니다. 자칫하면 니체가 말한 바로 인간이라는 질병에 걸려서 헤어 나오지도 못할 수도 있으니 말입니다.

사랑은 인간이라는 존재의 질병을 치유합니다!

"이 대지는 피부로 덮여 있다. 그런데 이 피부는 여러 가지 병으로 신음하고 있다. 그 병 가운데 하나가 '인간'이라는 존재다." 인간이 병이라는 발상은 이 세계에서 인간만큼 심각한 질병도 없다는 것으로 해석할 수 있습니다. 감기나 암, 기타 전염을 일으키는 바이러스나 박테리아보다도 더 고질적이고 치료가 힘든 존재자의 병이 인간 자신입니다. 자기 자신이 병원체라는 것을 지금 우리는 여실히 목도하고 있는 상황이기도 합니다. 인간은 자신을 끊임없이 극복하는 존재(Übermensch)로서 살아가지 않으면 안 된다는 것을 인식해야 합니다. 아무리 믿음이 있어서 하나님과의 관계가 평화적이라고는 하나, 삶의 고통과 시련이 닥쳐오면 금방이라도 아귀다툼의 존재로 변하는 것이 인간입니다. 그러므로 현실이 무겁다고 하더라도 가볍게 생각할 수 있도록 현실 위에 더 가볍게 계신 하나님을 생각하고 사랑하는 삶을 살아야 합니다. 사랑은 자기 자신이든 타자이든 간에 사용 가치나 수단 가치가 아닙니다. 사랑은 자기 자신을 소용이 되게 하는 게[用己] 아닙니다. 묵자에 따르면, 사랑[仁]이란 사용이나 부리는 것과는 다릅니다. 하나님이 우리를 사랑한다는 것은 우리를 이용(사용)하거나 부리는 것이 아닙니다. 아껴주는 것입니다. 그래서 묵자는 "사랑에는 후함과 박함(厚薄)이 없다"고 말합니다(愛無厚薄). 딱 그만큼만 해서 도구나 수단(Mittel)이 되지 않도록 중용이나 중도(Mittelweg)를 지키는 사랑. 사랑이 지나치면 아첨(Liebedienerei)이나 맹목적인 사랑(Affenliebe)이 되고, 사랑이 약하면 편애(Vorliebe)가 되기도 합니다. 사랑은 하나님의 마음에 들 정도로 자기 자신을 아끼는 것입니다. 하나님의 마음에 듦은 나의 기원이 하나님에게서 왔다는 것(congenitalness; 라틴어, com-genialis)을 인정하고 그분의 마음에 맞갖게 살아가려고 하는 데서 비롯됩니다. 동시에 그것은 하나님과 일치하고 그분의 말씀에 동의하는 것이기도 합니다. 하나님은 우리에게 명령을 하시기보다 동의하기를 원하고 자신의 의지를 허락하기를 원하십니다. 그에 따라서 사랑은 강제가 아니라 조화와 공감과 화목입니다. 이와 같은 하나님의 사랑은 인간을 몰아세우거나 자신의 마음대로 부리지 않습니다. 그분은 세계에서 인간이라는 존재의 병을 치유하기 위해서 삶의 한복판에서 항상 좌나 우로 치우침이 없이 공정하고 올바르게 드러내십니다. 그러므로 그 사랑을 왜곡해서 전달하고 판단하는 일이 없도록 해야 할 것입니다.

●●●●●

5. 믿음의 향연에 참여한 사람들에게 차별은 없습니다!

(갈 3,23~29)

"나는 게걸스럽게 신을 기다린다!"〈지옥에서 보낸 한철〉_A. Rim-baud

믿음은 자유로서 하나님의 존재 안에 있다는 확신입니다!

율법적 사고로는 신앙의 자유와 해방은 존재하지 않습니다. 믿음은 존재의 범주 안에서 평안과 안정을 주되 그 존재 안에서 존재하도록 하는 신앙의 장치입니다. 믿음은 내가 있다는 것을 알게 해주는 확신입니다. 존재, 즉 초월자의 범주 안에 있을 때 우리는 자신을 선물로 증여받은 존재이자 내가 있음이라는 것을 알게 됩니다. 신앙인에게 있어 신앙이라는 믿음을 골자로 한다면, 존재 안에 있을 때 비로소 내가 있는 것이지 신앙 바깥에는 아무것도 존재하지 않습니다. 따라서 신앙을 통한 진정한 해방은 반드시 존재 안에 있어야 합니다. 하나님이라는 존재에게 있어 그리스도인은 있어 주는 선물입니다. 반대로 신앙인에게 있어 하나님은 존재 그 자체로서의 선물입니다. 하나님은 우리에게 믿음이라는 값진 선물을 주었습니다.(geben) 그 선물로 인해서 우리는 하나님이라는 존재를 알게 되었고 그 범주 안에서 참된 자유를 향유한다는 것을 깨달았습니다. 그럼으로써 우리가 진정으로 존재한다, 즉, 내가 있다라는 것을 발견하게 되는 것도 믿음을 통한 존재 인식에서 출발합니다. 그런데도 여전히 우리는 믿음이라는 명징한 자유와 해방의 방법이 아닌 구속과 굴레 그리고 억압과 지배의 사슬에서 벗어나지 못하고 있습니다. 율법적 사고 때문입니다. 율법의 감시는 말 그대로 신앙인을 죄인 취급하고 죄인이라는 전제가 있기 때문에 가능합니다. 율법은 잠정적 죄인을 만들어 내는 족쇄 역할을 합니다. 그것은 자신도 옥죄는 힘으로 작용하기도 하지만, 동시에 타자도 죄인으로 만드는 권력으로 작용합니다. 그래서 니체는 말합니다. "형제들이여, 자유를 쟁취하고 의무에 대해서조차도 경건하게 아니오라고 말할 수 있기 위해서는 사자(Löwe)가 되어야 한다."

믿음을 통해서 다가오는 자유는 죄에 대해서 그리고 억압과 강제에 대해서 '아니오'(Nein)라고 단호하게 말하도록 절대적 힘을 부여합니다. 자유는 저항이고 반항이고 구속하는 모든 틀로부터 해방입니다. 신앙인이 진정으로 믿음을 통한 자유를 획득하기 위해서는 강력한 의지가 필요합니다. 사자와 같은 의지를 가진 신앙인은 "나는 하고자 한다"는 의욕과 의지가 강한 사람입니다. 물론 그에 따른 분명한 믿음이 전제되어야 한다는 것에 대해서는 이론(異論)의 여지가 없습니다. 믿음은 '예수와 함께 삶'을 의미합니다. 예수와 함께 삶을 살면 하나님의 자녀가 되는 결과가 주어집니다. 하나님의 자녀는 생의 거룩한 긍정이요 순수함이요 자신이 새로운 시초가 되는 것이요, 삶의 유희이며 고착화되지 않은 삶의 생성입니다. 그리스도교에서 신자의 첫 출발을 의미하는 이른바 세례(Taufe)라는 의례가 바로 그것입니다. 새로운 시초와 기원, 고착화 되지 않고 늘 물처럼 살겠다는 삶의 결단, 물처럼 순수함과 거룩함, 부단한 생명의 놀이뿐만 아니라 선물로 주어진 삶을 적극적으로 수용함으로써 하나님을 시인하는 행위로 인해서 그리스도 안으로 들어가는 것입니다. 그리스도 안으로 들어감과 그리스도로 옷을 입는다는 것은 이제 비구원자에서 구원자의 반열에 들어섰다는 상징적인 표현입니다. 그리스도인은 물과 성령으로 세례를 받습니다.(die Taufe empfangen) 문자 그대로 세례는 하나님의 선물입니다. 그로 인해서 하나님의 자녀가 되는 것은 자연스럽게 따라오는 선물입니다. 이제부터 하나님이라는 존재의 범주 안에 내가 있다는 확신을 심어주는 것입니다.

세례는 그/타자와 함께 있어 주라는 선물입니다!

세례를 하나님의 선물로 받은 그리스도인은 차별이 없습니다. 그리스도로 옷을 입은 사람들에게 그리스도가 계급의식을 반영하거나 신분의 고하를 나타내는 표시가 아닌 것은 분명합니다. 그러나 현실은 그렇지 않습니다. 세례로 하나가 된 그리스도인이 어떻게 계급의식, 우월의식, 위계의식, 지배의식, 선민의식 등으로 꽉 차 있는지 이해가 가지를 않습니다. 세례로 인해서 하나님의 자녀가 되는 선물을 받은 사람들은 모두가 형제요 자매입니다. 예수 안에서는 더 이상의 상하의식이 없습니다. 예수 안에 있는 사람들은 모두가 동등합니다. 좀 더 정확한 표현으로는 '평등'(Gleichkeit)이라는 말이 어울릴 것입니다. 동등이라는 말과 평등이라는 말은 독일어에서는 같이 쓰기도 합니다. 닮은 상태(gleichen), 흡사한 모습

(gleichsam)을 띤 사람들이 되었다는 뜻입니다. 다시 말해서 이는 세례를 받았다는 것, 그로 인해 예수 안에서 하나가 되었다는 것은 예수와 닮은 존재가 되었다는 것을 일컫습니다. 성직자/비성직자, 평신도/비평신도, 이성애자, 동성애자, 무성애자, 양성애자, 다성애자(polysexual) 등 수많은 인간의 결로 이루어진 각각의 특수한 정체성은 예수 안에서 하나의 인격체로서 존재하는 사람들입니다.

그럼에도 불구하고 차별(Unterscheidung)과 구별(Differenzierung)을 만들어 내는 그리스도인의 편견과 시대를 반영하지 못하는 교리는 사람과 삶을 구속하고 억압합니다. 차별은 장벽을 만들어 내고 울타리를 높게 올립니다. 사람을 배타하고 배척합니다. 다만 차이와 다름이 있을 뿐인데도 우리는 심판자(Schiedsrichter) 역할을 합니다. 심판자가 된다는 것은 신분이나 권력에서 우위를 독점하고 있다는 것인데, 사람이 사람을 판단할 수는 없습니다. 심판자는 오직 하나님밖에 없습니다. 그러므로 인간은 모두 그분 아래에(unter)에 있을 뿐이지(존재할 뿐) 결단코 하나님과 우리 사이를 갈라놓는(scheiden) 심판자의 위치에 있을 수가 없습니다. 자신의 발언에 신중해야 할 까닭이기도 합니다. 자신의 선언이 타자와 갈라서는 판단이자 심판이 되는 경우가 있기 때문입니다. 신앙인이 주의를 기울이지 않으면 반신앙, 비신앙이 되고 맙니다. 사도 바울이 주장하고 있듯이, '그리스도에게 속했다면 모두가 아브라함의 자손이며 따라서 약속에 의한 상속자들입니다.' 아브라함은 믿음의 표상으로 일컬어지는 인물입니다. 세례로 하나가 되고 그로써 하나님의 자녀가 되는 선물을 공통으로 받았다면 모두가 그리스도에게 속한 것입니다. 동시에 그리스도에 속했다면 아브라함의 믿음의 반열에 속한 자녀가 된 것이요 동일한 상속자의 자격을 취득한 것이나 다름이 없습니다. 하지만 현실은 세례를 받은 공동체 구성원들이 서로 배타하고 배척하고 질시하고 소외시키고 하는 것은 그리스도인이 전혀 신앙적이지 않다는 민낯을 드러내는 반증입니다. 물과 성령으로 세례를 받은 사람의 모습 사이로 예수를 닮은 모습이 설핏 보여야 하고, 그가 예수의 존재 안에서 살고 있다(es gibt), 예수의 존재 범주 안에서 존재한다는(existieren, 혹은 실존한다, 현재의 비실존에서 탈존한다? 이탈한다?)는 것을 보여 주어야 합니다. 그게 세례 받은 사람의 모습입니다. 니체가 저주에 가깝게 퍼부어 대듯이, 평등은 없다고 말하듯이, 만일 그리스도인이 그렇게 행동한다면 그리스도교의 세례성사는 아무런 의미가 없는 것은 아닐까요? "나는 평등을 설교하는 자와 같은 자들과 섞이고 혼동되기를 원치 않는다. 정의가 내게 말해 주고 있기 때문이다. "사람들은 평등하지 않다"고. 그러면서 니체는 이렇게 충고합니다. "남을 징벌하려는 강한 충동을 갖고 있는 그 누구도 믿지 말라! 그런 자들이야말로 악랄한 족속이며 열등한 피를 타고난 족속이다. 그런 자들의 얼굴에서 사형집행인과 정탐꾼의 모습을 엿볼 수 있지 않은가. 자기 자신이 얼마나 의로운가를 과시하기 위해 말을 많이 하는 자들이 있는데 그들도 믿지 말라! 실로 저들의 영혼 속에 들어 있지 않은 것, 그것은 꿀만이 아니다. 그리고 저들이 자칭하여 "선하고 의로운 자들"이라고 할 때 저들에게서 권력을 뺀다면 바리새인이 되기에 부족한 것이 하나도 없다는 것을 명심하라." 니체가 말하듯이 짐짓 우리는 세례를 받은 가식적인 사람인지 모릅니다. 그가 비판하고 있는 것처럼, 우리는 평등의 설교를 말하고 있지만, 짐짓 죽음의 설교, 함부로 심판의 설교를 말하고 있는지도 모릅니다. 세례는 예수 안에서 더 이상 차별이 없어졌다는 징표입니다. 그가 남다른 사람이 되었다는 것도 그와 다르지 않습니다. 포르투갈의 시인 페르난두 페소아는 이렇게 읊고 있습니다. " … 나는 예수 그리스도가 땅으로 내려옴을 보았다. … 산비탈을 타고 오며 다시 아기로 변하며, (…) 미소가 예쁘고 자연스런 아이다. … 그는 언덕 가운데 자리한 우리 집에서 나랑 같이 산다. 그는 영원한 어린아이, 사라졌던 신이다. … "

"그렇다, 나의 눈은 당신들의 빛을 받아 감긴다. 나는 짐승이다. 흑인이다. 그러나 구원받을 수 있다."(랭보)

●●●●●●

6. 거저 얻어진 자유는 없습니다!(갈 5,1·13~25)

예수는 인간을 삶의 노예로부터 해방시켰습니다!

자유(自由)는 언제 들어도 설렘과 희망, 기대가 있는 말입니다. 어떤 것으로부터 얽매이지 않고 자기 자신으로부터 기원하는 의식과 행동을 하기 때문입니다. 자유는 그리스어로 엘류테리아(eleutheria)라고 하는데, 영어로 옮기면 freedom 혹은 liberty가 됩니다. 이는 노예의 처지와는 상반된 개념입니다. 만일 자유가 노예로부터의 해방이나 석방을 일컫는 말이라면, 이 의미는 파격입니다. 노예는 결코 자기 자신이 될 수 없기 때문입니다. 물론 주인이라 할지라도 자기 스스로 하는 노동이 없으니, 노예가 주인으로 인정하고 봉사해 주지 않은 한 자기의 주체라고 할 수 없습니다. 그런 의미에서 주인은 반드시 노예의 존재를 통해서만이 주인됨을 인정받을 수 있습니다. 반면에 노예는 자기 스스로 노동을 함으로써 자기의 의식을 실현한다는 차원에서 자기 주체라고 할 수도 있을 것입니다. 이로써 주인과 노예의 관계가 역전, 전도됩니다. 헤겔(G. W. F. Hegel)은 이것을 '인정투쟁'(Kampf um Anerkennung) 혹은 '주인과 노예의 변증법'으로 설명을 합니다. 그런데 그리스도인이 노예로부터 해방되는 과정은 좀 다릅니다. 그리스도교에서 말하는 노예란 자신의 의식을 스스로 고양할 뿐만 아니라 주인의 의식을 포괄하면서 좀 더 높은 차원의 의식으로 나아가는 것이 아닙니다. 신앙의 노예는 애초에 그런 의식조차 갖지 못합니다. 죄의 멍에와 신에게 나아가는 의지의 부족으로 인해서 스스로 해방을 시킨다는 것이 거의 불가능합니다. 그렇기 때문에 자유에 대한 갈망 이전에 자유를 위한 신의 부르심이 선행되어야 합니다. 인간에게 자유를 주기 위해서 부른다는 것은 부름 이전에 선험적으로 인간에게 자유란 도대체 무엇인지를 잘 몰랐다는 말이 됩니다. 하나님이 인간을 불러야 비로소 자유라고 하는 지향성을 갖게 됩니다. 단적으로 말해서 '하나님의 부르심은 자유'입니다. 그의 음성을 듣는 사람은 노예의 사슬을 벗어던지고 진정한 자유와 해방을 얻을 수 있는 가능성이 있습니다. 하나님의 부르심을 듣는 즉시 그분의 인정과 찾음에 의한 힘으로 노예의 사슬을 끊어내고 탈주를 할 수 있습니다. 그러므로 자유를 위한 부르심은 죄인의 삶과 그로 인한 굴레 속에 있는 삶을 살고 있는 사람이 늘 새롭게 들어야 할 목소리입니다.

그리스도인의 자유는 '사랑 안에서의 자유'입니다!

인간이란 존재가 한계가 있다고 하는 것은 바로 자유를 자유로서 만끽하는 것이 아니라 자유를 하나의 방종으로 인식한다는 데 있습니다. 방종(dissoluteness)은 느슨하게 풀어져 있는 상태, 그럼으로써 멀리 떨어져 나가버린다는(solvere) 의미가 내포되어 있습니다. 자기가 자기 스스로를 풀어 버리는 삶은 주체성이라고 말할 수 있지만, 자칫하면 자기의 욕망에서 기인할 수 있다는 데 문제가 있습니다. 그래서 사도 바울은 욕망적 자유가 아니라 사랑의 자유를 실현하라고 말합니다. 욕망은 타자를 수단과 도구로서 대하면서 자신의 자유를 통해서는 타자를 다시 옭아매려고 합니다. 하지만 진정한 자유는 타자를 사랑하는 데 있습니다. 자기 자신의 신앙적 깨달음에 의해서 자유는 곧 하나님으로부터 온 것이고, 예수 그리스도의 희생을 통해서 성취된 것이라는 것을 알게 되기 때문입니다. 자기의 의식과 행동의 기준이 되는 자유가 자기 자신으로부터 올 수 있었던 것은 그리스도의 희생적 자유에서 왔다는 것, 자발적 죽음의 자유에서 왔다는 것을 인식하게 되면 타자를 사랑하게 됩니다. 그를 종으로 부리고 지배하고 억압하려고 하는 것이 아니라 섬김을 통한 자유로움을 서로 누리게 됩니다. 그것이 진정한 의미에서 자유입니다. 하나님의 사랑 안에서 나의 자유와 타자의 자유가 서로 평등하게 인정될 수 있는 것, 그것이 없이는 결국 어떤 것도 자유가 아닌 부자유가 된다는 것입니다.

신앙인의 자유는 하나님을 향한 자유, 타자를 위한 자유여야 합니다!

한 사람의 자유가 자유가 아닌 것은 타자의 그 자유도(타자를 자유롭게 하는 자유도) 자기 자신에 의해서 기원하고 있다는 것을 인정하지 않는 것을 의미합니다. 오죽하면 니체도 "네가 마주칠 수 있는 적 가운데 가장 고약한 적은 언제나 네 자신이리라"라고 말했을까요? 자기 자신이 적이 되는 것은 자신에게서 기원하는 자유를 깨닫지도 못하고, 예수가 부여해준 자유를 향유하지도 못하는 어리석음에서 비롯됩니다. 게다가 타자의 자유가 자기 자신이 아니라 외부에서 부여되는 경우도 있습니다. 외부에서 주어지는 자유는 한계가 있습니다. 자유를 수여한 자의 범위 안에서의 자유이기 때문입니다. 그러나 그리스도를 통해서 부여된 자유는 하나님을 향한 자유, 타자를 사랑하는 자유입니다. 우리가 분명하게 인식해야 하는 것은 나의 자유는 "무엇을 위한 자유인가"입니다. 동시에 무엇을 위한 자유는 '무엇을 향한 자유'와 같습니다. 궁극적으로 자유를 쟁취하는 것은 그것으로만 끝나는 것이 아니라 자유를 가지고 해야 할 일, 궁극적으로 가야 할 길이 있기 때문입니다. 대부분의 사람들이 자신에게 주어지는 자유가 생길 때에 무엇을 위한 자유라고 생각하지 않습니다. 오로지 자기 자신만을 위한 욕망적 자유라고만 믿습니다. 그러나 그리스도인의 자유는 하나님을 향한 자유이자 타자를 위한 자유입니다. 그것이 아닌 자유는 오로지 방종이요 이기적인 자유에 지나지 않습니다.

성령이 주시는 자유의 근본사상은 욕망과는 다른 사랑입니다!

니체는 "너는 네가 자유롭다고 믿는가? 내가 듣고 싶은 것, 그것은 네가 네게 지워진 명예에서 벗어나 자유롭다는 것이 아니라, 너를 지배하고 있는 사상이 무엇인가 하는 것이다"라고 말합니다. 자유가 진정한 자유가 되려면 적어도 인간에게 주어진 자유의 바탕에

흐르고 있는 근본 관념이 있어야 합니다. 아무리 자기 자신으로부터 기원하는 것이라고 하더라도, 그래서 사고와 행동이 거침이 없더라도 그 바탕의 불변적인 힘이 내재하지 않으면 다시 외부적인 힘과 죄 그리고 억압과 강제에 매몰되고 맙니다. 따라서 그리스도교의 자유는 반드시 성령이 이끄시는 삶으로 이어져야 합니다. 그렇게 성령이 이끄시는 삶을 살다가 보면 자유의 열매들이 맺히게 마련입니다. "사랑, 기쁨, 평화, 인내, 친절, 선행, 진실, 온유, 절제." 이러한 신앙적 자유의 열매들은 육체적인 욕망이나 명예, 욕정과는 다릅니다. 아니 절대적으로 달라야 합니다. 육체적인 욕망을 폄하하자고 하는 것이 아니라, 그리스도인은 육체적인 욕망보다 더 우선하면서 더 높은 차원에다 시선을 두며 살아야 하기 때문입니다. 그것만이 만족이고 행복이 되어야 합니다. 그러자고 세상의 욕망을 다 버리고 그리스도인이 된 것이 아니겠습니까? 니체는 "고독한 자여, 너는 사랑하는 자의 길을 가고 있다. 너는 너 자신을 사랑하며, 그 때문에 네 자신을 경멸한다. 사랑하는 자만이 할 수 있는 그 같은 경멸을." 언뜻 보면 니체가 자기 자신을 닦달하고 몰아세우는 것 같지만, 자유의 삶을 살기 위해서 그리스도교를 택한 삶 혹은 종교를 택한 삶은 철저한 고독으로 자기 자신을 내던질 수 있어야 한다는 것을 시사합니다.

실존적으로 고독한 자, 혼자, 홀로(solus) 있는 자만이 자기 자신으로 연원하는 내면이 아닐 경우, 외부로부터 오는 부자유한 자기를 넘어설 수 있습니다.[니체에 의하면, 인간이라는 불리는 저 내면 세계의 모험가, 인간이라는 불리는 모든 초인간적인 자(Höher)]. 그리고 하나님의 자유만이, 그리스도로부터 배운 자유만이 참된 자유라는 것을 앎으로써 자기 아닌 비자기를 몰아내려고 합니다. 진정한 자유를 완성하기 위해서 말입니다. 니체는 말합니다. "형제여, 내가 흘리는 눈물과 더불어 너의 고독 속으로 물러서라. 나는 자기 자신을 뛰어넘어 창조하려 하며 그 때문에 파멸의 길을 가는 자를 사랑한다." 철저하고도 처절한 고독으로 들어가는 사람은 역설적으로 자기 자신을 극복하려고 하는 사람입니다. 설령 자기를 몰아세워 파멸의 길을 간다고 하더라도 끝내는 자기가 아닌 하나님으로부터 오는 자유, 예수의 희생으로 깨닫게 된 자유를 내면에서 자신의 자유를 명령하는(anschaffen) 하나님의 자리를 마련하려고(verschaffen) 합니다. 성령의 이끄시는 대로 사는 사람은 이웃을 사랑하는 사람입니다. 하나님의 나라를 생각하며 그것을 이루려고 하는 사람입니다. 또한 그리스도의 희생으로 사랑의 자유가 성취되었다는 것을 아는 사람입니다. 그러므로 그리스도인은 자신의 자유가 결코 자기만의 자유가 아니라 바로 성령 하나님의 자유이며 동시에 하나님을 위한 참된 삶의 자유라는 것을 깨달아야만 합니다.

●●●●●●●●

7. 타인은 지옥이 아니라 사랑입니다!(갈 6,1~16)

대범한 그리스도인이 되도록 합시다!

성령의 인도를 따라서 사는 그리스도인은 그리스도의 정신에 바탕을 두고 사는 사람들이라고 말할 수 있습니다. 내면의 깊이에서 우러나오는 참된 자기 혹은 그리스도에 대한 깨달음이 남다른 사람은 결코 자신의 이익에 따라서 살지 않습니다. 다른 사람이 저지른 잘못을 지적하기 보다는 항상 자신을 돌아보며 온유하고 겸손한 마음으로 대하기 마련입니다. 성령의 사람은 그래야 합니다. 성찰적인 사람, 관대한 사람, 부드럽고 따뜻한 사람이 되어야 합니다. 가식적인 사람이 아닙니다. 얼굴 표정과 목소리를 그 때 그 때 바꿔가면서 사람을 대하는 그리스도인은 성령에 의한 일관성이 있는 삶의 정신을 견지한다고 보기 어렵습니다. 자칫 니체가 말하는 이상한 양심을 가진 사람이 되는 경우가 그렇습니다. "양심의 가책이란 것이 사람들을 물어뜯도록 만드니."(stings of conscience teach one to sting) 양심(con-science)이란 보편성을 가진 것을 의미합니다. 나만의 생각이나 정신 혹은 의지가 아니라 모든 사람들에게 통용될 수 있는 행위의 원천입니다. 성령의 의지가 변덕이 될 수가 없는 것도 이런 이유에서 입니다. 다른 사람의 삶의 행위에 대해서 조언하고 발설할 때는 적어도 하나님이 주시는 동일한 시선으로 보면서 말을 할 수 있어야 합니다. 그 사람이 갖고 있는 내면의 깨달음과 나의 깨달음이 같이 만나야 동일한 성령의 움직임을 감지합니다. 그럴 때 신앙의 온유함에 기반한 따뜻한 마음이 전해지는 것입니다. 그렇지 않으면 그리스도인이 속좁은 사람으로 비춰질 수 있습니다. 니체도 그와 같은 말을 합니다. "무엇보다도 고약한 것은 속좁은 생각들이다."(But worst of all are petty thoughts; Das Schlimmste aber sind die kleinen Gedanken) 만일 그리스도인의 생각이 보편적인 성령의 양심에 따른 것으로 인식되지 않고, 또한 그에 부합된 것이 아닐 경우에는 자신만이 옳은 사람인 양 다른 사람의 마음을 찌르고 아프게 하는 심판관 역할을 하게 됩니다. 온유가 아니라 갈등과 분열, 다툼과 증오가 발생되는 원인이 그 때문입니다. 그러나 성령에 따라 사는 사람은 그와 같은 유혹에 빠지지 않으려고 자기의 내면을 점검하고 단속합니다. 그래서 함부로 속좁은 생각을 드러내지 않습니다. 그런 의미에서 온유(溫柔, sanftmütige Milde)한 마음이 따뜻함과 부드러움을 품고 있다는 것이 새로워 보입니다. 속좁게 쌈닭처럼 싸움을 일으키는 너무 날카로운 사람이 되지 말아야 합니다. 오죽하면 니체는 "참으로 속좁게 생각하기보다는 악행을 저지르는 편이 그래도 낫다!"(Truly, better even to have done wickedly than to have thought pettily!; Warhlich, besser noch bös getan, als klein gedacht!)라고 표현을 했을까요?

서로 남의 짐을 져주는 것이 그리스도의 법입니다!

나의 세상살이도 힘든데 남의 삶의 짐이나 신앙의 짐을 져준다는 것이 쉬운 일이 아닙니다. 그러나 그리스도인은 그리스도의 법에 따라서 사는 사람들이라, 남의 짐을 져주는 일을 외면하면 안 됩니다. 각자 자기 짐이 있겠지만, 그 짐을 서로 나누어 짊어지게(auf dem Rücken tragen) 되면 그것을 짐이라고 할 것도 없습니다. 짐의 무게와 크기 등의 형편을 고려해서 조금씩 나누어 짊어지다 보면 짐은 가벼워집니다. 그것이 신앙의 무게이든 삶의 무게이든 하나님의 말씀의 가치이든 모든 것을 나누어 짊어지는 마음의 습관이 필요합니다. 그리스도가 인간의 짐을 짊어지기(aufbuckeln) 위해서 인간과 세상에게 등을 굽힌(buckeln) 것처럼 그리스도인도 신앙인 비신앙인을 막론하고 누구에게나 등을 굽히고(buckeln) 짐을 위로 올려서(auf) 서로의 짐을 대신 짊어줄 수 있어야 합니다. 짐은 부담이나 책임입니다. 가정, 교회, 직장, 일정한 모임 등에서 사물적인 짐도 정신적인 짐도 있을 수 있습니다. 각자의 몫에 해당되는 짐을 지는 것은 어쩌면 당연한 것일 수 있으나, 더욱이 그리스도의 법, 신앙의 법에서는 그 몫도 나누어야 마땅합니다. 그것이 사랑이고 배려이고 긍휼이고 연민입니다. 사회나 교회가 시간이 갈수록 짐을 지기 위해서 등을 굽히는 일을 하지 않으려고 합니다. 짐을 지기 위해서는 자세를 낮춰야 합니다. 자세를 낮추는 것이 비굴하게 아첨을 하는(katzbuckeln) 것을 뜻하지 않습니다. 그것은 사람들이 자신의 삶의 고비나 신앙의 언덕(Buckel)을 잘 넘어가기/넘어가게 하기 위해서 등을 굽혀서 함께 걸어가는 삶을 의미합니다. 니체는 말합니다. "만약 고통받고 있는 벗이 있다면, 너는 그의 고통이 쉴 수 있는 쉼터가, 그러면서도 딱딱한 침상, 야전침상이 되어주어야 한다. 그렇게 함으로써 너는 그에게 더없는 도움이 될 것이다." 이처럼 짐을 서로 나누어 짊어진다는 것은 서로를 위한 쉼-터[寢牀]가 되어주는 것입니다. 서로 가시적인 그리스도의 화신(化身)으로서 그리스도가 그랬던 것처럼 굽이굽이 돌아치고 가파른 삶의 언덕이 나올 때마다 힘겨운 사람들을 위해서 삶과 신앙의 책임, 부담을 나누어 짊어지는 것이 그리스도를 끌어안고 사는 삶입니다.

서로 끌어안고 타인과 하나가 되십시오!

내가 타인을 내 품속에서 끌어안으면 그는 내 품 안에서 하나가 됩니다. 그와 내가 접촉이 이루어지는 것이야말로, 그 촉각이, 가장 1차적인 사랑 행위입니다. 지나친 촉각적 행위가 물의를 빚을 수는 있지만 원래 촉각이란 사람과 사물, 사람과 사람과의 가장 친밀한 관계적 소통 행위입니다. 품 안에서 쉴 수 있도록 마음의 쉼-터 역할을 해줄 수 있는 친근한 관계, 촉각적 신뢰 행위는 그것을 통해서 사랑 혹은 사람인 것을 확인하게 되고 내가 그 사람을 통해서 무한한 안도와 안정감, 나아가 평안을 느끼기 때문입니다. 그렇게 마음의 쉼-터가 되는 것은 비단 타인만이 아닙니다. 타인을 끌어안음으로써 나 또한 그 타인 안에서 쉼을 느끼기 때문입니다. 강요나 강제, 힘의 권력에 의해서가 아니라 그리스도의 신앙의 법에 따라서, 성령이 이끄시는 힘에 따라서 이루어지는 의지는 서로를 위한 쉼-터 혹은 안식처가 됩니다. 물론 사람과 사람의 촉각적 행위는 거의 무방비 상태라 자칫 서로에게 상처를 줄 수 있습니다. 무방비의 틈새에서 그리스도를 느끼지 않으면, 성령의 의지를 감각하지 않으면 끌어안음은 그저 서로 원하지 않은 짐을 끌어안는 것처럼 느껴질 것입니다. 무방비로 가슴과 가슴이 만날 때는 그 촉각적 행위에서 그리스도를 느끼고 성령을 알아차리는 게 제일 우선이 되어야 합니다. 잘못하면 무방비 상태로 서로를 팔로 끌어당기는 (umarmen) 것, 서로를 둘러치는 것(umspannen)으로 인해서 서로의 긴장 (spannen)이 있을 수 있습니다. 그러나 그것을 통해 그리스도를 감각하고 성령의 감각한다면, 긴장을 이완시키면서(abspannen) 사랑을 느끼고 평안을 경험할 수 있습니다. 그것이 쉼-터요 피난처요 타인을 위한 선이라고 할 것입니다.

그리스도인의 선은 심은 대로 거둡니다!

선은 인간관계의 겉치레가 아닙니다. 선은 서로의 짐을 나누어 짊어지는 데서 비롯됩니다. 이는 자기 자신만의 이익에 따라서 살지 말라는 말입니다. 신앙생활도 이해득실을 따져서 하는 시대가 되어버렸습니다. 그러니 타인을 위해서 포용하고 포용하는 일은 더욱 더 불가능한 일입니다. 타인은 사랑의 대상이 아니라 생존경쟁의 대상이나 삶의 수단으로 전락하는 것도 같은 맥락입니다. 순수한 무목적인 선을 행하면 오히려 이용을 당하는 것이고, 포식자에 의해서 쉽게 제거 대상이 될 수 있는 표적이 되기도 합니다. 그러나 그리스도교에서 선을 행한다는 것은 모든 사람들을 위해서 자기의 가슴을 내어 주고, 두 팔로 타인을 끌어당기는 것입니다. 무방비의 노출은 자기의 죽음까지도 불사해야 합니다. 반면에 인간적인 겉치레로서 가식적인 선을 행하는 사람들에게는 상대방을 위해서 가슴을 내어 주고, 두 팔을 벌리면서도 뒤에는 항상 칼을 숨깁니다. 언제든 가식적인 선에 부합하는 결과를 얻지 못할 경우에는 비수를 꽂겠다는 태도입니다. 그리스도의 촉각, 성령의 촉각으로 와 닿는 신앙적 경험은 그야말로 무방비입니다. 전투적인 자세나 방어적 자세가 아닙니다. 그럼에도 그렇게 그리스도의 촉각을 예민하게 느끼면서 선을 행하다가 낙심이 될 수 있고 좌절과 절망을 맛볼 수 있습니다. 그러나 낙심하지 마십시오. 그럴 때마다 그리스도의 촉각, 즉 십자가의 촉각을 동일하게 체험한다고 여긴다면 결코 실패한 사랑이 아닐 것입니다. 또한 그리스도의 예민한 촉각을 초지일관 느끼려고 하고 그 촉각으로 그분과 일치감을 체험하려고 하는 사람에게는 언젠가 좋은 결실이 있을 것입니다. 그리스도를 믿는 그리스도인은 사도 바울의 고백처럼 그리스도의 십자가, 그리스도의 십자가의 촉각밖에는, 그 체험밖에는 아무것도 내세울 것이 없습니다. 나의 촉각은 죽고 그리스도의 촉각이 살면 무방비 상태로 타인을 끌어안는다 하여도 그 사이에 작용하는 법칙은 그리스도의 법칙, 평화와 자비만이 숨 쉬게 될 것입니다. 명심하십시오! 타인은 지옥이 아니라 사랑입니다!

●●●●●●●●●

8. 복음, 아름다움 언어(골 1,1~14)

복음은 사랑의 언어입니다!

복음(Evangelium)을 아주 간단하게 정의하면, 그것은 '사랑'입니다. 진리를 받아들이면 사람들을 사랑하게 됩니다. 예수의 이야기 혹은 예수에 관한 이야기를 듣는 사람들은 서로 사랑하게 되어 있습니다. 복음은 갈등이나 전쟁이나 다툼이 아닙니다. 더욱이 교회 공동체 안에서는 그래야 합니다. 니체는 말합니다. "나로 하여금 저들이 말하는 구세주를 믿게 할 생각이라면 저들은 한층 더 아름다운 노래를 불러야 할 것이다. 그리고 그 구세주를 따르는 제자들이 한층 더 구원받은 자들처럼 보여야 할 것이다." 오늘날 복음이 많은 사람들에게 설득력이 있는 언어나 행위로 보이지 않는 이유는 다른 데 있지 않습니다. 복음이 아름다운 언어 — 미사여구가 아닙니다 — 가 되지 못하기 때문입니다. 사회적인 언어, 세속적인 언어, 그리고 일상적인 언어보다 복음이라는 신앙적인 언어가 다른 그 언어보다 더 아름다운 노래가 되어야 합니다. 목울대를 세워 목소리만 돋우라는 말이 아닙니다. 삶의 선율(Lied)이자 시가 되어야 한다는 말입니다. 그리스도인이 아름다운 삶의 선율이요 삶의 시처럼 살게 될 때, 사람들은 그리스도인에게서 구원을 보게 되고, 복음이 참으로 설득력 있는 언어로 인식하게 될 것입니다. 그런데 실상은 그렇지 못합니다. 오히려 목울대를 세우고 목소리를 돋우는 그리스도인의 모습은 더 방종과 태만, 경솔과 난행(亂行, Liederlich-keit; 독일어에서 이 네 가지 개념은 같은 단어이다)으로 비쳐지기 일쑤입니다.

도대체 왜 그리스도교의 복음은 아름다운 노래(Gesang)요 삶을 삶답게 그리고 삶을 숨 쉬게 만드는 예술이나 시(Musa)처럼 되지 않는 것일까요? 사랑을 보여주고 있지 못하기 때문입니다. 이웃 사랑은 고사하고 신자들과 신자들 사이, 즉 교회 공동체 안에서조차도 사랑을 하지 않는다는 것입니다. 그리스도를 믿으면 자연스럽게 그 신앙 언어가 갖고 있는 의미대로 살게 마련이고 그러면서 사랑을 보여주는 것이 마땅한 일입니다. 그래야 복음, 곧 진리의 말씀을 따라 산다고 말할 수 있습니다. 구원은 고통의 언어가 아니라 아름다운 언어입니다. 구원은 값싼 언어가 아니라 하나님이 무상으로 부여한 은총의 언어입니다. 하지만 그 언어가 사람들의 삶의 새로운 형태를 만들어 내지 못한다면 아무런 소용이 없습니다.

복음은 발가벗은 순수한 몸을 보이는 것입니다!

복음이 열매를 맺고 세계로 뻗어나가는 것뿐만 아니라 보편적인 언어로 자리매김을 하려면 가식이 없어야 합니다. 희망과 사랑을 말하면서, 사람들과 사람들 틈 사이 곳곳에 계신 하나님의 모습을 말하면서, 하나님의 마음과 몸으로 보여주지 못한다면 복음이 무슨 소용이겠습니까? 복음은 하나님의 마음이고 그리스도의 몸입니다. 아니 복음으로 사는 그리스도인이 그리스도의 몸을 덧입은 것입니다. 그렇다면 그리스도인이 보여줄 수 있는 것은 오직 복음의 옷, 복음의 진실, 복음의 사실로서의 그리스도여야 합니다. 그런데 그리스도인은 무엇을 덕지덕지 매달고 복음이 아닌 것으로 살고 있는 것일까요? 니체는 이렇게 비판합니다. "나 저들의 발가벗은 모습을 보고 싶다. 아름다움만이 나서서 참회의 설교를 해야 하기 때문이다. 그러나 저 거짓스러운 우수로 그 누구를 설득할 수 있다는 말인가!" 복음을 통해서 나타난 하나님의 은총은 가식이 아닙니다. 하나님은 가식이나 거짓일 수 없습니다. 포장하거나 우스꽝스러운 색으로 덧칠하고 색칠할 필요도 없는 분입니다. 하나님은 진리이고 진실입니다. 그것이 복음의 사실이고 복음의 진실입니다. 니체가 말하는 발가벗은, 있는 그대로의 진실하고 순수한 복음적인 그리스도인이 전혀 없다는 말이 아닙니다. 거짓과 가식으로 치장한 삶으로서 마치 그리스도의 빛 아래에서 살고 있는 것 같지만, 가상(Schein), 곧 실제로 그런 것처럼 살고 있는 그리스도인이 많다는 것입니다. 많은 그리스도인이 정말 신앙심이 깊은 듯이 살고 있는 것처럼(Heuchelei) 살고 있습니다. 그리스도인의 복음적인 생활은 성령을 따라서 사랑의 생활을 해야 하는 것입니다. 사랑만이 그리스도인의 순수한 신앙의 옷이어야 합니다. 발가벗기고 또 발가벗긴다고 해도 결국 그리스도의 삶의 모습에서 발견할 수 있는 것은 사랑이어야 합니다.

복음은 하나님께서 원하시는 삶을 사는 것입니다!

복음이 세상에 전파된다는 것은 그리스도교의 세력이 커져가는 것을 의미하지 않습니다. 건축물이 많아지는 것을 일컫지 않습니다. 그리스도교가 정치적, 경제적, 문화적 영역에서 권력을 행사하는 것을 말하지도 않습니다. 그리스도교의 복음은 하나님의 말씀에 깊이 젖어 그분의 참뜻을 잘 깨닫고 사랑의 열매를 맺는 데에 초점을 두어야 합니다. 복음을 읽고 듣고 말하고 보고 느끼는 그리스도인의 감성적인 신앙 행위가 사랑과 연결되지 않으면 그것은 그야말로 복음적이지 않습니다. 시각, 청각, 미각, 촉각, 심지어 후각을 통하여 하나님을 만나고 그에 대해서 반응하는 것은 어쩌면 복음적인 삶을 총체적으로 산다고도 볼 수 있습니다. 삶의 모든 영역에서 하나님을 만나고 그분을 감각하면서 그 뜻을 알아차리고 실현하려고 하는 것, 그것이 복음의 진정한 의미라고 볼 수 있습니다. 하나님은 분명히 좋은 것을(eu) 인간에게 알려주려고(angelion) 그리스도를 통하여 당신을 드러내셨기 때문입니다. 그것은 동시에 인간이 하나님을 기쁘게 해드리기(euangelion), 되레 하나님께 기쁜 소식을 알려드리는 존재로 살아가기 위한 것입니다. 그러기 위해서는 성령께서 인도하시는 대로 모든 지혜와 판단력으로 하나님의 뜻을 충분히 깨닫도록 노력해야 합니다. 인간의 지혜와 판단력이 아닙니다. 성령의 지혜와 판단력으로 항상 하나님을 기쁘시게 하는 전령사 역할을 해야 합니다.

인간이 복음을 깨닫고 그 진리대로 살다보면 실수가 있을 수도 있습니다. 그래서 공자는 취도이정(就道而正)이라고 했습니다. "진리를 따르며 자신을 무한히 교정하다"라는 뜻입니다. 삶의 고통과 고난, 실망과 좌절로 인해서 진리와 복음대로 살고 싶지 않을 때도 있을 것입니다. 그럼으로써 복음의 실패, 복음의 무능력을 경험한 듯이 모든 종교적인 삶을 포기하려고 할 것입니다. 그러나 공자가 말하듯이 여전히 진리는 진리대로 의미가 있습니다. 진리가 문제가 아니라 진리를 따르는 인간의 인내와 의지가 문제일 뿐입니다. 그럴수록 복음은 그리스도를 기억하고 하나님이 아들을 통하여 인간을 얼마나 사랑하셨는가를 떠올려야 합니다. 하나님은 삶의 질고와 죄의 억압과 허물로부터 인간을 완전하게 해방시키기 위해서 자신의 아들과 동일한 자리(situs)를 마련하시고 구원 받은 자, 상속자로서의 지위를 누리게 하셨습니다. 그와 같은 것을 깨닫게 하시는 분은 내 마음의 성령입니다. 내면의 성령, 내면의 진정한 자기가 이러한 사실을 깊이 깨닫고 여전히 신앙을 교정하고 수정하여 올바른 복음의 삶을 지향해야 합니다. 니체는 우리에게 다음과 같이 일러줍니다. "자기 자신의 가르침을 위해 불길 속을 걸어간다 해도, 그것으로써 무엇을 증명할 수 있으랴! 차라리 자기 자신의 타오르는 불길로부터 그 자신의 가르침이 나온다면 오히려 더 나을 것이다!" 내면에서 뿜어져 나오는 순수한 존재를 가식 없이 보이는 것, 조각조각 편린처럼 되어 있는 삶의 일부분을 새롭게 조합하는 데 하나님께서 원하시는 내면의 열정적인 진리를 최초의 것으로 삼는 것,(Ur-teils-kraft) 그것이 복음이라 하는 것이 아닐까요? 니체가 그랬던가요? "오직 침묵함으로서 철학은 '존속하는 것'이다." 복음도 다르지 않습니다. 말은 눌언(訥言)해도 사랑이라는 행위를 통해서 다 보여줄 뿐입니다.

●●●●●●●●●●

9. 신앙의 아르케(arche)(골 1,15~28)

삶의 처음에다가 그리스도를 놓으십시오!

'처음', '시초', '원천', '태초' 등으로 번역되는 '아르케'(arche)는 범접하기 어려운 시간 개념입니다. 그 이전과 이후의 경험이 완전히 다른 구분을 지어주는 강한 힘이 있습니다. 혹은 처음이라는 말은 맨 처음 이전에는 처음이 없었고 그 이후의 모든 경험들은 거기에 기반을 두어야 하는 아류에 불과하기 때문입니다. 삶의 처음이라는 말이 그렇습니다. 삶의 처음을 규정하는 것은 내가 아닙니다. 삶을 삶답게 만들어 주는 것은 그리스도가 시초입니다. 그리스도가 처음이 되지 않을 때는 삶을 삶이라고 말할 수 없습니다. 신앙도 마찬가지입니다. 신앙을 하게 되는 것은 신앙을 하는 이유의 처음을 가능케 하는 그리스도이기 때문이 아니라면 아무런 소용이 없습니다. 그리스도를 믿는 이유의 처음 혹은 시초가 복을 받으려고, 혹은 죄 때문에 혹은 천국에 가려고 등등의 어떤 목적이나 동기가 그리스도보다 우선했다면, 신앙의 번지수를 잘못 짚은 것입니다. 신앙의 시초나 처음은 그리스도이어야 합니다. 삶의 처음 자리에 그리스도가 있기 때문이어야 합니다. 그래야 신앙의 의미가 있습니다. 그렇지 않다면 아무리 그리스도를 믿는다고 한들 모든 것들은 나를 위한 수단이고 방편에 불과합니다. 물론 그리스도를 처음이요 시초라는 대명사화 하라는 것이 마치 그를 지배자요 폭군처럼 군림하게 하라는 것은 아닙니다. 그래서도 안 됩니다. 그리스도는 평화입니다. 그야말로 평화의 시초입니다.

교회의 머리는 그리스도입니다!

당연한 말 같지만 교회의 머리는 그리스도입니다. 교회 건축물의 주춧돌로서의 그리스도가 아닙니다. 교회 공동체에는 항상 보이지 않는 그리스도가 우선해야 합니다. 그리스도인의 예배에서도 보이지 않는 그리스도가 현존한다는 믿음 안에서 의례가 이루어집니다. 그것은 예배에서 염두에 두어야 할 제일 우선 대상이 바로 그리스도라고 하는 의식을 전제하고 있다는 증거입니다. 예배나 회의나 식사나 다 마찬가지입니다. 교회의 머리가 되는 그리스도를 늘 인식한다는 것은 다른 그 무엇보다도 신앙과 마음, 삶 안에서 그리스도가 지배를 한다는 것을 의미합니다. 그리스도가 지배한다는 관념을 가지지 않으니까 사람의 직분이나 연륜이나 조직이나 제도가 군림을 합니다. 교회에서는 모두가 평등합니다. 지배자는 오직 그리스도뿐입니다. 언어나 행동에서 우리가 신경을 많이 써야 하는 부분이 그것입니다. 니체는 말합니다. "올라갈 사다리가 더 이상 없다면 너는 네 자신의 머리를 딛고 올라갈 줄도 알아야 한다. 달리 오를 방도가 없지 않은가? 네 자신의 머리를 딛고, 그리고 네 자신의 심장을 뛰어넘어 저기 저쪽으로 말이다! 네게 있어서 더 없이 부드러웠던 것 그것도 이제는 더없이 준엄한 것이 되어야 한다." 처음이 되고 싶어 하는 욕망, 시초로서 인정을 받고 싶어 하는 욕심은 생명의 본능일지도 모르겠습니다. 생태계에서 서열 다툼을 하고 질서(order)를 바로 잡는 것도 무리에서 제일 처음이 되는 주체가 도대체 누구냐 하는 것을 정리하고자 하는 타고난 버릇입니다. 신앙을 시작(始作, arche)하게 되는 동기가 인간 자신이었고, 삶을 목적으로 하는 것도 인간이나 어떤 수단으로서의 동기가 있을 수도 있습니다. 하지만 그리스도인에게 삶도 신앙도 시작은 항상 그리스도여야 합니다. 인간 자신이 시작이라고 생각했던 것을 넘어서 태초로 가고자 하는 신앙적 의지가 중요합니다. '시작이나 처음의 자리는 언제나 그리스도다'라는 뿌리박힌 명제를 머릿속에 꼭 가지고 있어야 합니다. 그렇지 않으면 인간은 자신이 시작이요 처음이라고 착각을 합니다. 그래서 평화가 깨지고 쟁투나 전쟁 그리고 다툼과 살인, 시기와 질투가 일어납니다. 서열 위에 가장 높은 서열, 아니 서열을 서열되게 하는 시작, 처음이신 그리스도를 상정하면 그 자리에는 누구도 앉지도 서지도 못합니다. 그리스도만이 시작이기에 그렇습니다.

독일어의 'Kopf'라는 단어는 단순히 '머리'라는 뜻 이외에 '생명', '목숨', '정신'이라는 뜻도 담겨 있습니다. 그만큼 사람의 머리란 몸 전체가 떠받쳐야 할 중요한 신체 부위로서 생명, 목숨, 정신을 상징하는 것입니다. 사람의 머리가 그러할진대 교회의 머리로서의 그리스도라는 말이 갖고 있는 무게감은 말할 것도 없습니다. 교회의 생명이 되고 정신이 되는 존재는 그리스도입니다. 제도나 조직이나 건물이나 돈이 아닙니다. 오직 교회의 생명과 정신은 그리스도 그분밖에는 없습니다. 그와 동일한 마음을 가지고 신앙을 하지 않으면 모든 신앙생활이 자칫 자신의 삶에 부수적인 장식이 되고 맙니다. 본래 장식이란 주된 대상을 돋보이게 만들어 주는 매개체에 불과합니다. 장식이 부각되면 당연히 시선은 주체에게 쏠리지 않습니다. 강조하거니와 교회나 삶에서 시작이 되고 처음이 되어야 할 존재는 그리스도입니다. 그 이외의 존재들, 신앙인들의 조직이나 제도조차도 다 사족에 불과합니다. 그리스도만이 정상(頂上)으로 남아 있어야 합니다.

인간의 정상의 밤은 싸늘합니다!

"정상의 밤은 매우 싸늘했다."(Die Nacht aber war kalt in dieser Höhe) 니체의 단구(短句)입니다. 그리스도는 보이지 않는 하나님의 형상이십니다. 모든 것들은 그분을 통해서만이 의미가 있습니다. 시작 위에 시작이 있을 수 없습니다. 정상 위에 정상이 있을 수 없습니다. 하지만 인간은 정상 위의 정상으로까지 올라가려 하고 탐을 냅니다.

그 결과는 분명합니다. 니체의 표현대로 싸늘하고 차갑습니다. 하나님의 시선은 차갑고 냉랭합니다. 그러므로 20세기 아일랜드의 작가 제임스 조이스(James Joyce)가 말하듯이, 하나님으로 하여금 하나님이라는 이름을 갖고 있을 수 있도록 해야 합니다.(『젊은 예술가의 초상』) 하나님의 이름을 인정한다는 것은 사물의 이치, 세계의 이법 이상의 근거를 찾아보려고 노력을 한다는 것입니다. 니체는 다음과 같이 말합니다. "사물의 이치를 터득하고 있는 자이면서 지나치게 덤벙대는 눈을 가졌다면 일체의 사물에서 앞에 드러난 근거 이상을 볼 수 있겠는가!" 덤벙대는 신앙인보다 좀 더 진지한 신앙인, 미성숙한 신앙인보다 성숙한 신앙인이라면 시작이요 시초요 태초인 그리스도를 바라보는 눈을 가질 수 있을 것입니다. 그렇게 하나님은 그리스도인이 성숙하게 되기를 바라십니다. 성숙한 그리스도인은 더 이상의 정상을 올라가려고 욕심 부리지 않습니다. 자족할 줄 알고 겸손한 그리스도인으로서 자신의 자리를 잘 알게 마련입니다. 최상의 정상 그리고 그곳에서 내려다보는 시작점, 처음의 자리는 인간의 자리가 아닙니다. 인간의 자리는 모두가 평등한 자리입니다. 평원의 자리이지 산꼭대기의 정상의 자리가 아닙니다. 정치적 투쟁, 경제적 독점, 교육의 지배, 종교적 권력 등은 전부 다 인간이 인간으로서 처음의 자리에서 나머지 인간들을 지배하려고 하는 자리입니다. 그에 반해 그리스도라는 처음(자리)은 평화이고 화해입니다. 완전한 본질의 표상인 그리스도는 평화와 화해를 위해서 인간들에게 사랑을 주었고 평등한 관계를 알려주었습니다. 그러나 지금 인간은 저마다 처음이 되고자 애를 씁니다. 지배하려고 남을 짓밟는 데만 관심을 기울입니다. 세상은 고난과 고통의 연속일 수밖에 없습니다. 심오하고 비밀스러운 진리를 알려 준 그리스도를 처음으로서(시초로서) 깨닫는다면 평화를 일구는 그리스도인이 되어야 합니다. 사람들로 하여금 흠없는 자리, 탓할 데 없는 관계를 형성하도록 신앙적으로 고난을 마다하지 말아야 합니다. 사도 바울은 자신이 "그리스도의 몸인 교회를 위하여 그리스도의 남은 고난을 내 몸으로 채우고 있습니다"라고 고백합니다. 그리스도의 남은 고난, 그것은 평화와 화해를 정착하기 위해서 우리에게 부과된 고통과 고난일 것입니다. 그러기 위해서는 그리스도는 모든 사람들이 우러르는 마지막 정상이 되어야 하고, 그가 곧 처음이라는 믿음과 인식이 필요합니다. "그러나 너, 차라투스트라는 모든 사물의 바탕과 배경까지 보려고 했다. 그러나 너는 너 자신을 뛰어넘어 오르지 않을 수 없는 것이다. 너의 별들을 발 아래 둘 때까지 위로, 위를 향해. 그렇다! 나 자신과 나의 별들을 내려다볼 수 있는 경지. 그것만이 나의 정상이렸다. 바로 그 경지가 내가 오를 마지막 정상으로 남아 있는 것이다." 니체의 말입니다.

4장

종교인의 언어적 구체성,
사랑과 환대

●

1. 신앙의 껍데기는 가라(골 2,6~19)

진정 주인이 맞습니까?

그리스도인은 자신의 주인이 그리스도라고 고백하는 사람들입니다. 자신의 의식이나 실천의 바탕은 곧 '예수'라는 의식을 강하게 가진 사람들입니다. 인간의 이성과 감성 그리고 영성에 이르기까지 그것을 결정하는 유일한 원천이 그리스도라는 말입니다. '모신다'는 말이 그래서 중요한데, 사전적인 의미로는 "존경하는 마음으로 높이 받들다" 또는 "어떤 자격을 갖게 하거나 지위에 있게 하다", "함께 있거나 가까이 있으면서 잘 받들다"라는 뜻을 품고 있습니다. 존경이나 그에 준하는 지위, 자격에 있어 그만큼의 합당한 대우를 한다는 폭넓은 범주를 나타내는 말입니다. 그러므로 그리스도인이 자기 자신의 마음에 그리스도를 주인으로 받아들인다는 것은 모든 삶의 영역에서 그리스도를 주인으로 인정한다는 것입니다. 그렇다면 정말 그리스도가 우리 자신의 주인이 맞는 것일까요? 사도 바울이 말한 대로 그분에게 "뿌리를 박고 그 터 위에 굳건히 서서, 가르침을 받은 대로 믿음을 더욱 견고히 하"고 있는 것일까요? 니체는 "뭔가를 갈망한다는 것(to desire; Begehren), 내게 그것은 이미 내 자신을 이미 잃어버렸다는 것을 의미한다. 나의 아이들아, 나 너희들을 소유하고 있다!"라고 말합니다. 자기 자신이 진정한 자기로 충만하다면, 더 이상 뭔가를 갈망할 필요가 없을 것입니다. 그런데 여전히 무엇을 갈망한 채 살아간다는 것은 이미 본래의 자기 자신이 아니라는 반증입니다. 그렇게 자기 자신을 잃은 채로 살아가는 사람들이 많이 있습니다. 현대인은 자기 자신을 안에서 찾지 않고 바깥에서 자기를 충족해보려고 합니다. 독일어 Begehren은 '탐하다', '요구하다', '간청하다'는 뜻을, 영어의 desire는 '욕망하다'는 뜻을 담고 있습니다. 무엇인가에 대한 결핍을 나타내는 단어들입니다. 공교롭게도 독일어 전철 be는 '고착'이나 '지속'을 지향하는 것이니 끊임없이 자기의 결핍을 채우려고 외부의 조건들을 향해 움직이는 모습을 연상할 수 있습니다. 그렇다면 보편적인 인간으로서 그리고 특수한 그리스도인으로서 우리가 잃어버린 것이 무엇인가를 알아차려야 합니다. 자기 자신을 진정한 자기가 되게 하는 그리스도라는 존재 그리고 그분에 대한 지속적인 존재 인식이 선행되지 않으니 결핍의 연속이 될 수밖에 없습니다.

그리스도는 하나님의 현현입니다!

그리스도인이 종교생활을 오래 했다고 해서 진정한 자기 자신을 찾아서 살고 있다고 자부할 수 없습니다. 일상에서 그리스도를 모시고 살고 있는가, 그를 존경의 자리에 놓고 살고 있는가라고 자문해 보면 단박에 알 수 있습니다. 그리스도의 말씀과 그에 대한 믿음에 기초해서 사는 삶에는 그리스도에 대한 분명한 인식이 깃들어 있습니다. 앞에서 니체가 말하듯이, 자신이 하나님의 소유라는 것, 아니 좀 더 일치적인 표현을 쓰자면 내가 하나님을 소유하고 있다. 하나님을 느끼고 있다는 인식에서 출발합니다. 소유한다고 해서 내가 하나님을 나의 사적 소유물로 인식하는 것이 아닙니다. 나로 하여금 감각하게 하고, 감득하게 하는 존재로서, 그분이 내 안에서 작용하는 인식을 말합니다. 왜냐하면 그리스도 안에서도 하나님의 신비와 신성을 간직하고 있으니, 만일 인간도 자신 안에서 그리스도를 느낀다면 동일한 하나님의 신비와 신성을 경험할 수 있기 때문입니다. 그처럼 내 안에 완전한 그리스도의 감각과 느낌, 감득이 자리 잡고 있을 때에 사태에 휘둘리지 않고 완전한 삶을 살아갈 수 있습니다.

그리스도인의 삶은 형식이 아닙니다!

시인 신동엽은 〈껍데기는 가라〉에서 이렇게 읊고 있습니다. "껍데기는 가라/ 껍데기는 가라/ 사월도 알맹이만 남고/ 껍데기는 가라/ 껍데기는 가라/ 동학년(東學年) 곰나루의, 그 아우성만 살고/ 껍데기는 가라." 알맹이와 아우성의 대칭어로 등장하는 껍데기는 빈 탕과도 같습니다. 겉은 멀쩡하나 알맹이나 내용이 부실하기 짝이 없는 존재도 많이 있습니다. 우리는 흔히 형식주의(formalism)를 두고, 내용이나 질료를 간과한 채 외형만을 실질이나 실체인 것처럼 생각하는 사상이나 체제를 일컫습니다. 이는 살이 없어도 뼈대가 중요하다는 것과 같습니다. 작가가 껍데기를 천시하는 이유도 마찬가지입니다. 알맹이 없는 껍데기는 소용이 없다, 실속과 참은 알맹이에 있지, 껍데기는 자칫 속임수나 거짓이 될 수가 있다는 말입니다. 반면에 알맹이는 모든 것을 끌어당기는 중심입니다. 껍데기는 그 알맹이를 감추고 있는 외현일 뿐입니다. 알맹이가 영글게 되고 마지막에는 그 알맹이가 출현할 때는 껍데기는 자연스럽게 사라지게 됩니다. 신앙에서도 형식보다 질료가 우선입니다. 형식은 질료를 어떻게 나타내어 주느냐가 관건입니다. 신앙의 내용과 질료는 당연히 그리스도입니다. 가득한 질료인 그리스도는 신앙의 껍데기를 끌어당기고 심지어 우리 자신조차도 단단하게 연결지어 주시는 분입니다. 형식은 그림자이지만 내용(질료)은 실체입니다. 신앙의 형식이나 삶의 형식만 붙잡고 마치 그 형식이 전부인 양 착각을 하고 사는 현실입니다. 중요한 것은 신앙의 질료이자 내용인 그리스도와 일치를 이루는 삶입니다. 껍데기로서 존재하는 신앙인이 아니라 알맹이인 그리스도와 일치된 삶, 곧 내 안에 질료이신 그리스도로 꽉 차 있는 삶이 되어야 합니다. 저마다 삶의 형식을 그 무엇보다도 중요하게 생각하고 겉으로 포장하기에 바쁩니다. 신앙도 그리되어 버렸습니다. 질료이신 그리스도는 온데간데 없고 형식만 덩그러니 빈탕이 되어 나뒹구는 종교의 모습은 이제 사라져야 합니다.

형식보다 질료에 초점을 맞추어 사는 삶은 죽은 삶이 아니라 산 삶입니다. 형식은 고착화되면 도저히 형태를 바꿀 수 없어서 마치 죽어 있는 화석이 된 것처럼 보입니다. 하지만 질료는 살아 움직이게 하는 삶의 원동력입니다. 삶이고 생명입니다. 질료 안에는 생명이 되기 위해서 준비되어 있는 힘이 있습니다. 그것을 우리는 영적으로 산 사람, 그리스도의 정신으로 사는 사람이라고 말할 수 있습니다. 질료이신 그리스도를 내면에서 만나고 길러 올리는 삶이라면, 그리스도의 정신은 생동하면서 화석화되려는 삶을 변화시킵니다. 그리스도의 십자가는 그렇게 우리의 삶과 신앙의 빚문서를 단번에 해결함으로써, 삶이 화석화되는 것을 막아주었습니다. 그와 같은 그리스도를 내면에서 꿈틀거리도록 속삭이고 느끼고 체험하는 것, 그것이 질료우선주의, 곧 그리스도가 모든 삶을 끌어당기도록 해야 합니다.

용서를 넘어선 화해, 거짓과 권모술수가 난무하는 세계를 변혁하는 진리는 형식이 아니라 신앙의 핵심이 되는 질료이신 그리스도입니다. 그러므로 이제부터라도 삶의 본질과 본체가 무엇인지 발견해야 합니다. 세계는 형식으로 질료를 교묘하게 속이고, 심지어 알맹이는 하나도 없는데 질료가 있는 양 형식으로 가장하기도 합니다. 사람들은 그러한 형식을 보고 마치 진리가 있는 것처럼 대상을 대하지만 급기야 매몰되고 빠져나오지 못합니다. 알맹이를 만나지 못하고 형식에 현혹되어버렸기 때문입니다. 자신조차도 형식이라는 중력에 이끌려 그 형식으로 옷을 입고 있다는 사실을 전혀 모릅니다. 니체는 조롱합니다. "목구멍 속으로 뱀이 기어든 그 양치기는 누구인가?" 삶에서 그리스도를 질료로 하여 사는 삶, 그리스도를 자신의 정신 바탕으로 사는 삶, 삶의 방향성에서 그리스도를 머리로 하여 사는 삶입니다. 그렇게 하여 사는 삶은 모든 삶과 삶의 영역, 그리고 신앙의 영역에서도 하나님의 계획대로 자라나고 결단코 결핍되어 갈망만 하다가 지치는 존재가 되지 않을 것입니다. 인간 그 자기 자신의 본체, 영양공급자는 그리스도입니다. 따라서 항상 그리스도가 자기 자신인 것처럼, 자기 자신임을 인식하고 그 존재를 민감하게 느껴야 합니다.

• •

2. 그리스도인이라는 인간과 삶, 특수한가?(골 3,1~11)

그리스도의 마음으로 들어가십시오!

왜 사람들은 보이지 않는 세계보다 보이는 세계에 더 관심을 기울이면서 사는 것일까요? 물론 가시적인 대상이 감각적으로 인간의 욕구를 매우 빨리 충족시키기 때문일지도 모릅니다. 시각, 청각, 촉각, 후각, 미각은 사태를 사유하고 파악하기에 이전에 선행되는 인간의 인식능력입니다. 그런데 그리스도라고 부르고 그분을 믿는다는 것 자체도 가시적 세계에 비중을 두는 삶하고는 조금 다릅니다. 그리스도를 믿는다는 것은 하늘의 것, 초월의 세계, 초월적인 삶을 지향하는 것입니다. 그러면 그렇게 작용하는 그리스도인의 마음이라는 게 어디에 있는 것일까요? 그리스도를 믿는 곳, 그리스도가 현존하는 곳에 마음이 있습니다. 마음은 누구나 자신이 갖고 있고 마음 먹기는, 마음은 곧 나의 마음이라고 주장하고 싶겠지만, 그리스도인의 마음은 그리스도를 믿을 때 그 마음이 곧 진실한 나의 마음이라고 말할 수 있습니다. 마음 밭을 들여다보면 그 마음은 내 마음이 아닙니다. 마음이라고 할 만한 것이 없습니다. 수시로 변하는 마음은 감각적인 것을 지향하면서 동시에 그것을 마음이라고 합니다. 하지만 그리스도인의 마음은 그리스도가 현존하는 바로 그곳에서만 찾을 수 있습니다. 다시 말해서 그리스도인의 마음은 그리스도를 모실 때 그것이 마음입니다. 그래서 그리스도를 만날 때 발생되는 그 느낌, 생각이 항상성을 유지할 수 있도록 해야 합니다. 그러기 위해서는 니체는 이렇게 말합니다. "내 의지가 한결같이 열망하고 있는 것은 그런 것이 아니라 나는 것, 너의 품속으로 날아드는 것 그 하나뿐이니!" 그리스도인의 신앙의지가 그리스도의 품속으로 들어가려고 노력해야 합니다. 그리스도의 품속을 그리워하는 그리스도인, 그리스도의 현존을 갈망하면서 감각을 통하여 느껴지는 그리스도는 도처에 있습니다. 다만 우리의 신앙감각이 깨어 있지 못하기 때문입니다. 그리스도인의 신앙감각은 그리스도의 품속으로 날아 들어가려는 강한 열망에서 비롯됩니다. 그렇게 그리스도를 향한 신앙감각을 견지한다면 그리스도가 현존하는 곳에서 자신의 미욱한 모습을 벗어나서 새로운 인간의 모습으로 탈바꿈할 수 있을 것입니다. 이 세상에서 죽어 있는 나, 그리스도의 의식을 가진 나는 세상이 추구하는 의식과는 다른 차원에 속한 사람입니다. 그러므로 다른 생각, 다른 사유, 다른 마음, 곧 그리스도를 통해서 세계를 보려고 해야 합니다.

천진난만한 그리스도인의 삶을 살도록 하십시오!

사람들은 이렇게 재고 저렇게 계산하면서 아주 약삭빠르게 처신합니다. 때로는 그리스도인조차도 그와 전혀 다르지 않은 처신으로 살아가는 경우도 많이 있습니다. 비종교인과 똑같은 삶의 방식을 추구합니다. 그래서 욕망을 제어해야 합니다. 『채근담』에 보면 이런 글이 등장합니다. "하늘의 도리를 따르는 길은 한없이 넓어서, 그곳에 조금만 마음을 두어도 즉시 마음이 넓어지고 밝아진다.

욕망의 길은 한없이 좁아서 겨우 발을 붙였는가 하면 곧 사방이 가시덤불과 진흙탕으로 가득 찬다."(天理路上甚寬 稍游心 胸中便覺廣大宏郎 人欲路上甚搾 纔寄迹 眼前俱是荊棘泥塗/천리로상심관 초유심 흉중변각광대굉랑 인욕로상심착 재기적 안전구시형극니도) 이처럼 욕망에서 기인하는 여러 행위들을 근절하려면 자신을 지금보다는 더 높은 데에다 두어야 합니다. 니체는 말합니다. "네 높이로 나를 던져 올리는 것, 그것이 나의 길이다! 너의 티없는 맑음 속에 이 몸을 감추는 것, 그것은 나의 천진난만함이고!" 자신의 삶의 가치나 신앙의식보다 더 높은 곳에다 그리스도를 두려고 하는 것이 필요합니다. 의식은 고매할수록 좋습니다. 마음이 맑을수록 자신의 삶이 깨끗해집니다. 맑음, 깨끗함, 순수함 등 이런 말들은 언제 들어도 기분이 좋아집니다. 명징하고 명료한 것처럼 보입니다. 신앙도 투명하라는 것입니다. 내 신앙의 눈이 깨끗하고 순수해야 그 눈을 통해서 내다보는 세계도 티없이 맑은 모습이 될 것입니다. 신앙의 외형은 그럴듯한데, 내면은 투명하지 않고 뿌연 안개처럼 되어 있다면, 삶은 도약할 수 없습니다. 무슨 좋은 수단과 방법, 장치나 도구로 자신의 의식이나 감정을 다르게 할 수 있을지 모릅니다. 그러나 그것은 금방 들통이 날 것입니다. 자기 자신의 순수한 신앙이나 내면에서 출발하지 않았기 때문입니다. 그저 투명하고 순수하면서 술수를 부리지 않는 신앙적 삶이면 좋을 것입니다. 니체는 그것을 천진난만함으로 표현합니다. 꾸밈도 거짓도 없는 순수한 언어와 행동을 일컫는 말입니다. 가식적이지 않고 온갖 오염된 언어와 생각을 멀리하려는 태도입니다. 오염의 상태가 심하면 심할수록 부패하고 사회는 걷잡을 수 없을 만큼 더러워질 것입니다. 신앙도 오염이 문제입니다. 순수함과 깨끗함은 달리 천진난만(Unschuld), 곧 타락하지 않음, 죄

없음을 나타냅니다. 우리가 최소한 타락하지 않으려 하고, 죄 없이 살려고 하면 세계의 의식과 삶이 매우 고상해질 것입니다. 하지만 현실은 그렇지 않습니다. 아이다움(Kindlichkeit)이 없습니다. 천진난만이라는 말은 달리 아이처럼 순진한 것을 말하는데, 시간이 갈수록 그 아이다움은 사라지고 점점 마음에 때가 끼기 시작합니다. 그것을 정화하는 방법은 그리스도의 맑고 순수한 마음을 갖는 길밖에 없습니다. 현재의 자기보다 더 높은 데에 시선을 두고 그곳에다 그리스도를 목표로 세우면서 앞으로 나아가는 삶의 자세, 그것은 매우 힘들고 어려운 일입니다. 하지만 기필코 가야만 하는 길입니다. 삶의 도약과 세계의 비상을 위해서라도 말입니다.

그리스도만이 삶의 깊이 위에 깊이십니다!

사람들은 말로 죄를 짓습니다. 말 한 마디에 천냥 빚을 갚는 것은 고사하고 말로 사람을 죽이고 상처를 입히고 분노와 격분, 악의와 비방, 수치스러운 말을 해서 공동체를 실추시키고 자신의 영혼도 갉아먹습니다. 그리스도인일수록 말본새가 달라야 합니다. 가식으로 하라는 말이 아닙니다. 아첨을 하라는 것도 아닙니다. 순수하고 바른 말을 통해서 서로를 살리는 역할을 해야 합니다. 말은 의사소통의 수단이자 자신의 생각을 전달하는 중요한 음성적 기호입니다. 목소리에 가식이 아니라 진실이 묻어나야 하고, 가능한 한 진리의 목소리를 내려고 애를 써야 합니다. 말이 불완전할 수도 있어서 자칫 실수도 있을 수 있습니다. 그러기에 더욱 더 진리와 진실만이 통하는 종교언어가 절실해집니다. 거짓말은 더 심각합니다. 진리나 진실 혹은 참의 상대어라는 단순한 자리인식은 차치

하더라도, 거짓은 그것들 못지않게 힘이 큽니다. 거짓을 발설하는 목소리나 말소리는 혀와 성대가 하는 기능이지만, 그러기에 그만큼 진리, 진실, 참과는 거리가 먼 사건들이 왕왕 일어납니다. 교회 공동체에서도 교언영색(巧言令色)하는 신자들이 있습니다. 그와 같은 신자는 여전히 낡은 인간의 모습을 버리지 못해서 그렇습니다. 그리스도의 품속으로 들어가려 하고, 그리스도의 마음을 가지려 부단히 노력해야 합니다. 새로운 인간은 하나님의 모상, 곧 하나님의 이미지(image; Vorstellungsbild)를 닮습니다. 하나님의 이미지는 인간으로 하여금 새로운 인간을 형성하도록 앞에서 끌고 그것을 좌표나 척도로 해서 살아가게 합니다. 그러다 보면 자연스럽게 하나님의 생각, 하나님의 관념(Bild), 하나님의 표상을 가지게 됩니다. 하나님의 이미지대로 살려고 하니까 하나님에 대한 관념이나 생각이 정리가 되는 것입니다. 먼저 관념이나 생각이 생긴 후에 하나님의 이미지가 만들어지는 것이 아닙니다. 창조주 하나님은 인간을 그렇게 만들었습니다. 하나님이 인간을 창조하셨기에 인간은 자신의 모습 속에서 하나님의 모상을 발견할 수 있는 것입니다. 그런데 그와 같은 하나님의 이미지는 그리스도인에게만 있는 것이 아닙니다. 이방인도 노예도 유대인도 나름대로 하나님의 이미지를 갖고 있는 사람들입니다. 사람들은 자신이 구원받았다고 자부하면서 그 이미지는 그리스도인 자신만이 가지고 있는 것으로 착각을 합니다. 그러면서 구원받은 자로서의 우월의식을 가지고 비종교인이나 타종교인을 폄하, 폄훼하기도 합니다. 하지만 하나님의 이미지는 남녀노소, 종교인, 비종교인 가릴 것 없이 모든 사람들에게 있습니다. 그 사람들에게 하나님의 이미지가 가능하게 만든 이는 오직 그리스도뿐입니다. 우리는 아직 그리스도의 생각이나 분량에도 미치지 못하여 깜냥도 안 되는 사람들입니다. 따라서 그리스도만이 모든 사람들의 위에, 모든 사람들보다 더 높은 곳에, 모든 사람들보다 더 깊은 곳에 현존하고 다스리고 있다는 것을 기억해야 합니다.

● ● ●

3. 신앙의 고향이 없는 사람들(히 11,1~3·8~16)

선택해야 할 것을 제대로 선택해야 합니다!

신앙은 우리가 바라는 것을 선택하거나 그것을 욕망하는 것이 아닙니다. 신앙생활을 하면 누구나 믿고 바라는 것은 다 이루어진다고 생각합니다. 하지만 자연은 자신을 넘어선 한계를 내어준 적이 없습니다. 만일 무한히 사람들에게 내어주면서 이 세계가 지속되어 왔다면 이 우주는 지금처럼 남아 있지 못했을 것입니다. 선택한다는 것은 그래서 내 욕망을 바라는 대로만 골라서 할 수 있는 것이 아닌 듯합니다. 우리는 보이는 것과 보이지 않는 것에 대한 대비에서 당장의 보이는 것이 우리의 몫이 되거나 또는 우리의 몫이라고 생각하는 경우가 많이 있습니다. 그것이 내 것이라고 확신합니다. 하나님이 내게 주셨다고 믿습니다. 그것을 성취하는 것이 곧 믿음이라고 알고 있습니다. 그러나 보이는 것은 보이지 않는 것에서 왔습니다. 보이는 것에 대한 그 근저에 보이지 않는 것이 존재한다는 것을 믿어야 올바른 믿음이라고 할 수 있습니다. 보이는 것의 욕망적인 것에 매몰되다 보면 정작 인식해야 할 보이지 않는 존재와 세계에 대한 감각이 무뎌집니다. 중세의 신비주의자이자 철학자인 마이스터 에크하르트(M. Eckhart)는 "내가 나를 위해 선택하지 않는 곳에서 하나님은 나를 위해서 선택하신다"라고 말합니다. 믿음도 요상해서 속내를 들여다보면 하나님이 선택하기를 바라는 것은 선택하지 않습니다. 그리고 내가 선택한 것이 마치 하나님이 나를 위해서 선택했다고 믿어버립니다. 그것을 신앙의 합리화라고 말을 합니다. 과연 그것이 그리스도인의 믿음, 곧 보이는 것과 보이지 않는 것에 대한 근본적인 성찰을 통해서 신앙생활을 한다고 말할 수 있을까요?

믿음은 하나님만을 추구합니다!

믿음은 인간의 신념과는 다릅니다. 믿음의 지향성은 하나님 그 자체이지, 물질적 성취나 명예, 그리고 인생의 대전환을 맞이하는 승진과는 전혀 다릅니다. 우리의 삶은 앞을 모릅니다. 가까운 미래든 먼 미래든 그저 내가 어떤 계획을 세우고 그곳을 향해서 나아가기는 합니다. 공부도 하고, 저축도 하고, 건강관리도 하고, 결혼도 하고, 아이도 낳고 하면서 인생을 살아갑니다. 설령 그렇더라도 그 인생이 어떤 결과를 초래할 것이라는 기가 막힌 예지력을 가지고 이루어 온 것이라고 보기 어렵습니다. 다만 보이지 않는 그곳을 향해 나아가게 만든 존재 혹은 힘에 의해서 살아온 것이라는 고백이 있을 뿐입니다. 하나님은 인간으로 하여금 전혀 모르는 인생을 단 한번 살게 하셨습니다. 모든 경험들이 모험입니다. 알 수 없습니다. 그런데도 앞으로 나아가는 것, 알 수 없음에도 불구하고 가라 하면 가고, 물러서라 하면 물러서는 것, 그 말에 순종하는 것이 믿음입니다. 순종할 수밖에 없는 것은 인생이란 아무것도 알 수 없기 때문입니다. 단지 인간이란 태어났으니 죽음으로 가는 존재(Sein zum Tode)라는 것을 알 뿐입니다. 그래서 '알 수 없음'을 '알 수 있음'이라는 확신으로 바꾸는 것이 믿음입니다. 그러려면 알 수 있도록 만드신 하나님께 기대어야 합니다. 알 수 없는 삶에 대해서 무엇이 될 것인가를 사심 없이 미리 알아차리는 것은 내가 나를 위해서 어떤 대상을 선택하거나 욕망하지 않는 것입니다. 거기에는 오로지 하나님만을 알아차려야 합니다. 하나님만을 알아차리는 것을 통해서 나의 인생을 알 수 있습니다. 마이스터 에크하르트는 이렇게 말합니다. "우리는 "덕을 주시옵소서. 도(道)를 주시옵소서"라든지 "그렇습니다. 주여, 저에게 당신 자신이나 영생을 주시옵소서"라고 말하지 말아야 한다. 다만 우리는 "주여, 당신의 뜻하시는 것과 당신이 행하시는 것 이외에는 아무것도 주지 마옵소서. 주여, 모든 일 속에 있는 당신의 뜻은 무엇이며 어떻게 이루어지기를 원하시는지요!"라고 말할 일이다." 아브라함이나 에크하르트도 오직 '하나님만'을 추구한 사람들입니다. 오늘날 우리가 살아가는 세상을 보면 점점 더 하나님만이 아닌, 보이지 않는 세계가 아닌, 삶의 초월이 아닌 삶을 살아가고 있습니다. 하나님을 향해서만이라는 믿음의 지향성이 사라지고, 물질과 명예와 탐욕과 권력만을 추구하는 세계가 되어버렸습니다. 오로지 하나님만을, 오직 하나님의 뜻만을, 오직 하나님의 의욕만을 생각해야 하는 신앙인들이 하나님마저 소유하려고 하고 있습니다.

우리는 모두 나그네입니다!

많이 소유하려고 하면 할수록 고통이 됩니다. 놓아버리는 것도 고통이 되기는 합니다. 놓아버리는 순간 나의 소유가 되었던 것에 정도 주고 애착을 갖고 있었으니 고통스러울 수밖에 없습니다. 사물이든 사람이든 일이든 생명이든 다 그렇습니다. 그러나 우리가 인생의 나그네라고 생각하면 집착이나 애집(愛執)도 하지 않을 것입니다. 인간은 모두가 영원한 고향으로 갈 것이기 때문입니다. 인간은 하나님을 향해서만 살아가는 곳, 더 이상 타향살이를 하지 않아도 되는 그곳으로 나아갈 뿐입니다. 그래서 혹여 지금 하나님 아닌 것에 집착하는 것에 대해서는 내려놓고 순종하는 자세가 필요합니다. 칠흑같이 어두운 삶, 갈피를 못 잡는 불안한 삶이 전개될수록 하나님 아닌 것에 대해서 자꾸 집착하게 됩니다. 물론 나그네의 심리는 홀가분함보다는 당장 살아갈 것에 대한 걱정이 더 앞설 것입니다. 놓아버릴 대로 놓아버린 나그네의 삶이라 할지라도 금방 찾아오는 배곯음에는 장사가 없기 때문입니다. 히브리인들에게 보낸 편지를 쓴 저자에 의하면, 희망은 믿음에 내재된 성향입니다. 이에 가톨릭 철학자 요제프 피퍼(J. Pieper)는 희망의 결여는 절망과 과망(過望, Praesumptio, 약속의 성취를 지나치게 긍정적으로 '앞당기는 것')이라고 말합니다. 인간 실존의 문제는 절망과 과망 그 어디쯤을 향하게 마련입니다. 정확하게 그 중도를, 많지도 적지도 않게 바라보는 것, 그것이 희망이라고 말할 수 있을 것입니다. 마이스터 에크하르트는 좀 더 근원적으로 이야기합니다. "그의 최우선의 관심과 주요 관심은 하나님을 가장 기쁘시게 하는 것이다."

보이는 실존의 대상을 성취해야만 인간의 삶이 영위될 수 있다는 것은 부인하기 어려울 것입니다. 하지만 실존의 문제를 위해서 보이는 대상만을 위해서 산다면, 하나님은 뒷전이 될 것입니다. 지금의 종교적 현실이 이를 뒷받침해주고 있습니다. 하나님만을 지향의 대상으로 여기고 사는 것 같지만, 실상은 보이는 삶과 관계 그리고 대상에 지나치게 관심을 기울이니 영혼과 정신은 황폐해지고 있습니다. 하나님을 희망하고 그 희망의 원천을 통해서 보이는 삶의 세계에서 삶을 잘 영위하려는 것은 오만(Vermessenheit)으로 비춰질 수 있습니다. 희망이 과다하면 인간의 오만이 되기 마련입니다. 마치 모든 것이 바라는 대로 다 된 것처럼 믿어버리는 행위입니다.

그렇다면 우리를 겸손한 자세를 갖도록 할 수 있는 것은, 인간이란 모름지기 나그네다라는 인식뿐입니다. 나그네가 정처 없이 떠돌아다니면서 타향살이를 하듯이, 영원한 거주지가 될 곳을 찾아다니듯이, 인간은 하나님의 품 안에 들기 전까지는 고향을 잃은 존재나 다름이 없습니다. 결핍된 존재처럼 마음을 둘 곳이 없고, 몸이 누워 쉴 곳이 없으니 타향살이의 애환은 소유, 권력, 명예, 지배, 억압 등으로 나타날 수밖에 없습니다. 하지만 나그네인 인간이 해야 할 일은 이보다 더 차원이 높은 일입니다. 어느 곳에 가든지 오직 우리 곁에 계신 하나님을 기쁘시게 하는 일입니다. 하나님을 기쁘시게 하는 자는 영원한 고향에서 나그네로서 유기된 자가 아닙니다. 하나님의 기쁨에 참여한 사람들은 더 이상 나그네가 아닙니다. 그들은 영원한 고향의 소유자가 되는 것입니다. '눈으로 보지 않고도 의지할 수 있는 덕행'(nichtsehenden Tugenden), 곧 믿음에 대해서 이레네우스(Irenaeus)는 이렇게 말합니다. "사실 주님께 대한 우리의 믿음은 견고하게 남을 것이다. 그 믿음의 실체는 무엇인가? 그것은 우리에게는 유일하고 참된 하나님이 계시다는 것과, 그분은 우리가 영원히 사랑해야 마땅한 한 분 아버지라는 사실이 아니겠는가? 또한 그 하나님께 뭔가 좋은 것을 얻고 배울 수 있음을 기대할 수 있다는 것과, 그분의 왕국은 끝이 없으며 그분의 지혜는 헤아릴 수 없을 만큼 풍요롭고 그분의 선하심은 끝이 없다는 것을 아는 것이 아니겠는가?" 또 요한복음사가는 이렇게 말합니다. "내 아버지의 집에는 거처할 곳이 많다. … 내가 너희를 위하여 자리를 마련하러 간다."(요한 14,2)

●●●●

4. 보통의 믿음만 있어도(히 11,29~12,2)

〈예지〉_(예이츠, William Butler Yeats, 1865~1939), 아일랜드 시인

참된 신앙이 발견되었다.
채색한 화판(畵板), 영상(影像),
유리 모자이크, 창 유리가
어떤 농부 전도사가
잘못 전한 것을 바로 잡고,
저 일하는 목수의 마루에서
톱밥을 쓸어냈을 때에.
다마스커스 비단 옷을 입고
금과 상아를 입힌 삼목판(杉木板) 위에
존엄하신 성모가 앉아서,
노아의 홍수도 침범한 일이 없는
바빌론의 별빛 반짝이는 탑 속에는
주께서 고귀하게 입도록
자주빛 바지를 바느질하고 있는 곳에

기적이 일어났다.
〈부유(富裕)의 왕〉은 주에게 순진을 입혔지만
주 자신은 예지를 입으셨다.
어떠한 거칠은 유년기가
성모의 가슴에서 공포를 쫓아냈는가를 생각할 때
〈예지〉라는 이름은 가장 적절한 것을 들린다.

　믿음을 갖게 되면 섬광과도 같은 기적이 일어나기를 바라는 게 우리의 일반적인 모습입니다. 하지만 시인은 말합니다. 신앙의 발견이란 다른 데 있지 않다, 바로 바느질하는 현장, 주께서 입으실 만한, 사람들이 입을 만한 헌옷 쪼가리를 꿰매는 그 현실에서 일어난다는 것을 말해주고 있습니다. 『부사들』(adverbs)이라는 소설로 유명한 작가 대니얼 핸들러(D. Handler)는 이렇게 말합니다. "기적은 다이아몬드도 아니고 새도 아니다. 사람도 아니고 감자도 아니다. 한마디로 명사는 기적이 아니다. 기적은 부사다! 어떤 일이 일어나는 방식이다. 보라! 정말로 보라. 감자가 도착했다. 비닐을 벗기고 감자를 썰어야 했다. 매력적으로, 교활하게, 공격적으로!" 감자가 도착했다는 그것으로 부산을 떨다니요? 그러나 알고 보면 감자가 생산되고 나의 입으로 들어가는 것조차도 기적인 것을요. '정말로'(참말로, truly) 말입니다.

믿음은 불가능한 현실성, 곧 충만한 가능성입니다!

　믿음이 많다 또는 크다는 것은 차치하더라도, 보통이라도 된다면 얼마나 좋을까요? 믿음조차도 수치와 분량으로 측정하기를 좋아하는 사람들은 믿음의 좋고 나쁨의 가치판단 기준조차도 수량으로 환산하여 발언합니다. 약하거나 적거나 할 때는 금방이라도 무슨 일이 날 것처럼 설레발을 치고 야단법석을 떱니다. 그러면 좀 어중간하더라도 보통은 어떨까요? 보통은 많지도 적지도 않으니 그 또한 믿음이 아니라고 말을 할지도 모르겠습니다. 하지만 '보통의' (gewöhnlich, alltäglich, allgemein, gebräuchlich)라는 말의 표현에는 일상의, 매일의, 일반적인 등의 의미도 포함되어 있습니다. 단순히 어중간하다, 뜨뜻미지근하다는 의미로 치부하면 안 됩니다. 그 사람이 보통의 믿음을 가지고 있다는 것은 외려 매일, 일상의 삶에서 믿음을 잘 견지하고 있다는 것으로 알아야 합니다. 어느 때는 크고 많다가, 어느 때는 작고 적다는 식으로 믿음이 널뛰는 것이 아닌 매일 여여하게 하나님을 만나는 삶이 더 중요합니다. 일상을 건너뛰고 삶을 도약한 듯이 말한다고 하더라도, 소소한 일상 안에서 하나님을 믿고 만나지 못한다면 아무런 소용이 없습니다. 하나님은 일상의 영역에서 매우 일반적인 모습으로 등장하십니다. 알 수 없는 풀 한 포기에서, 한 마리의 종달새에서, 주인에게 버림받은 강아지에게서, 모든 것을 포기한 듯이 길거리에서 삶을 보내는 노숙자에게서, 자신의 국가라는 경계를 벗어나 새로운 땅으로 진입을 시도하려는 난민에 이르기까지 일상은 도처에 있습니다. 일상을 외면하면서 홍해의 기적을 바라거나, 마른 땅에 비가 내리기를 바라는 것처럼 어리석은 일은 없을 것입니다. 내가 사는 세계에서 일어나는 모든 일들을 기적으로 받아들이는 것 자체가 믿음이라고 한다면 불가할까요? 삶의 난관에 봉착했을 때, 그 간절함은 일상조차도 견디기 어려운 사람의 마음입니다. 한때의 그 상황에서 벗어나고자 하는 것도 일상 안에서 벌어지는 것입니다. 일상을 넘어선 기적이

일어나기를 바라고 실제로 그러한 사건이 목도되는 것은 나의 믿음이 일상을 바라보는 하나님의 시선이 있기 때문에 가능한 것입니다. 하나님의 시선으로 보지 못하면 일상에서 벌어지는 모든 사건들은 그저 그런 여러 가능성들 중에 하나에 지나지 않는 것처럼 느껴질 뿐입니다. 따라서 믿음이란 일상에 기반을 두고 있되 그 일상이 비(非)일상의 순간으로 접어드는 찰나의 가능성을 꿈꾸는 것이라고 말할 수 있습니다. 한갓 가능성으로만 생각했던 것이 일상에 몸담고 평범하고 일반적인 삶을 비일상으로 바뀌게 될 때, 우리의 시선은 하나님의 개입에 의한 삶이라고 고백하게 됩니다. 바로 그것이 하나의 불가능성으로 믿었던 것이 절대적인 가능성으로 변할 수 있다는 (믿음의) 확신을 가지게 되는 순간입니다. 그래서 우리는 마이스터 에크하르트의 다음의 말을 기억해야 합니다. "놀라운 결과를 낳은 거의 전능에 가까운 가장 힘 있는 기도와 사람이 할 수 있는 가장 고귀한 행위는 순수한 마음에서 생겨난다."

믿음은 오롯이 자신만의 신앙의 갈 길을 가는 것입니다!

믿음은 오롯한 자신만의 신앙의 길을 가겠다는 순수한 마음입니다. 에크하르트는 "순수한 마음은 얽매임이 없는 마음, 근심 걱정이 없는 마음, 구애받지 않는 마음, 어떤 일에나 자기의 뜻을 고집하지 않으며 자신을 부인하면서 하나님의 사랑의 뜻에 자신을 내어 맡기는 마음이다"라고 말합니다. 신앙의 짐이든 삶의 짐이든 우리를 옥죄는 것들이 많이 있습니다. 그러니 걱정의 걱정을 달고 살 수밖에 없습니다. 죄 역시도 마찬가지입니다. 실존적인 죄책이든 신앙적인 죄이든 한시라도 우리가 그에 대해서 자유로울 수 있는 사람은 거의 없다고 봐야 합니다. 그래서였을까요? 시인 최문자는 자신의 심정인 듯 이렇게 내뱉습니다. "얼마나 낮이 무거운지 새들은 밤에 죽습니다… 아직도 나는 별빛이 모자랍니다 낮이 얼마나 쓰라린지 벌레처럼 밤에 맘 놓고 웁니다 낮에 아팠던 자들의 기침 소리가 들립니다 낮동안 너무 환한 재를 마시고 밤에 심한 기침을 합니다 쿨룩쿨룩 참았던 낮이 불쑥불쑥 튀어나옵니다 피가 섞여 나옵니다 어떤 기도가 이 밤을 이길까요?"(시집, 「밤에는」, 〈우리가 훔친 것들이 만발한다〉, 민음사) 삶은 밤과도 같습니다. 낮에 혹독한 삶의 고통에 시달리다가 다시 밤이 되면 쉴 듯하지만, 그러나 쉬는 것이 아니라 몸과 마음이 다시 힘들어집니다. 낮의 고통들이 되살아나기 때문입니다. 마지막 문장이 가슴을 아리게 합니다. "어떤 기도가 이 밤을 이길까요?" 이렇듯 삶과 신앙에서 유한적인 인간으로 염려와 불안, 근심과 걱정, 나아가 마음이 구속되는 삶과 관계들 그리고 자기의 욕망과 의지들은 모두가 거부해야 할 것들입니다. 그것이 본래 나의 마음에 있어야 할 것이 아니기 때문입니다. 본래의 나의 마음이란 순수한 마음입니다. 어느 것에도 얽매이지 않고 온전히 신앙의 길을 가야 합니다. 낮의 고통과 그로인한 밤의 맘–살앓이와 몸–살앓이가 지속적으로 반복되더라도 오롯한 신앙을 견지해야 합니다. 시인이 표현한 것이 바로 우리의 인생과도 같습니다. 그럴 때 우리의 마음과 신앙도 변하게 마련입니다. 하지만 이겨내고 또 이겨내야 한다는 것이 신앙의 선배들이 한결같이 하는 말들입니다. 다시 에크하르트가 말한 자신의 신앙을 지키는 방법을 들어보겠습니다. "우리는 몸의 지체들과 그 기능들, 곧 눈, 귀, 입, 마음 그리고 감각들이 이러한 목표를 지향할 수 있도록 기도해야 할 것이며, 우리의 기도와 관심이 향하고 있는 분, 곧 하나님과의 합일을 달성할 때까지 기도를 쉬지 말아야 한다." 고달픈 실존의 고통을 감내하면서 자기의 순수한 마음과 신앙을 지키는 방법은 '기도'라는 것입니다. 기도를 통해서 하나님과 일치된 마음을 갖게 된다면 삶을 힘들게 하는 모든 욕망의 원인들이 되는 것들로부터 자기를 지킬 수 있습니다. 기도는 다름 아니라 하나님의 시선을 통해서 자기 자신을 순수하고 밝게 볼 수 있기 때문입니다. 욕망에 흔들리고 다른 사람들의 주관적 판단에 경도되는 것을 막아주면서 오직 나에게 맡겨진 신앙의 길을 하나님과 동행하면서 나아갈 수 있는 것은 믿음의 기도가 있기 때문입니다.

예수를 향하는 것이 믿음입니다!

우리의 삶이 고통과 맘–살앓이, 몸–살앓이로 점철되면 정말 인내하기 어려울 것입니다. 프랑스 작가 아멜리 노통(A. Nothomb)의 소설 『살인자의 건강법』에서 프레텍스타 타슈(Pretextat Tach)라는 대문호는 이런 말로 자신의 고통을 변론(?)합니다. "허, 이것 보게. 좋소, 젊은 양반. 그럼 내가 어떤 삶을 살았을지 생각해보시오. 자그마치 여든세 해 동안의 희생이었소. 그에 비하면 그리스도의 희생이 무슨 대수요? 나의 수난은 오십 년이나 더 오래 지속되었소. 그리고 조만간 그 절정을 맞게 될 거요." 물론 그리스도의 죽음을 희화화하자는 말은 아닙니다. 그만큼 인간 실존의 고통과 죽음이 당사자에게는 크게 다가온다는 말입니다. 믿음은 그것을 대면하고 견뎌내느냐 그렇지 않으냐의 차이일 뿐입니다. 믿음은 견디게 하고 희망을 갖게 합니다. 특히나 그리스도인에게 믿음이 없다면 죽는 것조차도 고통과 비참일 것입니다. 믿음을 가진 그리스도인은 고통과 죽음의 상황에 직면해서 그리스도의 이상, 그리스도의 실존적 변화를 바라봅니다. 그렇게 일상에서 벌어지는 삶의 현실에서 예수를 향하는 것, 그것이 바로 믿음입니다.

예수를 바라보는 것 자체가 부끄러움, 수치, 모욕 그리고 조롱이 될 수도 있습니다. 하지만 자신의 삶을 감당하면서 인간의 삶을 더 나은 세계로 시선을 돌리게 하고, 동시에 그 세계로 나아가는 삶이 진실이고 진리임을 입증한 믿음의 주님이신 예수를 바라보는 것이 우리의 몫입니다. 바로 그것이 우리가 지향해야 할 예수에 대한 믿음과 뒤따라야 할 행위라는 것을 잘 알아야 할 것입니다. 프랑스의 수학자이자 종교철학자 파스칼(Pascal)은 말합니다. "신앙은 신의 선물이다", "신의 인식에서 신을 사랑하기까지 되는 데는 얼마나 먼 거리가 있는 것인가?" 믿음을 증여받은 우리들이 지금 우리가 살고 있는 세계에서 과연 하나님과 나와의 거리를 얼마나 좁히고 있는지는 그분에 대한 '사랑'으로 보여줄 뿐입니다.

●●●●●

5. 신앙의 마음 공간(히 12,18~29)

자신이 서 있는 곳이 축적된 신앙의 공간임을 기억하십시오!

사람들이 살아가면서 시간이 갈수록 자신의 몸 하나를 지탱하는 데 매우 많은 공간을 필요로 하는 듯합니다. 몸도 공간이요 집도 공간이며 교회도 공간입니다. 그런데 공간은 오래전부터 생각과 기운과 마음이 존재하지 않을 수 없는 살아 있는 어떤 '사이'[間]

속에 들어가 있는 것입니다. 몸도 마찬가지입니다. 우리가 신앙생활을 하는 것도 '사이를 벌리기' 위해서 입니다. 하나님이 존재하실수 있도록 비우고 또 비우는 사이를 마련하기 위해서, 비우기 위해서 신앙을 갖습니다. 이스라엘 백성들이 존재했던 공간 그리고 다시 그리스도인이 존재하는 공간의 연속성이 없다면, 신앙을 위한공간, 곧 교회당이라는 공간은 의미가 없습니다. 마이스터 에크하르트는 "무엇보다 먼저 자신에서 시작하라! 자기 자신을 망각하라! 먼저 자기 자신에서 떠나지 않으면 그대들이 그 무엇을 떠나게 되든 여전히 장애물들과 안식 없음만을 발견하게 될 것이다"라고 말합니다. 자신을 망각함, 잊어버림은 오직 나는 없고 신만이 존재하기 위한 신앙의 노력입니다. 망각함은 자기가 없음, 자기를 잊어버림입니다. 자기를 내세우면 하나님을 위한 공간은 생기지 않습니다. 자기를 앞세우면 타자가 들어설 공간이 없는 것과 같은 이치입니다. 우리 사회가 자기의 주체성을 강조하는 경향성이 짙어졌습니다. 올바른 일이기는 하나, 그것은 어디까지나 타자가 자기라는주체 안에 자리 잡게 하기 위한 장치입니다. 망각함은 나는 없다는깨달음이요 나는 하나님과 함께 있어야 비로소 존재한다는 각성입니다. 교회당이라는 장소, 성당이라는 장소, 사찰이라는 장소도 무엇을 기억하기 위한 곳인데, 그곳은 바로 초월자, 선각자를 기억함이지 이기적인 자신[私的 存在]을 기억하라는 것이 아닙니다.

신앙은 하나님을 상기하는 데서 시작됩니다!

신앙은 그렇게 시작됩니다. 제일 먼저 자기를 기억하는 것이 아니라 하나님을 기억하는 데서 비롯됩니다. 망각했던 하나님이 떠올려지면서 자기의 공간은 서서히 작아지는 것, 그러나 실상은 하나님의 공간이 커질수록 자신의 주체적 공간도 덩달아 커진다는 것을 알아야 합니다. 교회당이나 성당 그리고 순례자의 발걸음이 닿는 그곳에서 하나님의 울림이 있고 그 울림을 신의 명령으로 알아듣기 위해서는 자기를 먼저 없애야 합니다. 자기의 공간이라는 인식이 선행된다면 그곳을 점유한 자신으로 인해서 하나님이 현존할 수 없다고 생각해야 합니다. 인위적인 공간이든 마음의 공간이든 자기를 내려놓아야 하나님의 울림과 음성을 들을 수 있습니다. 신앙의 공간이 확보되기 위해서는 잔뜩 들어찬 마음의 생각들, 마음의 욕망들, 마음의 잡념들, 마음의 불순물들을 없애야 합니다. 현대 사회의 가장 큰 문제 중에 하나가 무엇이 진정한 마음인지, 무엇이 진실로 자기의 생각인지를 식별하지 못한다는 데에 있습니다. 그로 인해서 사람들은 무엇이 하나님의 명령이고 무엇이 하나님에 의해서 주어진 두려움인지 깨닫지 못합니다. 키에르케고르 (S. Kierkegaard)는 '자기가 자신이 된다는 것은 신과의 관계에서만 가능하다'고 말합니다. 그러면서 자기가 자기 자신이 아니라는 것, 그것이 절망이라고 주장합니다. 그에 의하면 그렇게 깨닫는 '자기란 반성'입니다. 나의 마음 사이 혹은 틈조차도 거룩하게 하고, 하나님 자신으로 그득할 수 있도록 하는 것은 인간의 필생의 과제임에 틀림이 없습니다. 그래야만 사람이고 반드시 그것을 성취해야만 최소한 많은 존재자들에게 빚진 것을 갚은 길일 것입니다. 마음 안에 생명적인 것을 품고, 그 생명적인 것의 원천이 곧 하나님이라는 것을 뼈저리게 깨닫는 것이 그리스도인의 신앙 목표가 되어야 합니다.

자신을 부인할 수 있어야 자유로운 그리스도인이 됩니다!

교회당에 와 있는 것, 그것은 단순히 구원의 문제를 위해서만은 아닙니다. 수많은 공간과 시간이 선대(先代)의 기도와 신앙에 의해서 바로 그 자리가 새로운 하나님의 자리, 하나님과 함께 하는 자리가 되게 하기 위한 것입니다. 자리에 앉아 있음은 그래서 늘 새롭게 비우는 마음을 거쳐서 있어야 합니다. 자기를 부인하는 작업, 과거의 자기를 거부하고 현재의 자기 자신 안에서 새로운 하나님의 거처를 발견하는 것이 필요합니다. 새로운 영혼이 되기 위해서 몸부림치는 그와 같은 신앙노력은 외려 하나님을 하나님으로서 인정하는 행위입니다. 자기 부인은 하나님을 인정하기 위한 절차적 선언입니다. 자기를 자기로서 인정하게 되면 하나님을 인정할 수 있는 마음의 공간은 없습니다. 신앙의 주체적 행위를 가능케 하는 원동자가 하나님이 아니라 자기 자신이 되어버리기 때문입니다. 에크하르트는 "모든 사람들로 하여금 자신을 부인하는 것으로 시작하게 하라. 그들은 그럼으로써 다른 모든 것을 부인하게 될 것이다... 자기 자신을 부인한다면 그가 무엇을 갖고 있든지, 그것이 부(富)든 명예든 다른 어떤 것이든, 그는 그 모든 것으로부터 자유로운 것이다"라고 말합니다. 자기 부인은 신앙과 삶에서 자유로운 존재가 되기 위한 것입니다. 진정한 자유를 누리기 위해서는 어떤 외물적인 것에 마음을 두지 말아야 합니다. 신앙인의 궁극적인 목표는 하나님과의 일치입니다. 그런데 그러기 위해서는 하나님이 아닌 것은 모두 부인할 수 있어야 합니다. 하나님의 자리, 하나님을 품을 곳에다가 외물을 지향하는 마음을 둔다면 하나님과의 일치는 불가능합니다.

키에르케고르에 의하면, '자기란 자유'입니다. 그런데 인간의 진정한 자기의 자유를 획득하는 길은 하나님과의 일치입니다. 하나님과의 일치는 외물로부터의 자유가 선행되어야 하지만, 그보다 일치 그 자체가 이미 자유입니다. 자유는 아래로부터 오지 않습니다. 자유는 언제나 위로부터 옵니다. 그렇게 위로부터 오는 자유로운 삶을 사셨던 예수가 있으니 우리도 그리 살려고 하면 됩니다. 위는 초월이고 그 초월의 삶을 사신 것도 위로부터 오는 하늘의 음성에 맞갖게 살려고 하셨기에 가능했습니다. 예수가 우리 마음에 말씀하고 계신 음성들을 인정하고 받아들인다면, 우리도 예수가 누렸던 자유로운 삶을 만끽할 수가 있습니다. 하지만 사람들은 즉물적이고 끊임없이 자유롭게 살라고 말씀하시는 음성을 외면합니다. 그리고 하늘을 부인하고 거부합니다. 하늘은 즉물적이거나 매번 손에 넣을 만큼의 사물이나 대상이 아닙니다. 그러니 외면이나 무시라는 말이 더 나을 것입니다. 말씀에 대한 무시와 외면이 초래하는 것은 더 많은 구속과 지배, 그리고 부자연스러움일 뿐입니다. 하나님의 말씀은 자유입니다. 자유로운 삶을 살라는 말씀입니다. 그것을 받아들이고 직접 그렇게 살아야 자유로운 삶이 됩니다. 말씀을 살지 않고 자유로운 삶이 될 수 없고, 하나님의 공간 안에 있는 것이 자유로운 삶이라는 것을 깨닫지 못합니다. 말씀의 공간 안에 있어야 그 범주가 자유를 보장합니다. 하나님의 말씀이 그리스도인의 안전한 거처가 됩니다. 말씀의 공간은 곧 하나님의 공간이기도 합니다. 하나님의 공간이 하늘나라라면 말씀의 공간이 온누리에 펼쳐져 있는 공간이야말로 하늘나라라고 말할 수 있을 것입니다. 그렇게 하나님은 인간으로 하여금 자신의 공간 안에서 삶의 자유로운 향유를 맛보기를 원하십니다. 그러므로 비록 보이지 않는 말씀의 공간이라 하더라도 선언적으로 들리는 말씀, 보이는 말씀 그리고 들리는 말씀, 읽히는 말씀을 통해서 그분과 일치되는 삶을 살려고 해야 합니다.

만일 우리가 자신을 부인하지 않는다면 이기적인 자기로 인해서 하나님을 버리게 됩니다. 자기를 버리지 않는 그리스도인은 반대로 하나님을 버리는 것이나 다름이 없습니다. 자기와 하나님을 둘 다 취할 수 있다는 것은 자기라는 공간 안에서는 불가능합니다. 하나님의 공간 안에서는 그리스도인을 수용할 수 있으나, 인간의 마음 공간 안에서는 오로지 하나님만이 자리를 잡아야 합니다. 그렇게 함으로써 하나님께서 기뻐하시는 경건한 마음과 그분을 두려워하는 마음으로 그를 경배할 수 있기 때문입니다. 하나님에 대한 경배가 아닌 폄하와 폄훼를 일삼는 오늘날의 신앙과 삶의 형태는 반드시 징벌을 피할 길이 없을 것입니다. 그러므로 자신의 공간에 하나님이 바라시지 않는 모습은 오롯이 비워내고 또 비워냄으로써 진정한 자유인이 되도록 하는 데 있음을 기억해야 합니다.

● ● ● ● ● ● ●

6. 사랑의 지극한 표현, 환대(히 13,1~8·15~16)

부스러진 환대가 아니라 온전한 환대를 하십시오!

교회는 예수의 정신에 따라 환대하는 공동체입니다. 그것은 예수가 남녀노소, 빈부귀천을 따지지 않고 하나님과 대면하도록 했다는 뜻입니다. 하지만 오늘날 교회 공동체의 모습은 사뭇 다릅니다.

엉성한 환대, 조건부가 달라붙어 있는 환대는 반쪽짜리 사랑처럼 보입니다. 온전한 환대는 부지불식간에 예수처럼 계산하지 않는 사랑에서 출발합니다. 그리스도인은 그래야 합니다. 그러기 위해서는 자기를 앞세우면 안 됩니다. 자기를 앞세우는 만큼 타자는 사랑의 주체로서 우리 앞에 설 수가 없습니다. 사랑을 받아야 할 나그네, 노숙자, 노약자, 장애인, 어린이 등은 단순히 사랑을 받는 대상이 아니라, 사랑을 하는 주체로서 동등하게 그리스도의 사랑에 참여(participation)하는 사람들입니다. 그리스도의 사랑이 존재하는 공동체의 자리에 나아온다는 것은 오로지 환대를 받기 위해서 등장하는 것이 아닙니다. 하나님의 사랑을 가지고 그리스도교 공동체에 사랑의 화신으로 나타난 사람들입니다. 다시 말해서 사랑이 그리스도교 공동체 안에 있는 우리에게만 있는 것이 아니라 사랑을 가지고 등장한 그들에게도 함께 존재하는 것입니다. 그러므로 환대한다는 것은 결국 동일한 사랑을 나누고 같은 그리스도의 사랑을 확인하는 것이나 다름이 없습니다. 사랑은 그리스도교 공동체, 곧 교회당 안에만 존재하는 것이 아니라 세상 모든 곳, 도처에 존재하는 것이니 그들과 만난다는 것은 그만큼의 그리스도의 사랑이 증폭되는 것입니다. 마이스터 에크하르트는 이런 말로서 이기적인 자아를 없애라고 충고합니다. "그대들이 그들의 행동에서 얼마만큼이나 자아를 제거하느냐에 따라 하나님은 그대들의 행동 속으로 많지도 적지도 않게 들어오신다." 사랑은 나의 이기적인 자아를 제거한 만큼만 하나님을 받아들일 수 있으니, 사랑 또한 그만큼만 표현될 수밖에 없는 것은 아닐까요? 나의 자아를 비우고 하나님의 사랑으로 채우게 될 때, 인간은 나 아닌 다른 사람들에 대해서 환대할 수 있습니다. 나의 자아가 제거된 상태로 많게 혹은 적게 하나님이 들어온 딱 그만큼 나는 타자를 많게 혹은 적게 환대할 수 있습니다. 그러므로 온전한 환대는 나의 의지로만 되지 않습니다. 나를 비우지 않은 의지는 하나님의 의지대로 환대할 수 없습니다. 하나님의 의지대로 환대하도록 우리를 열어 놓지 않는다면, 환대는 부스러기의 환대가 될 것입니다. 성서에서 '자기도 모르는 사이에'라는 표현이 바로 나의 의지가 개입할 여지가 없이 하나님의 의지대로 환대 행위가 발생한 것을 뜻합니다.

환대를 위해서 먼저 그리스도인이라는 자기 존재를 명징하게 깨달으십시오!

종교 공동체 혹은 교회당에서 형제와 자매, 그리고 수많은 약자들과 병자들, 소수자들을 어떻게 배려하고 환대할 것인가는 여전히 숙제입니다. 아니 풀리지 않는 수수께끼처럼, 종교인이라면 누구나 평생 끙끙대며 지고 가야 할 거룩한 짐입니다. 그런데 여기서 우리는 먼저 우리 자신의 정체성에 대한 숙고가 뒤따라야 합니다. 환대를 하는 교회 공동체의 모습을 띠기 위해서는 그에 합당한 자기 정체성이 확립되지 않고서는 그 당위성에 따른 행동이 수반되기 어렵기 때문입니다. 에크하르트는 "사람들은 '무엇을 해야 하나'보다는 '무엇이 되어야 하나'에 더 많은 관심을 가져야 한다. 그들로 하여금 오로지 선하게 되도록 하라"고 말합니다. 선을 행하는 행위, 혹은 환대를 베푸는 행동을 하기 전에 더 중요한 것은 '내가 누구인가?'라는 명확한 존재의 확인입니다. '내가 그리스도인인가?'라는 확신은 결국 환대를 베풀고 사랑을 하는 존재로 나아가도록 하기 때문입니다. 물론 그리스도인이라는 정체성을 갖고 있다고 하더라도 존재론적 행위로 발전되지 않는 경우도 많이 있습니다. 하지만 우리의 신앙적 관심사가 '무엇이 되어야 하나?', '어떤 존재로 살아가야 하나?'라는 깊은 생각을 하게 되고, 그 정체성에 대한 물음들에 대한 해답을 찾는 신앙적 여정이 시작된다면 환대하는 그리스도인으로서의 삶이 가능해집니다. 나의 의지를 통한 강제적인 환대 행위가 아닌 자발적이고 무의식적인 내면의 환대를 베푸는 그리스도인은 자기의 존재 확인에서부터 시작됩니다.

환대는 윤리적 행위의 관계망을 넘어섭니다!

환대가 윤리적 행위라고 생각하는 그리스도인이 있을지도 모릅니다. 하지만 단순히 이 세상의 여러 윤리적 행위들 중에 그리스도인으로서의 윤리적 행위에 국한시키기에는 환대라는 의미가 지나치게 협소해집니다. 환대는 사람들에 대한 기억이기도 하고, 관계에 대한 진지함입니다. 환대는 하나님을 향해 올라감이자 약자와 함께 동반하는 사랑의 입체적인 행위입니다. 환대를 위해서는 가족이라고 하는 장치, 남녀의 장치, 성이라는 장치에 대해서 심사숙고를 해야 하는 경우도 있습니다. 그러나 그것은 윤리가 아니라 믿음입니다. 하나님에 대한 믿음이 결행되는 지점에서 발생되는 사람에 대한 연민과 관심을 넘어서는 관계, 곧 신앙관계의 한 측면으로 봐야 합니다. 신앙관계에서 빚어지는 관계들이 아니라면 그 관계들 자체가 성스러울 수가 없습니다. 환대, 연민, 기억, 시선 등이 신앙의 거룩한 이름들이 되기 위해서는 자신이 어떤 존재이냐가 더 중요합니다. 가족, 남녀, 성 등의 장치가 신앙적 자유를 위한 관계가 아니라 구속과 억압이 되어버린다면 그것은 그 관계망 속에 있는 사람이 어떤 존재론적 위치나 지위가 확보되지 못한 것입니다. 에크하르트는 자신의 관계나 상황 속에서 의미가 어떻게 달라질 수 있는지를 다음과 같이 말합니다. "성스러움이 직업으로부터 오는 것이라 생각하지 말라. 오히려 그것은 그 사람이 어떤 사람이냐에 달려 있다. 일의 종류가 우리를 거룩하게 하는 것이 아니라 우리가 일을 거룩하게 하는 것이다. … 우리가 성스러운 한 그리고 내면에 신적 존재를 갖고 있는 한, 우리는 우리가 하는 모든 일들 곧 먹고 자고 철야 하는 일과 그 외의 모든 일들을 성스럽게 하는 것이다. [하나님의] 본성을 충분히 갖지 못한 사람들이 무엇을 하든 그들이 하는 일은 헛되다." 백번 들어도 옳은 말입니다. 어떤 장치와 조직, 체계, 관계에 있느냐가 우리를 규정하지 않습니다. 내가 어떤 사람이냐, 우리가 누구냐, 어떤 존재가 되고 싶으냐가 장치나 관계, 조직의 색깔을 분명하게 합니다. 모든 사람들이 환대를 할 수 있다고 생각하지 마십시오. 환대는 오직 내 안에 신적 존재를 가진 사람들만이 할 수 있습니다. 관계나 연민, 조직을 성스럽게 할 수 있다고 함부로 말하지 마십시오. 그럴 수 있는 사람은 자신이 신앙관계를 튼실하게 구축하여 하나님의 본성을 갖고 있어야 합니다. 신적 존재로서의 변화와 그 신앙적 관계, 그리고 하나님의 본성을 소유한 사람만이 진정한 그리스도의 환대를 베풀 수 있습니다. 아니 나눈다는 표현이 더 적실합니다. 에크하르트가 "그대들의 일이 의존하고 있는 근원적인 것을 오히려 더 강조하라!"고 말한 명령은 환대의 근원이 되는 존재를 끊임없이 확인하라는 목소리도 들립니다.

인위적인 환대, 억지로 하는 환대는 바스러진 모래 조각이요 벌어진 틈으로 쉴 새 없이 흘러나오는 물에 불과합니다. 그 환대는 그저 이름뿐, 효력이나 효과가 없는 건조한 '선'(善)의 외형에 지나지 않습니다. 환대의 근원이 되는 존재, 환대를 하도록 추동하는 존재에 대한 깨달음과 그 존재의 받아 모심이 더 급선무입니다. 그 존재는 그리스도인뿐만 아니라 모든 인간을 선한 존재가 되도록 하십니다. 선을 행하지 말라고 해도 선을 행할 수밖에 없도록 그 본성 안에 선을 심어놓으시는 분이십니다. 그러므로 선으로서의 환대를 가능하게 하신 하나님의 이름을 찬양하십시오. 과거와 현재 그리고 미래에도 여전히 우리와 나란히 존재하게 될 환대의 대상들은 하나님의 사랑과 자비의 산 증인으로서 머물 것입니다. 그러므로 다음의 말씀을 가볍게 흘러듣지 말아야 합니다. "좋은 일을 하고 서로 사귀고 돕는 일을 게을리하지 마십시오. 하나님께서는 이런 것을 제물로서 기쁘게 받아주십니다."(히 13,16)

●●●●●●●

7. 오직 하나님만을 소유하기를(몬 1,1~21)

기도는 생각나는 사람들과 함께 하나님께 아뢰는 것입니다!

기도할 때 우리는 하나님과 함께 머묾니다. 동시에 기도할 때 우리는 사람들과 함께 머묾니다. 따라서 내가 하나님께 기도할 때는 하나님의 현존 가운데 있기도 하지만, 내가 기억하는 사람들과 함께 합니다. 단순히 기도할 때 그저 하나님께 향하고 있는 것이 아니라, 그분의 현존 안에서 머물고 있는 모든 사람들과 바치는 기도가 됩니다. 사적인 기도라 할지라도 우리의 기도는 그래도 기억하는 자와 함께 드리는 기도입니다. 머물고 기억하고 현존하는 하나님의 품 안에서 말하려고 하는 모든 사람들의 상황과 언어는 곧 나의 상황이자 언어입니다. 오직 하나님만을 소유한 그리스도인은 하나님의 현존 안에서 하나님만을 생각하고, 하나님의 생각의 범주 안에 있는 사람들을 기억하게 마련입니다. 소유할 것들이 많아진 세상에서는 가시적으로 보이는 것들이 소유의 대상이 될 뿐입니다. 가시적으로 보이는 것은 사물들만 그런 것이 아니라 사람조차도 소유의 대상이 되곤합니다. 인터넷과 폰 매체를 통해서 등록된 사람들은 모두가 소유의 대상이 되기도 하고 그런 만큼 쉽게 망각되거나 잊히는 대상이 됩니다. 기도는 하나님만을 소유하라는 신앙의 숨고르기와도 같습니다. 숨을 고를 때 우리는 자신과 다른 사람 사이에 하나님이 개입하고 있음을 압니다. 원래 영어의 intercession이라는 말은 라틴어 inter(사이에)와 cedere(가다), 즉 '중개하다'라는 뜻을 품고 있습니다. 우리가 누군가를 생각하면서 기도를 한다는 것은 하나님이 우리들 사이에 개입하시기를 바라는 것입니다. 대신 나아감이 아니라 함께 나아갑니다. 기도는 나를 위해서 다른 사람이, 반대로 다른 사람이 나를 위해서 말로서 하나님께 나아간다고 하더라도 어디까지나 함께 나아가는 것입니다. 공동체의 기도는 그래서 늘 나와 다른 사람의 구분이 없습니다. 함께 기억하고 생각하면서 하는 기도는 모두가 함께 하나님 앞에 서 있다는 것을 암시합니다. 자기가 자기 자신으로서 서기 위해서 필요한 것은 하나님을 소유하는 것이 가장 중요합니다. 그런데 기도를 통해서 자기만 소유를 한다고도 할 수 없습니다. 하나님은 하나님 자신으로서 존재하기 때문에 어느 누구의 소유의 대상으로 존재하지 않습니다. 하나님은 모두를 위한 존재이십니다. 그렇게 기도는 자기 자신으로 머물기 위한 숨고르기이지만, 그렇게 숨을 고르는 또 다른 존재가 있다는 것을 아는 것입니다. 기도를 하는 순간 떠오르는 존재는 나와 함께 하나님을 향해서 숨을 고르고 있다는 것을 느낍니다.

신앙은 동지애를 통한 평등을 지향합니다!

"하나님이 그대들 안에서 두드러지도록, 그렇게 함으로써 그대들이 들어오며 나가는 모든 일에 그대들의 열망과 열정이 그분을 향하도록." 마이스터 에크하르트의 말입니다. 신앙은 하나님을 두드러지게 하는 것입니다. 하나님을 돋보이게 하는 일이 사람들이 해야 할 일입니다. 그런데 왜 사람들은 저마다 자기 자신을 드러내려고 안달을 하는 것일까요? 큰 교회당을 등에 업고 명예와 부유함으로 자신을 가리고, 권력으로 자기의 힘을 과시하는 것은 모두 하나님을 뒷전으로 하는 일들입니다. 교회당 안에서 명예, 부유함, 권력이 무슨 소용일까요? 하나님 앞에서는 모두가 평등한 존재들입니다. 교회당의 목적은 오로지 하나님을 두드러지게 하는 데 있습니다. 그런데 사람들 자신이 두드러지거나 성직자 자신이 도드라지는 기이한 현상은 전혀 신앙적이지 않습니다. 신앙적으로 매우 상식적인 것 같지만 잘 지켜지지 않는 것 중에 하나는 바로 모든 일에서 하나님을 향하도록 하는 것입니다. 교회당 안에서의 모임과 회의와 예배와 식사와 봉사와 헌신 등에서 나타나는 것이 하나님인가 하는 것을 다시 한 번 생각해봐야 합니다. 성직자와 평신도의 구분도 교회당의 운영을 위한 필요에 의해서 나타난 조직일 뿐, 실상은 위계적 질서가 아닙니다. 지배자도 없고 피지배자도 없으며 주인도 없고 노예도 없습니다. 모두가 평등한 하나님의 자녀라는 인식에서 출발을 해야 합니다. 그래서 우리는 서로 명령(order)하는 존재가 아니라 부탁(favor)하는 존재입니다. 명령은 위계적 질서로서 지배자가 피지배자에게 강압적으로 행위하도록 하는 것이지만, 부탁은 라틴어 어원인 favere(친절을 베풀다)에서 볼 수 있듯이, 상대의 친절을 바라는 것입니다. 나의 친절과 동일한 선상에서 타인의 친절을 원함으로써 강제적이거나 강압적인 관계가 되지 않도록 하는 것입니다. 교회당 안에서 '부탁'이라는 말이 단지 봉사와 헌신을 강요함으로써, 그 의미가 희석되는 언어가 되기도 합니다. 그러나 부탁은 타자를 배려하는 정중한 신앙적 행위입니다. 그것은 사랑을 가장한 위계적 행위가 아니라 평등한 동지애에서 기반한 신앙적 행위라는 사실을 알아야 합니다.

선한 행위는 강제가 아니라 자발입니다!

"하나님을 구하라. 그러면 그대들은 그분을 발견할 것이며 그분과 함께 온갖 선한 것을 발견하게 될 것이다." 기도하고 구하는 것이 무엇이든 선한 주체이신 하나님이 먼저여야 합니다. 선한 마음도 중요하고, 선한 행위도 중요합니다. 그런데 그보다 더 중요한 것은 내가 선하게 살도록 하는 선한 주체이신 하나님이 나로 하여금 그렇게 자발적으로 살도록 해야 합니다. 사람에 대한 애정이 많을수록 선을 베풀고자 하는 마음 또한 큰 것이 인지상정입니다. 그러나 에크하르트가 말하듯이, 우리의 온갖 일은 하나님께로 귀결됩니다. 다시 말해서 우리의 선한 행위들은 우리 자신에게서 나오는 것이 아니라 하나님에게서 나옵니다. 우리는 선한 하나님의 선한 대행자에 불과합니다. 그렇기 때문에 선한 행위는 강제가 아니라 자발적 행위입니다. 선한 행위에서도 항상 염두에 두어야 할 것은 선한 행위의 주체는 내가 아니라 하나님이십니다. 선한 행위를 통해서 드러나야 할 존재는 선한 행위나 선한 행위를 한 내가 아니라 하나님이십니다. 우리가 그리스도인이기 때문에 의무감에 의해서 선한 행위를 한다고 생각할 수 있지만, 그것은 자발적이고 자진해서 하는 행위라고 말하기 어렵습니다. 마지못해서가 아니라 선한 행위의 주체이신 하나님이 내 안에서 추동하는 힘으로 작용하기 때문에 선한 행위가 나와서 그 행위로 인해서 하나님의 도드라지도록 해야 합니다. 자발적이라는 말이 그래서 중요합니다. 자기 의사에 따라서 선한 행위를 한 것은 '자연스러운'(spontaneous, 라틴어 sponte; 자연적으로, 뜻대로) 행위여야 한다는 점입니다. 교우라는 말 속에는 종이 아니라 평등하고 사랑하는 사람으로서 대우한다는 의미가 있습니다. 선한 행위는 선한 행위를 가능케 하신 하나님에 의해서 평등하고 사랑스러운 사람들의 자연스러운 행위여야 합니다. 그래서 사람들을 맞이할 때는 차별이 없이 항상 똑같은 사람으로 대우하고 환대하는 교회 공동체의 모습을 견지해야 합니다. 죄인이거나 종으로서 구속해야 하는 존재가 아니라 사랑하는 존재로서 받아들이는 교회 공동체여야 합니다. 이와 같이 '서로' 사랑으로 대할 수 있는 것은 우리가 '함께' 하나님을 믿는 사람으로서 '더불어' 사랑하는 관계이기 때문입니다. 만일 에크하르트가 말한 것처럼, 우리가 하나님 이외에는 아무것도 생각하지도, 구하지도, 즐거워하지 않는다면, 교회당을 들어오고 나가는 모든 사람들에 대해서 선한 행위를 베풀고도 남을 것입니다. 하나님으로만 충만한 사람들이 된다면 그분이 우리 속에서 선한 행위를 하도록 계속 말씀하시고 그와 같은 힘을 주실 수 있기 때문입니다. 우리에게 요청되는 깨달음은 우리의 선한 행위는 우리의 것이 아니라 하나님의 것이라는 인식의 전환입니다. 사람들이 소유한 선함이라는 것조차도 그 근원이 하나님으로부터 왔다는 것을 깨닫고 겸허한 마음으로 하나님이 주시는 자연스러운 흐름으로 선한 행위를 하면 됩니다. 그럴 때 하나님의 도드라짐이 방해 없이 우리와 하나님의 일치가 됨을 증명이라도 하듯이, 하나님의 그 선하심이 확연하게 나타나지 않을까요?

● ● ● ● ● ● ● ● ●

8. 하나님의 자비는 가장 가까이에 있습니다!(딤전 1,12~17)

"어떤 괴로움이나 죽음도 더 이상 우리의 영혼을 위협하지 못한다. 우리는 이제 더 깊이 사랑하는 법을 배웠기 때문이다."_헤르만 헤세(H. Hesse)

하나님을 섬긴다는 것은 그분을 가장 우선 순위에 두는 것입니다!

우리는 종종 종교 공동체에서 '섬긴다'(dienen)는 말을 듣곤 합니다. 실제로 그리스도인은 '섬긴다'는 동사를 입버릇처럼 달고 삽니다. 그런데 섬긴다는 것은 단순히 상대방에 대한 존경의 표시이거나 겸양의 행위를 나타내는 말이 아닙니다. '섬긴다'는 것은 상대방을 위해서 스스로 '노예'나 '하인'(Dienst)이 된다는 의미입니다. 그렇다면 우리가 하나님을 섬긴다고 고백을 할 때, 온전히 하나님께 속했다(zudienen)는 것을 상징합니다. 다시 말해서 하나님을 제일 우선으로 생각하여 그분이 필요할 때마다 노예처럼 시중을 들고 주인으로 모시면서 받드는 것입니다. 에크하르트는 "그는 하나님만을 소유하고 있으며 하나님만을 생각하며 하나님 외에는 아무것도 그에게 중요하지 않기 때문에, 그는 모든 행동과 모든 장소에서 하나님을 드러낸다. 그의 개인적인 온갖 일은 하나님께로 귀결된다"고 말합니다. 이처럼 하나님을 섬기는 데에는 두 번째가 없습니다. 만일 그리스도인이 하나님을 주인으로 모시고 받든다는 의식이 있다면, 하나님과 그분의 일을 뒷전으로 할 수는 없을 것입니다. 왜냐하면 섬김을 받는 주체인 하나님은 우리의 주인이시고, 우리는 그분의 종이기 때문입니다. 다시 말해서 그리스도인은 온전히 하나님께 귀속된 존재, 하나님께 속한 존재입니다. 때에 따라서 나의 소속을 이곳에 두었다가 저곳에 두었다가 하는 사람이라면, 하나님이라는 존재에 귀속된 존재가 아닙니다. 편의에 따라서 나의 이익이 될 때는 하나님께 속했다가, 별로 이익이 되지 않을 것 같을 때는 하나님과 별개의 삶의 영역이나 관심에 쏠려 있는 것은 소속불명확성을 지닌 그리스도인이라는 말입니다. 하나님께 속한 그리스도인이라는 분명한 신앙의식을 가진 사람이라면, 섬김은 온갖 도처에 계신 하나님을 향해서 한다는 마음으로 할 수 있어야 합니다. 섬김의 변덕이 생기는 이유는 우리가 하나님만을 소유하고 그분만을 생각하는 신앙심이 부족하다는 반증입니다. 우리 각자는 삶의 영역에서 하나님께서 우리에게 여러 가지 일을 하도록 부르셨습니다. 그것은 하나님 자신을 섬기는 존재가 되기 위해서, 오로지 하나님 자신의 자비에 기대어 살라는 호명입니다. 그런데 우리는 지금 하나님께 귀속된 존재처럼 살지 않습니다. 섬김이라는 말은 퇴물(ausdienen)이 되어서 이미 충분히 낡은 언어가 되어버렸습니다. 자비에서 출발하는 섬김은 퇴출이 되고, 퇴임이 되고, 퇴역이 된 채로 전혀 신앙적 언어가 되지 못하고 있습니다. 섬김은 하나님께 무엇을 제공해드리는 것(andienen)도 아닙니다. 섬김이란 그저 내가 하나님의 자비하심을 깨닫고 그분에게 귀속되어 사는 자그마한 행복감을 정신과 육체로 봉헌하는 것입니다.

모든 일 속에서 하나님의 자비를 생각하십시오!

사도 바울 자신은 하나님의 열정에 지나치게(?) 사로잡힌 사람이었습니다. 반면에 하나님에 대한 열정은 있었을지는 몰라도 하나님의 자비(Gnade)에 대한 경험과 느낌은 상대적으로 약했습니다. 열정보다 더 중요한 것은 자비입니다. 열정은 목적이 분명하면 강해지지만, 그 한정된 목적이 달성되면 열정 또한 사라지게 됩니다. 하지만 자비는 무목적적입니다. 자비는 하나님의 사랑에 의해서 주어지는 용서, 관용, 사면을 표상합니다. 그래서 하나님의 자비를 경험한 사람들은 그와 같은 자비를 똑같이 다른 사람들에게 베풀면서 살아가려고 합니다. 자비는 '위로부터' 옵니다. 여기서 '위로부터'라는 표현을 썼습니다만, 하나님의 현존이 미치는 모든 영역과 다르지 않습니다. 우리는 모든 곳에서 하나님의 자비를 경험합니다. 에크하르트는 "우리는 모든 일 속에서 하나님을 붙잡아야 하며, 우리의 느낌과 생각과 사랑 가운데 하나님을 늘 간직하는 일에 우리의 마음이 익숙해지도록 해야 한다"고 충고합니다. 하나님의 자비 체험은 우리가 곳곳에서 어떤 신앙적인 느낌, 신앙적인 생각 그리고 신앙적인 사랑을 통해서 진심으로 하나님을 떠올리려고 하는가에 달려 있습니다. 비록 남들이 허드렛일이라고 생각하는 청소나 주방일을 하더라도, 차량봉사나 주차관리를 하더라도, 가르치는 일이나 성가인도나 악기 반주나 안내를 하더라도 이 모든 일들은 하나님의 자비 체험에 근간을 둡니다. 문제는 하나님이 우리와 가장 가까이에 계신다는 믿음이 없는데, 하나님의 자비 체험이 발생할 리가 없다는 것입니다. 하나님의 자비는 매순간 그분에 대한 현존의식을 갖는 사람에게 느껴집니다. 하나님이 인간이 되어 이 땅에 오셨다는 것은 인간에게 가장 가까운 곳으로 내려오셨다는 것, 하나님이 인간보다 더 가까이에 인간으로 오셨다는 것을 뜻합니다. 그럼으로써 하나님의 자비를 느끼고 인식하도록 한다는 것이 하나님의 의도였을 것입니다. 인간은 하나님의 자비를 통해서 신을 향하게 됩니다. 신을 향한 자기가 되어야 온전한 자기 자신이 된다는 키에르케고르의 변증법적 의식상승은 하나님의 자비에 기댈 수밖에 없습니다. 신을 향한 의식도 결국 내가 누구인가에 대한 깊은 성찰이 없이는 불가능하기 때문입니다. 사도 바울처럼, "나는 죄인들 중에서 가장 큰 죄인입니다"라는 자기 자신의 고백은 신의 은총과 자비를 깨달은 사람의 뼈아픈 통찰에서 빚어진 결과입니다. 그만큼 하나님의 자비에 대한 깨달음이 크다는 것을 알 수 있습니다. 가장 큰 죄인이 신을 향한 의식을 갖게 될 때 하나님의 자비는 가장 가까이에 있는 것처럼 느낄 수가 있습니다. 에크하르트는 "하나님의 현존을 의식하지 못하는 사람, 그분을 만나기 위해 이리 저리로 나아가는 사람, 어떤 행위나 사람이나 장소 등과 같은 특별한 수단으로 그분을 찾아야 하는 사람 – 이런 사람들은 하나님을 얻지 못했느니"라고 비판합니다. 그러면서 하나님을 얻는 일은 "하나님을 향한 내적이며 지적인 전향에 달려 있다"고 안내합니다. 하나님의 자비는 관념이나 피조물 너머에 실재합니다. 하나님은 우리의 생각과 인식을 넘어서 존재합니다. 그래서 그분의 자비도 측량이 불가하며 한량이 없습니다. 하나님의 자비는 인간이 겨우 생각할 수 있는 만큼의 관용이나 용서나 연민의 분량을 품고 있지 않습니다. 하나님의 자비는 그 이상입니다. 생각을 넘어서, 피조세계가 보여주는 현상을 넘어서 존재하는 하나님의 자비는 영원한 생명을 지향합니다. 하나님의 자비의 표상과 본보기는 사도 바울을 보면서 충분히 깨닫게 됩니다. 하나님의 자비가 아니었다면 오늘날의 많은 사람들이 사도 바울을 통해서라도 하나님이라는 존재를 잘 몰랐을 것입니다. 정확하게는 하나님의 자비, 하나님의 자비로운 삶의 맛을 전혀 알지 못했을 것입니다. 에크하르트는 "모든 것은 하나님의 맛을 내면서 그분을 반영할 것이며, 하나님은 언제나 그 안에서 빛날 것이다"라고 말합니다. 세계의 전역에서 하나님을 맛보도록 만드는 것은 하나님의 자비 체험에서 기인합니다. 하나님의 자비 체험을 했던 사도 바울의 '자비 감정'과 '자비 베풂의 극치'는 '복음을 전하는 것'이었습니다. 하나님을 맛본다는 것은, 다른 의미로는 '경험하다'는 뜻도 있습니다. 따라서 하나님을 맛본다는 것은 하나님을 경험한다는 것과 같은 지평에서 이해할 수 있습니다. 하나님의 맛을 내는 것들은 하나님을 경험하는 매체입니다. 앞에서 말한 나의 봉헌과 섬김의 실체가 바로 하나님을 경험하는 것이기도 합니다. 마당을 쓸고 접시를 닦고 아이들을 가르치는 것은 모두가 하나님을 맛본 사람들의 실제적인 신앙 행위입니다. '하나님을 위해서 맛을 내는 일', 어쩌면 그것이 진정한 섬김일지도 모릅니다. 나의 절제된 신앙적 언어로 대화를 하는 것도 하나님을 맛보게 하는 것, 하나님을 음식처럼 먹게 하는 것(schmecken)

입니다. 아무리 훌륭한 변증적인 언어를 구사한다고 하더라도, 하나님을 온전하게 섭취하도록, 하나님을 맛볼 수 있도록(abschmecken), 하나님을 좋아하도록(auf den Geschmack kommen), 미적 감각(Geschmack)의 대상이 될 수 있도록 하지 않으면 안 됩니다. 자칫하면 그야말로 하나님을 밋밋하게 하여 '맛없는'(abschmeckend) 존재로 인식시킬 수 있습니다. 따라서 완전히 나의 신앙과 삶의 자양분이 되도록 하는 것은 하나님의 자비로우심에 기대어 그 자비를 행위로 나타내는 섬김과 봉헌이라는 사실을 잊지 말아야 합니다. 동시에 하나님의 맛을 내는 원천은 하나님의 자비에서 파생되는 것이며, 그 자비가 하나님을 충분히 반영하는 것, 하나님의 '있음'(sein; 맛-있다; 맛의 주체가 되는 분이 존재함)의 표지가 되는 것임을 잘 알아야 할 것입니다. 그렇다면 우리는 감칠맛이 나는(wohlschmeckend) 섬김과 봉헌으로 하나님의 자비를 보여주기만 하면 되지 않을까요?

●●●●●●●●●

9. 기도는 하나님과 상의하는 것입니다!(딤전 2,1~7)

기도는 모든 것 속에서 하나님을 식별하는 것입니다!

기도는 모든 종교에서 매우 중요한 신앙행위입니다. 그럼에도 대부분의 종교인들이 기도에 대해서 생각하는 것을 보면 너무 이기적이고 욕심이 많은 것 같습니다. 기도를 통해서 내가 달라지는 것이 아니라 하나님을 바꾸려는 과도한 욕망이 앞서기 때문입니다. 기도는 내가 바뀌기 위해서 하나님과 상의를 하는 것입니다. 더군다나 성서에서는 자신을 위한 간구보다는 공동체나 타자를 위한 기도가 우선해야 할 것을 강조하고 있습니다. 에크하르트는 이렇게 말합니다. "자신의 모든 일 속에서, 그리고 모든 경우에, 사람은 자신의 이성을 명확히 사용해야 하며, 자기 자신과 자신의 영성에 대한 의식적인 통찰을 가져야 하며, 만유 속에서 가능한 한 최대한으로 하나님을 식별해야 한다." 식별은 독일어로 두 가지 번역이 가능합니다. Unterscheidung(구별, 분간)이라는 개념과 Identifizierung(일치, 동일성의 확인)이라는 개념입니다. 요컨대 식별은 하나님과 모든 삶의 영역에서 혹은 나의 기도가 필요로 하는 사람들이 하나님과 일치하기를 바라는 마음을 위해서 그분의 마음이 아닌 것을 어떻게 분간하느냐 하는 것을 일컫는다고 볼 수 있습니다. 기도는 그렇게 하나님의 마음을 변별 혹은 판단하는 것입니다. 분간하려면, 지금 아래의 것(unter)과는 다른 삶을 살려는 분명한 구분(scheidung)이 필요합니다. 하나님의 방식이나 하나님의 의지와는 상반된 것을 아래로 내려놓고 그 아래의 것과는 다른 삶을 추구해야 합니다. 기도는 그렇게 아래의 것과 위의 것을 구분하기 위한 것입니다. 단순히 내 마음을 투사하여 무엇을 들어달라는 식의 욕망이나 욕심의 관철이나 응석하는 것이 아닙니다. 칭얼대는 목소리로 하나님의 마음을 바꾸려고 하는 기도가 아니라, 항상 위의 것, 초월적인 것, 하나님과 일치된 삶을 살기 위한 분명하고 명징한 판단능력을 모든 일상 속에서 발견할 수 있는 영적 민감성이 바로 기도입니다. 그것이 바로 하나님을 기쁘시게 하는 기도가 될 것입니다. 따라서 기도는 하나님을 위한 행위이지 나를 위한 것이 아닙니다. 기도는 하나님을 기쁘시게 하는 것이고, 하나님과의 평화와 일치를 꾀하기 위해서 항상 초월을 지향하는 마음가짐입니다.

기도는 하나님과 동행하기 위한 겸허한 질문입니다!

우리가 착각하는 것 중에 하나는 하나님이 매우 속 좁은 존재인 것처럼 치부한다는 사실입니다. 일례로 당신을 믿는 사람은 구원을 하고, 당신을 믿지 않는 사람은 구원을 베풀지 않는다고 단정 짓는 것입니다. 그리스도인은 그게 편할지 모릅니다. 그래야만 그리스도인 자신이 그리스도를 믿는 것에 대한 당위성과 안정감을 느끼게 될 것이니 말입니다. 하지만 하나님은 '모든 사람이 구원을 받기를 원하십니다.' 동시에 진리와 진실을 알기를 바라십니다. 신앙은 모든 사람이 하나님과 동행하면서 살기를 바라신다는 것이 핵심입니다. 다시 말해서 한 사람도 배제되지 않고 모두가 하나님의 품 안에서 진리의 사람으로 인정받기를 원하신다는 것입니다. 에크하르트의 말을 들으면 그 진심이 명확해집니다. "사람은 사람으로서 해야 할 여러 가지 활동을 하지 않고서는 살 수가 없기에 우리는 우리가 행하는 모든 것들 속에서 하나님과 동행하는 법을 배워야 한다." 무엇을 듣든지 간에, 무엇을 보든지 간에 모든 것을 하나님께 아뢰는 것은 당신과 잘 동행하기 위해서 반드시 필요한 하나님과의 소통 방법입니다.

하나님의 유일성이란 나의 신앙과 삶의 판단 잣대의 최고 기준이 됩니다. 하나님의 '유일성'이 '폭력'을 나타내는 말이 아닙니다. 그가 폭군으로서 다른 모든 종교의 신들을 파괴하고 인정하지 않겠다는 개념이 아닙니다. 하나라는 말과 유일하다는 말은 그만큼 다른 존재(자)와는 견줄 수 없는 위대한 척도가 된다는 것을 강조하기 위함입니다. 그러한 하나님과 인간 사이의 중재자이신 예수 역시 한 분이라는 것도 같은 맥락에서 생각해야 합니다. 그분의 신앙적 행위나 결단은 특이합니다. 타자를 위해서, 인류를 위해서라는 수식어의 전제는 예수를 기준으로 삼아서 하나님과 동행하는 삶을 살라는 인류를 위한 기도의 구체적 실천이자 사랑의 행위입니다. 기도는 그렇게 하나님과 동행하는 사람에게서 나오는 힘입니다. 더불어 기도는 하나님과의 동행을 위한 방편이자 그 동행을 위해서 길을 잃지 않기 위한 좌표입니다. 한 분이신 하나님, 그리고 그 하나님과 인간 사이에서 중재 역할을 하시는 예수는 끊임없이 나란히 보조를 맞추며 함께 길을 걸으셨던 동행자였습니다. 눈의 시선은 물론 마음의 일치는 진리의 길을 걷고, 초월자가 원하시는 삶을 살 수 있었던 두 분만의 소통 방식이었습니다. 지금 우리에게도 그렇게 요구하고 있습니다. 하나님의 시선에 맞춰서 살기 위해서 기도를 통해서 그 시선을 응시하면서 그분과 순수한 눈빛을 교환하라고 말입니다.

기도는 마음속에 오직 하나님만이 그득하도록 하는 것입니다!

예수가 다른 사람들 위해서 대신 속죄(Sühne; Versöhnung)를 했다는 것은 신과의 먼 간격을 좁혀주었다는 말로도 바꿀 수 있습니다. 하나님과 소원했던 관계를 회복하기 위해서는 화해도 필요합니다. 회개나 면죄(Ablass)도 필요합니다. 그래서 중재자가 필요합니다. 중재자는 중간에서(medius) 죄인인 인간을 위해서 대신 빌어주는 존재입니다. 모든 죄를 탕감하고 순수한 마음 바탕에서 오직 하나님만을 그득하게 채워서 살아가도록 기도하는 것입니다. 예수는 그런 분이십니다. 그러므로 인간인 우리도 하나님만을 그득하게 채워서 살도록 마음을 비워야 합니다. 기도는 그래야 가능합니다. 마음을 비우고 하나님만을 그득하게 채우는 일, 그것이 기도라는 사실을 알아야 합니다. 예수는 하나님과 인간 사이를 중재하면서 하나님의 뜻을 인간에게 전달했습니다. 그러므로 마음속에 하나님의 뜻이 분명하게 나타나기 위해서는 마음에 있는 온갖 잡다한 것들을 제거해야 합니다. 에크하르트는 이렇게 말합니다. "초보자가 다른 사람들과 관계를 가져야 할 때, 그로 하여금 먼저 자신을 하나님께 맡기도록 하고, 그의 느낌과 생각, 의지와 능력을 하나님과 결합시키면서 그의 마음속에 하나님이 확고하게 자리 잡게 함으로써 아무것도 그의 마음속에 들어올 수 없게 한다."

하나님이 확고하게 자리 잡게 한다는 것은 순수한 무의 상태가 아니면 어렵습니다. 세상의 잡다한 것들이 인간으로 하여금 정제되지 못한 생각들을 하게 되니 하나님이 들어설 자리가 전혀 없습니다. '기도'는 먼저 '마음 비움'입니다. 마음을 비우고 하나님을 그득하게 채워나가는 작업이 기도라고 한다면, '하나님 이외의 어느 것도 기도의 내용이 되어서는 안 된다'는 것을 뜻합니다. 하나님의 뜻, 그 뜻의 보편성을 알기 위한 몸부림은 신앙의 본질적이지 않은 것들을 덜어내는 행위입니다. 하나님과 세계는 이분법적으로 가를 수 없습니다. 하나님의 마음이 세계를 품는 훨씬 넓은 범주의 존재를 지칭하는 것이니, 우리가 하나님의 마음을 품으면 그만큼 성과 속의 간격이 무의미해지게 됩니다. 기도는 그렇게 하나님의 마음이 인간의 마음에 가득하여 모든 것을 품는 것입니다. 하나님은 예수를 통하여(medius) 인간과 연결되기를 원하셨습니다.(vermitteln) 이제 우리가 하나님과 단절되지 않고 그분의 마음을 품고 지속적인 연결이 가능한 삶을 살아야 합니다. 바로 기도를 통해서 말입니다.

기도(Gebet; Andacht)는 불란하지 않은 마음을 일컫기도 하고, 경건한 마음과 정신집중을 뜻하기도 합니다. 그것은 하나님께 우리의 마음을 드리는 것(beten; geben; Gabe)에서 비롯됩니다. 왜냐하면 우리가 하나님에 대해서 깊이 숙고하고 생각하기(durchdacht; durchdenken) 시작하면서 하나님은 우리 마음에 당신을 가득 채우시기 위해서 오시기 때문입니다. 그런 의미에서 우리의 순수한 마음과 그 속에 그득한 하나님의 마음은 이미 그분으로부터 받은 선물입니다.

●●●●●●●●●●

10. 많은 사랑을 소유하십시오!(계시 12,7~12)

"죽음을 배운 자는 굴종을 모릅니다. 죽음의 깨달음은 온갖 예속과 속박으로부터 우리를 해방시킵니다."_미셸 몽테뉴(Michel E. Montaigne)

종말에는 사랑이 버티는 힘이 됩니다!

전쟁과 싸움은 의지, 곧 사랑하고자 하는 의지의 결여입니다! 천사와 악마의 싸움은 권력과 지배의 욕망 때문입니다. 하나님으로부터 오는 것은 오직 사랑뿐입니다. 그런데 악은 사랑하고자 하는 의지가 약한 데서 비롯됩니다. 사랑의 의지가 약할 때 악의 씨앗은 여지없이 자라납니다. 에크하르트는 "사랑은 의지 속에서만 자리한다. 더욱 많은 의지를 소유한다는 것을 더욱 많은 사랑을 소유하는 것이다"라고 말합니다. 악은 사랑이신 하나님의 의지, 하나님의 뜻에 순응하지 않을 때 발생합니다. 악은 그렇게 인간을 굴복하고 악마의 화신으로 나타나 악의 의지대로 세상을 지배하려고 합니다. 하나님의 의지는 "특정한 관건을 아무것도 갖지 않을 때, 그것이 자아로부터 벗어날 때... 완전하고 올바르게" 됩니다. 하나님의 의지는 인간의 의지와는 다릅니다. 하나님의 의지는 인간의 자아를 넘어섭니다. 하나님 이외의 아무런 단서, 해법이 아닌 것, 그것이 하나님의 의지입니다. 하나님을 단서로 하고 해법으로 하지 않으니 악이 됩니다. 그것을 거부하고 자신이 해법이나 실마리가 되는 주체가 되겠다고 감히 선언한 존재가 악마입니다.

하늘의 사람은 하나님의 의지에 따라서 사랑을 하려는 의지를 가진 존재입니다. 하늘은 하나님의 의지만이 전부여야 하는데, 그 의지에 반하여 사랑을 한다면 그것은 사랑이 아니라 미움과 전쟁, 다툼과 싸움만이 일어날 뿐입니다. 악의 마음을 갖게 되는 것은 인간이 자신의 마음속에 하나님의 의지를 담고 있지 못하기 때문입니다. 인간의 사심과는 다른 하나님의 의지를 더 많이 소유할수록 더 많은 사랑을 갖게 될 텐데, 사랑의 부드러움에 반하는 날카로운 의지로 일관하니 죽임의 전쟁이 일어날 수밖에 없습니다. 악의 의지에 굴종하게 되면 선한 의지는 죄의 충동에 사로잡혀 죄에 동의하고 굴복하게 됩니다. 따라서 에크하르트는 말합니다. "사랑은 전적으로 의지에 달려 있다. 그래서 더 많은 의지를 갖는 것은 더 많은 사랑을 갖는 것이다." 하나님에 대해서 그분의 의지를 가지려고 노력하면 할수록 사랑은 더 커집니다. 하나님의 의지는 사랑의 의지이지 지배나 권력 그리고 폭력의 의지가 아닙니다. 하늘의 사람이 타락을 하는 경우는 하나님의 의지 속에 있는 사랑을 더 크게 갖지 못해서 입니다. 기억해야 할 것은 하나님의 의지 속에 사랑이 있듯이, 사랑은 인간의 영혼 속에 숨겨져 있다는 것입니다. 그러므로 우리가 하나님의 의지를 갖고 있게 되면, 우리의 영혼 속에서 사랑이 피어나게 됩니다.

하나님의 사랑을 품으려면 비워야 합니다!

하나님의 의지와 사랑을 갖지 못하면 추락을 면치 못합니다. 추락(Fall)은 자기 자아의 무게를 견디지 못한 현상입니다. 그것은 파멸(Sturz)이고 멸망입니다. 에크하르트가 말하듯이, 하나님의 의지와 사랑은 자신의 의지를 내려놓고 자신의 사랑을 빼앗겨야 합니다. 하나님의 사랑은 이 땅의 사람들에게 자신의 사랑을 빼앗긴 사람에게 주어집니다. 그런데 아무리 하나님의 사랑을 실현하고자 하더라도 이 땅의 사람들이 그것을 받아들이지 못할 때는 하나님의 사랑은 변명처럼 되어버립니다. 하나님이 사랑하는 존재는 하늘이든 땅이든 모든 대상을 다 포괄하는 것인데, 하나님의 의지를 갖지 못한 사람이 자신이 하늘에서 추락을 한 것처럼 변론을 한다는 것은 어불성설입니다. 하나님의 사람이 되고자 하는 사람은 반드시 하나님의 의지를 지녀야 합니다. 그것도 선한 의지를 말입니다. 에크하르트는 말합니다. "선한 의지는 결코 하나님을 놓치는 법이 없다는 것을 그대들은 역시 알아야만 한다." 하늘의 사람이 되기 위해서는 선한 의지가 있어야 합니다. 애초에 선한 의지는 하늘에서 필요로 하는 근본 바탕이었습니다. 선한 의지는 하나님으로부터 비롯되는 것인데, 하나님에게서 의지를 찾으려고 하는 것이 아니라 다른 방편이나 수단에서 찾으려고 합니다. 그래놓고 하나님이 사라졌다고 믿습니다. 우리의 의지를 가지고 있으니 하나님이 들어

설 자리가 없을 수밖에 없습니다. 그러면 우리는 다시 반성을 해야 합니다. 추락하고 파멸하기 전에 얼른 하나님의 구원의지를 발견하려고 해야 합니다. 하나님의 지배하심과 그리스도의 힘이 이 세상을 이끌 수 있도록 하나님의 의지를 반성적으로 찾아야 합니다. 에크하르트는 그 방법을 이렇게 일러줍니다. "하나님을 잃은 것은 그대들이 그분을 마지막으로 소유했을 때인 것, 그러므로 그분이 지금 사라졌다고 생각하라. 그러면 그분을 다시 발견하게 될 것이다."

하나님의 발견은 지금 사라졌다는 생각, 조금 전까지는 존재했다가 방금 사라졌다고 생각하는 그 생각이 하나님 발견의 단초가 됩니다. 물론 잃어버렸다는 생각조차도 못하고 사는 종교인이 많은 것이 사실입니다. 하나님께서 존재하고 있다, 혹은 존재하고 있지 않다는 생각을 하지 않으니 사유의 꼬리를 잡을 수가 없는 것입니다. 사유의 꼬리를 잡아야 하나님을 발견할 가능성이 생깁니다. 항상 '지금'(jetzt)은 순간 혹은 찰나(Augenblick)입니다. 지금 잃어버렸다는 생각을 하게 되면 다시 금방 찾으려는 생각이 떠오르게 됩니다. 마지막에 본 것이 지금이라면 지금까지 봤던 하나님을 발견하려고 하면 됩니다. 세상으로 쫓겨난 이들에게는 하나님을 발견하기가 어렵습니다. 하나님을 발견하려는 순간, 혹은 찰나조차도 자기 스스로 사유할 수 있는 여유가 없습니다. 공백이나 여백을 찾을 수가 없습니다. 지금, 순간 그리고 찰나는 모두 시간적으로 잠시잠깐의 짧은 촌음(寸陰)을 말합니다. 그것조차도 자유롭지 못합니다. 세상은 그렇습니다. 하나님을 발견하고자 하는 지금, 촌각까지도 다 지배를 받습니다. 촌시(寸時)를 하나님의 발견을 위한 시간으로 삼지 못하도록 하는 세상은 추방된 세계입니다. 하나님으로부터 추방된 세계는 구원이 아니라 저주입니다. 하나님의 영원한 저주를 풀고 완전한 구원을 위해서 지금 잃어버린 하나님을 찾으라고 하는 것인데, 그 지금, 찰나, 촌각을 사유하지 못하게 하는 존재가 있다면 그 존재가 악마입니다.

진리의 힘으로 악마를 이겨내야 합니다!

그리스도의 죽음과 그 존재의 진리는 악마로부터 구원하는 힘입니다. 그리스도가 인류의 구원을 위해서 하나님의 의지에 자신을 복종한 것처럼, 인간도 자신의 의지를 하나님께 복종시켜야 합니다. 복종은 포기입니다. 복종은 버림입니다. 에크하르트는 이것을 좀 더 명확하게 풀어서 말해줍니다. "사람이 자신의 의지를 포기하지 않는다면 그를 진실하게 만들 길이란 없다. 사실 의지의 완전한 복종 없는 하나님과의 교통이란 없는 것이다. 그러나 우리가 하나님을 위하여 완전히 포기하고, 육체적이고 영적인 모든 것을 내버릴 용기가 있다면 우리는 모든 것을 이루게 된다. 그러기 이전에는 우리는 아무것도 이루지 못하는 것이다." 악은 하나님과의 단절을 의미합니다. 그 악을 이기기 위해서는 인간의 의지를 복종시키고 모든 것을 버릴 각오가 되어 있어야 합니다. 악마는 세상을 버리지 말라고 합니다. 악마는 그 어떤 것도 버리지 말라고 말합니다. 그 때 악마를 이길 수 있는 힘은 자신의 것을 포기하고, 버리고, 복종하는 것입니다. 심지어 그리스도처럼 자기 자신까지도 말입니다. 그러면 모든 것을 얻게 될 것입니다. 자기 자신이 없으면 모든 것이 존재하게 될 것입니다. 반대로 모든 것이 존재하여 그 존재를 사유하게 되면 지금의 하나님, 찰나의 하나님, 촌각의 하나님과 자기 자신은 사라지게 되는 역설적인 종말을 맞이할 수 있습니다. 그래서 하나님에 대해서 찰나의 깨달음을 갖는 것도 죽음의 직전에 이르기까지 이루기가 지난한 일인지도 모르겠습니다.

5장

신과 삶의 일치, 그 실존의
지금 여기

1. 고뇌와 고독의 속의 하나님(딤후 1,1~14)

*"비탄의 구렁텅이에 빠져 있을 때 친구가 건네 주는 말처럼 기쁜 것은 없다. 그 목소리처럼 아름답게 들리는 것은 없다."*_(메난드로스, *Menandros*, 아테네 극작가)

고독한 신앙은 홀로 예수의 길을 가야 하는 필연입니다!

신앙인들은 고독이라는 말에 대해 긍정과 부정 양면성을 다 가지고 있다고 생각하는 것 같습니다. 하나님 앞에서 모두가 단독자라는 사실을 인정하면서도 동시에 외롭고 쓸쓸한 것 같은 뉘앙스는 싫어합니다. 신앙인으로서의 개인과 교회공동체 사이의 조화를 강조하는 것도 그러한 이유이기도 합니다. 공동체를 강조하면 개인이 지닌 신앙의 색깔과 주관이 사라집니다. 때에 따라서는 억압을 당하기도 합니다. 반면에 그러한 것을 감수하고서라도 절대로 외톨이가 되고 싶지 않은 신앙인의 심리가 공동체성을 유지하게 하는 원동력이 됩니다. 여하튼 성서를 비롯하여 세계의 주요 경전들은 보편적으로 고독에 대해서 긍정적으로 생각하는 듯합니다. 설령 여러 세대에 걸쳐서 신앙생활을 해왔다고는 하지만, 결국 신앙을 갖고 그것을 유지하는 절대적인 몫은 자신에게 달려 있습니다. 그저 할 수 있는 것은 기도를 할 뿐입니다. 예수와 일치를 추구하는 사람은 고독하더라도 절대 고독이 아닙니다. 개인이 고독한 신앙을 즐거워하는 것은 하나님께 완전한 복종을 위한 것입니다. 무엇을 위해 사는가라는 질문을 던질 때에 그가 하나님을 위해 산다는 답변을 한다면, 그것은 내가 어떤 처지에 있든지 간에 하나님이 주신 고독 속에서 살겠다는 의지의 반영입니다. 에크하르트는 이렇게 말합니다. "사람이 자신의 의지를 포기하지 않는다면 그를 진실하게 만들 길이란 없다. 사실 의지의 완전한 복종 없는 하나님과의 교통이란 없다. 그러나 우리가 하나님을 위하여 완전히 포기하고, 육체적이고 영적인 모든 것을 내버릴 용기가 있다면 우리는 모든 것을 이루게 된다. 그러기 이전에는 우리는 아무것도 이루지 못하는 것이다."

그리스도를 믿게 되면 나의 의지보다는 하나님의 의지에 복종을 합니다. 그게 자연스러운 고독입니다. 일부러 고독을 즐기겠다는 사색적이고 낭만적이고 염세적인 외로움을 말하는 것이 아닙니다. 하나님을 믿게 되면 자신의 의지를 포기하고 모든 마음과 의지를 예수에게 맞춥니다. 그렇게 될 때 우리는 제대로 신앙적 고독을 알게 됩니다. 모든 것들을 포기하고 하나님의 의지에 자신을 내맡기는 것은 가능한 한 예수처럼 자신의 삶이 아닌 하나님의 삶을 사는 것을 의미합니다. 신앙은 그렇게 혼자 서는 것입니다. 누가 세워주지 않습니다. 하나님의 삶을 사는 것은 하나님을 믿는 사람이 단독으로 내려야 할 결단입니다. 그래서 외롭고 고독하고 고뇌가 뒤따르기 마련입니다. 하지만 그렇게 거짓 없는 믿음, 신실한 믿음은 선대(先代)의 믿음에 의해서 되지 않습니다. 키에르케고르처럼 고독한 결단, 곧 신 앞에서 자기 자신이고자 하는 믿음을 가지려고 부단히 노력을 해야 합니다. 그는 이렇게 말합니다. "신은 그에게 있어 그의 남모를 고뇌의 유일한 위안인 것이다. 그런데도 그는 고뇌를 사랑하고, 그는 고뇌를 버리려고는 하지 않는 것이다. 그는 신 앞에서 자기 자신이고자 생각한다." 하나님을 믿는 사람은 신(神)을 갖고(?) 있는 것만으로 충분합니다. 그 이외는 모든 것들이 짐입니다. 우리는 하나님 앞에서만이 자기 자신일 수 있습니다. 부단히 발버둥 치면서 실존의 여러 사족들을 걸치고자 애를 쓰지만 그것은 영원하지 않습니다. 그 때 뿐이고 만족이 없습니다. 무엇을 이루었다고 생각하지만, 실상은 아무것도 이룬 것이 없습니다. 무엇을 가졌다고는 하지만, 아무것도 가진 것이 없습니다. 그러니 하나님을 만나면서 그분만으로 만족을 하는 고독이 아니라 공허감에 시달립니다.

고독은 하나님의 의지를 가지고 그분과 함께 사는 것입니다!

목사이자 상담가인 휴 프레이더(Hugh Prather)는 "혼자 있음을 뜻하는 고독함(solitude)이란 부적당한 표현이다. 나에게는 혼자 있음이 같이 있음이어서 – 나와 자연, 나와 존재성이 다시 만나는 것이요, 내가 모든 것과 재결합함을 의미한다"고 말합니다. 고독은 거짓 없음의 순수한 믿음을 가질 뿐만 아니라 가식이 없습니다. 하나님만을 대면하니 그분의 존재만으로 만족을 하고, 그분이 창조한 모든 피조물들과 함께 생을 즐깁니다. 고독한 존재와 존재자들이 함께 있음으로 해서 고독한 존재로 살아갑니다. 고독한 존재라고 해서 자기 자신을 방치하는 것이 아닙니다. 고독은 함께 그리고 더불어 하나님께로 나아갑니다. 에크하르트도 이렇게 말합니다. "자신의 의지를 갖지 않으면 않을수록 그 사람 자신은 하나님 속으로 섞여 들어가는 것이다."

'섞이다'(sich vermischen)는 하나님과 일치요 융합을 뜻합니다. 신앙을 갖는 것은 점차 하나님의 의지로 편입되어 들어가는 것입니다. 나의 의지가 아니라 하나님의 의지로 넘어감으로써(übergehen) 하나님의 의지로 바뀌는 것, 하나님의 의지로 차츰 변화해 가는 것입니다. 그래서 고독(Einsamkeit)은 온전하게 하나로 존재함입니다. 고독은 오직 하나님의 의지 하나에 자신이 흡수되어 그분과 일치됨, 일치되어 존재합니다. 모든 존재들이 하나님의 의지에서 하나가 되는 것이니 결코 외롭지 않습니다. 모두가 하나님의 의지에서 만나기 때문입니다. 그러므로 우리가 신앙생활을 한다는 것, 예배를 드린다는 것은 하나님의 의지에서 서로를 느끼고 모두가 연결되었다는 것을 확인하는 것이나 다름이 없습니다. 에크하르트도 흥미로운 말을 합니다. "먼저 하나님을 접촉하지 않고서는 그 어떤 피조물도 그와 접촉할 수 없는 것이다." 접촉(Berührung)은 감각과 측은히 여김, 움직임에 의한 관계 맺음입니다. 하나님의 영은 우리가 서로 힘과 사랑과 절제를 가지고 복음적인 삶을 살라고 하나님과 접촉하도록 하십니다. 하나님의 영이 하나님을 만지도록 허락하지 않으면 우리는 그저 단순한 인간적인 감정의 외로움과 소외의 나락으로 떨어지고 말 것입니다.

고독은 하나님과 함께 생생하게 사는 것입니다!

그리스도인은 복음(적인 삶)을 위해서 저마다 여러 능력과 재능과 직분을 가지고 있습니다. 세상의 기쁜소식을 전할 뿐만 아니라 그 토대 위에서 그리스도인이 어떤 삶을 사는가라는 것은 중요합니다. 사도 바울은 고난에 참여할 뿐만 아니라 "그대는 그리스도 예수를 통해서 얻은 믿음과 사랑을 가지고 나에게서 들은 건전한 말씀을 생활 원칙으로 삼으시오"라고 권고합니다. 예수의 삶과 말씀이 생생하게 살아서 그리스도인의 삶의 원칙이 되도록 살라는 이야기는 에크하르트가 말하는 하나님을 만지면서 살라는 것, 포기함으로써 자신의 신앙적 고독을 통하여 향기를 얻고 거룩하게 되라는 말과 다르지 않습니다. 고독하다는 것이 결코 홀로 있음 정도로 치부하면 안 됩니다. 외따로(혼자서 따로)가 아닙니다. 생생한(lebendig) 삶은 살아있는, 활기 있는 삶이라는 표현입니다. 그분과 살고 그분의 영에 따라서 살면 혼자 있으되 외롭고 쓸쓸한 삶이 아니라 더욱 활기(Lebenskraft, 生氣) 있는 삶, 생명이 있는 삶을 살게 마련입니다. 하나님을 만지는 것은 고독의 대가가 주어집니다. 하나님을 만진다는 것은 내가 그분과 어떤 관계를 맺고 있는가를 파악하고 이해했다(befassen)는 것이기도 합니다. 하나님을 만진다는 것은 다른 한편으로는 느낀다(anfühlen)는 것이며 동시에 '다른 그 무엇보다도 가장 절실하게' 그분을 느끼는(vorfühlen)이기도 합니다. 그러니 그리스도인의 고독이 결코 처절함 외로움을 의미하지 않는다는 것입니다.

독일의 아동문학가 악셀 하케(Axel Hacke)의 글 중에는 이런 이야기가 등장합니다. "세발자전거는 세 살이 되면 선물로 받는 거니까 세발자전거야"라고 안네가 말했습니다. 하지만 막스는 지금 다섯 살이고, 작년부터 정식 자전거를 가지고 있답니다. 다만 본 어린이 교육 조언자께서 보조바퀴를 빼 버렸기 때문에 그 자전거를 제대로 사용한 적이 없지만 말입니다. 막스는 보조바퀴 없이 자전거를 타려들지 않았거든요. 나는 연습을 해야 한다고 말했습니다. "연습해라. 연습. 연습하면 돼. 이것 봐. 어느 날엔가는 뒤를 받쳐 주는 것도 모두 떨어져 나가게 마련이란다. 혼자 달려야 해. 그게 바로 사는 거란다." 연습을 하기엔 막스란 놈은 너무 게으름뱅이였습니다." 이처럼 신앙도 하나님 앞에서 혼자 서게 이끌어 줍니다. 하나님을 만질 수 있는 조건은 자기 포기이기에, 그것은 이미 아무것도 갖지 않은 홀로 존재하는 상태에서 가능한 일입니다.(에크하르트) 하지만 우리가 진정한 자기 자신이라고 말할 수 있는 것은 오직 자기 자신의 척도가 무한한 신 앞에 있다는 확신을 가질 때입니다. 더불어 신을 향한 자기여야 자기의 실재를 획득하게 됩니다. 그게 그리스도인입니다.

●●

2. 하나님의 지금 여기(딤후 2,8~15)

"자기의 존재에 대해 끊임없이 놀라는 것, 그것이 인생이다"(R. 타고르)

예수 그리스도를 기억하십시오!

에크하르트는 하나님과 인간의 죄의 관계를 새롭게 인식합니다. "하나님은 기꺼이 죄에 정면으로 맞서시며 그것을 대단히 많이 참으신다. 매우 자주 하나님은 인간으로 하여금 죄를 짓게 하신다. 죄를 지음으로써 그들이 좀 더 높은 단계로 상승할 것이라는 것을 내다보실 때." 우리가 성서를 읽어보면 대부분의 위대한 인물들이라 생각했던 사람들이 대죄를 지었던 경력을 가지고 있습니다. 사도 바울도 그리스도를 믿었던 사람들을 핍박했던 열정적인 유대인이었습니다. 그가 어떻게 신앙적으로 상승하는 사람이 되었을까요? 그가 어떻게 신앙의 도약을 감행하여 그리스도교의 선봉장이 되었을까요? 아마도 하나님은 그가 상승할 수 있는 인물, 도약할 수 있는 인물이라는 것을 알았던 것 같습니다. 사도 바울은 죄로부터 하나님을 향한 상승과 도약을 할 수 있었던 신앙인이었습니다. 죄보다 하나님을 향한 상승과 도약이 더 큰 것입니다. 죄가 가벼워야 상승과 도약이 가능해집니다. 하나님은 죄를 가볍게 보시고 당신으로 향한 상승과 도약은 크게 보셨다는 말입니다. 그만큼 하나님이 인간으로 하여금 죄를 짓도록 방치하는 것은 상승할 가능성이 있는 사람이라는 것을 암시합니다. 자크 라캉은 "망각된 것은 행위 속에서 기억나고, 행해진 것을 없애는 것은 다른 곳에서 이야기된 것과 상충된다"고 말합니다. 따라서 우리가 죄를 지을 때 예수 그리스도를 기억하는 것이 중요합니다. 그리스도를 기억한다는 것은 상승과 도약의 길을 모색할 수 있습니다. 그리스도가 어떤 존재인가를 알게 될 때 하나님을 향한 상승과 도약의 의지를 가질 수 있습니다. 만일 그리스도의 망각이 아닌 기억, 즉 그리스도의 말씀과 그의 구원 사건을 상기하면 하나님을 향한 상승과 도약의 사건이 발생합니다. 죄는 무거워져 아래에 머물고 상승과 도약은 가벼워집니다. 하나님의 용서 의지는 강해지고 당신을 향한 마음을 가득 품은 인간에 대한 포용성은 더 넓어집니다.

고려시대의 향가에서 '괴다'라는 말이 나타나는데, 그 괴다라는 말은 사랑(ㅅ랑)이라는 말이 등장하면서 점점 사라지게 됩니다. 그런데 사랑과 생각[싱각, 憶, 思]은 같은 말이었습니다. 생각[憶]한다는 것은 기억한다는 것을 의미하기도 합니다. 사람에 대한 기억과 생각은 사랑에서 출발합니다. 그의 말과 행적에 대한 깊은 의미를 떠올리면 떠올릴수록 사랑은 커져만 갑니다. 사랑이 식어지지 않는 것이 마음이 고와지는 것, 곧 괴는 것입니다. 고려시대 〈사모곡〉(思母曲)은 부모님의 애정을 호미와 낫에 비유하여 이렇게 읊고 있습니다. "호ᄆᆡ도 놀히언 마ᄅᆞᆫ/ 날ᄀᆞ티 들리도 업스니이다/ 아바님도 어이어신 마ᄅᆞᆫ/ 위 덩더둥셩/ 어마님ᄀᆞ티 괴시리 업세라/ 아소 님하 어마님 ᄀᆞ티 괴시리 업세라"[호미도 날은 날이지마는 낫날과 같이 잘 들 리도 없습니다. (그와 마찬가지로) 아버님도 어버이시건마는(어ᄉᆡ: 어머님→부모님으로 확장) 위 덩더둥셩 어머님과 같이 (그렇게) 사랑하실 분이 없어라 (이 점을) 알으시오 임이시여 (참으로) 어머님과 같이 사랑하실 분이 없어라].

에크하르트도 그리스도에 대한 사랑을 이렇게 간파했습니다. "그러므로 우리가 주님의 고통이 얼마나 큰가를 깨닫는 것, 그래서 더 큰 겸손과 헌신에 주의를 기울이는 것이 우리 주님의 뜻인 것이다. 새로운 참회는 새로운 사랑을 불러일으키는 동시에 그것을 증가시킨다." 복음은 그리스도를 위해서 고통을 당하게 하기도 합니다. 그리스도를 따르는 삶과 그분의 말씀과 행적을 내 삶으로 구현하는 것은 분명히 고통이 수반됩니다. 고상할 수만은 없습니다. 그리스도의 고통을 깨닫고 기억하는 것, 그리고 우리가 얼마나 그의 삶에 부합하여 살아가지 못하는가를 깨닫고 참회하면 할수록 사랑은 더 커집니다. 그 때 죄는 무거워져 더 이상 나의 무게가 되지 못하지만, 용서의 사랑은 커져서 당신으로 향하는 도약과 상승은 가벼워집니다. 사랑을 깨닫게 되면 더 큰 존재가 됩니다. 존재가 비로소 하나님을 만나면서 죄라고 하는 것을 버리게 되고, 인간에게 무겁게 매달리던 죄는 더 이상 죄로서 기능을 할 수 없게 됩니다. 다만 우리는 매순간 그리스도를 떠올려야 하며, 우리를 옥죄는 삶의 죄스러운 환경 속에서도 하나님의 말씀을 곱씹으며 정신을 바짝 차려야 합니다. 사도 바울은 옥중에서도 그리스도의 말씀의 한계를 느끼지 못한다고 했습니다. 죄를 짓는 순간, 죄를 지으려는 찰나에도 말씀은 죄를 억누르고 우리로 하여금 하나님을 향하게 함으로써 죄로부터 해방시킵니다. 그게 진정한 하나님을 향한 도약과 상승입니다.

우리가 죄로 인해서 죽은 것 같으나 여전히 살아 있는 것은 존재의 만남 때문입니다. 작고한 철학자 안병욱은 "인생은 만남이다"라고 말한 적이 있습니다. 그러면서 산다는 것은 만남인데, 역사도 자연도 종교도 만남이라고 설파했습니다. 그 중에서도 울림으로 다가오는 말은 "종교는 깊은 언어로 우리에게 이야기한다"는 글귀입니다. 예수와의 만남은 과거의 삶이 죽고 현재의 삶을 새롭게 탄생시킵니다. 삶이 죽었으나 신앙 안에서는 그분과 함께 산다는 것은, 예수 사건은 기억하고 생각한다는 것을 의미합니다. 다시 말하면 사랑이라는 웅숭깊은 언어가 계속 우리의 심장을 울리는 것을 뜻합니다. 사랑이라는 종교적인 깊은 언어는 하나님을 향한 도약과 상승을 경험하게 만드는 이야기를 발생시킵니다. 그런데 우리는 사랑한다면서 생각하지 않습니다. 예수를 사랑한다고 하면서 기억하지 않습니다. 예수를 사랑한다고 하면서 매순간, 일정한 상황 속에서 사유를 회피합니다. 신앙적 도약과 상승이 일어날 리가 만무합니다. 그리스도인의 신앙적 상승과 도약이 없으니 죄의 상황에 빠져서 죄의 무게감과 부담감, 죄책감에 시달리면서 거룩한 사랑의 이야기를 만들어내지 못합니다. 사랑의 이야기가 없는 교회, 사랑의 이야기가 끊긴 종교는 죽은 교회입니다.

하나님은 현재의 하나님이십니다!

마이스터 에크하르트는 "하나님은 현재의 하나님이시다. 그러므로 그분은 [현재] 사람을 발견하시는 만큼 그를 취하시며 받아들이신다. 과거의 그를 위해서가 아니라 현재의 그를 위해서." 우리는 지금 어디를 살고 있습니까? 과거입니까? 혹은 미래입니까? 우리가 어디를 살고 있느냐에 따라서 하나님의 존재 공간, 하나님의 존재 시간이 달라집니다. 아니 자칫하면 하나님의 부재를 경험할 수도 있습니다. 하나님 자신이 늘 현재, 곧 지금 여기에(hic et nunc)에 머무르시기를 원하십니다. 우리가 말하는 가운데, 대화와 경청을 하는 상황에서, 관계 그 바로 그 시공간에 개입하시기를 원하십니다. 하나님은 과거의 하나님도, 반드시 미래의 하나님과 아니십니다. 우리가 말하고 대화하는 그 시간에 우리와 만나시기를 원하십니다. 문제는 하나님이 우리와 머무는 시공간에서 일어나는 논쟁과 다툼과 타인의 말을 무시하거나 듣지 않는 행위는, 그 언어와 관계 속에 계시는 하나님을 모독하는 것입니다. 하나님의 현재를 믿고 지금 여기에 머물고 계신다는 생각과 기억 그리고 긴장의 마음을 가진다면 우리의 신앙언어, 신앙행위, 신앙적 경청, 신앙적 발언 등 모든 것들이 신중해질 수밖에 없습니다.

하나님의 현재성, 하나님이 지금 여기에 머물고 계심을 늘 깨어서 자각하는 사람은 진리의 말씀에 기대어 살려고 합니다. 진리의 말씀에 따라 산다[生]는 것은 그 말씀에 터 잡고 산다, 말씀을 거처로 삼고 산다[居]는 것을 뜻합니다. 그리스도인이 진리의 말씀을 올바르게 가르치고 전혀 부끄러울 것이 없는 일꾼으로서 하나님께 인정을 받는 사람이 된다는 것은 '하나님의 현재 안에 내가 있다'는 것입니다. 하나님의 현재 안에 내가 존재하지(살지) 않으면 아무리 말을 많이 해도 논쟁을 하는 말이 되고, 오히려 경청이 아니라 타자의 말을 간과하는 사람이 되고 맙니다. 하나님의 현재성을 인정하느냐 부인하느냐 혹은 하나님의 현재성을 믿느냐 안 믿느냐에 따라서 신앙의 향방이 결정됩니다.

진리의 말씀이 살아 움직이는 교회가 되게 하려면 하나님의 현존과 현재성을 지금 여기에서 늘 느끼는 신자가 되어야 합니다. 진리의 말씀을 발언하지 않는 것은 말씀이 멎은 말씀, 곧 흉언(凶言)이나 악언(惡言) 이외에는 쏟아낼 말이 없습니다. 진리가 아닌 말씀으로 진정성을 상실한 채 본질적이지 않은 피상적인 말로만 발설하면 교회는 사는 것/곳[生, 居]이 아니라 죽은 것/곳이나 다름이 없습니다. 하나님의 현재성을 드러내는(들어오고 나가는, 入出) 말씀이 존재하지(살지) 않기 때문입니다. 그것은 그리스도의 생명력이 '멈춘 교회'(멎은 교회)나 다름이 없습니다.

●●●

3. 텅 빔의 부재(不在), 그 역설의 진리(딤후 3,14~4,5)

"어떤 경우에도 감격의 마음을 잃어서는 안 됩니다. 감격의 마음이 없다면 아무 일도 할 수 없습니다."_생시몽(comte de Claude Henri de Rouvroy Saint Simon)

"말과 말들이 자꾸 생각의 성긴 그물 사이로 모래알처럼 새나가고 있었다. … 설교라는 말이 공허하고 지루하며 장황한 속빈 말의 비유로 사용되는구나. 나는 그런 생각에 씁쓸한 기분이 들었다"(성균관대학교 러시아어문학 전공교수 이덕형의 소설 『검은 사각형』 중에서〉

"일상생활이란 묘한 것이다. 먹는 일이나 자는 일 등의 본능을 떠나서는 해나갈 수가 없는 것이다. 그리고 그 본능 중에는, 제시와의 '말'이라는 것도 포함되어 있다"(야마다 에이미[山田詠美], 박유하 옮김, "제시의 등뼈", 〈풍장의 교실 외〉 중에서).

침묵과 고요 속에서 하나님의 말씀을 경청하십시오!

하나님의 말씀으로서의 경전은 하나님의 말(씀)을 열어 밝힘입니다. 진리(Wahrheit)는 말(logos)의 열어 밝혀진 것, 곧 은폐(letheia)된 것이 개현(開顯)된 것입니다. 따라서 하나님의 말씀(Gotteswort)을 말한다는 것은 하나님을 말씀을 통해서 열어 밝힘 혹은 풀어-밝힌다는 것입니다. 그것은 동시에 성서 텍스트가 풀어지는 것이고 밝혀지는 것입니다. 닫힌 말이 열리고 밝혀지는 곳은 침묵(Ruhe)과 고요(Stille)한 마음-터 속입니다. 그런데 그 마음이 순수한 상태로 존재해야 열리고 밝혀집니다. 열리고 밝혀진다는 것을 달리 귀 기울임, 귀 기울여 들음, 소리를 나의 편견이나 사견 없이 하나님의 말씀을 받아-들음입니다. 하나님의 말씀을 받아-들음은 그분을 받아-들임입니다. 말씀(logos)이 진정한 나의 말-함(말-짓, 언어-행위)의 말씀으로서 변질되지 않도록 위해서 말입니다.

하나님의 말씀은 진리입니다. 적어도 그리스도인들은 그렇게 믿습니다. 아니 조금 교양이 있는 비종교인들도 '성서'는 '진리체계'라고 말을 합니다. 진리는 말 그대로 탈-은폐입니다. 그것은 진리가 자기 자신을 드러내는 방식입니다. 진리 안에는 하나님이 계십니다. 하나님을 나타내는 것이 진리입니다. 그래서 진리를 알게 되면 그리스도를 믿게 되고 그에 따라 무상의 구원을 얻습니다. 그런데 진리(로서의 말씀)은 눈으로 읽는 것이 아니라 귀로 듣습니다. 아니 좀 더 정확하게는 마음으로 듣습니다. 누군가 성서를 읽게 되면 그것은 단순히 소리 혹은 음성적 발화행위가 아닙니다. 마음으로 파고드는 하나님의 소리입니다. 하나님의 소리를 올바로 그리고 제대로 듣기 위해서는 침묵과 고요가 필요합니다. 에크하르트도 동일한 말을 합니다. "하나님의 말씀이 들려지는 것은 고요와 침묵 속에서 입니다. 고요와 침묵을 통하는 것보다 하나님의 말씀에 접근하는 다른 훌륭한 길은 없습니다. 하나님의 말씀이 들리는 것만 말하자면 비(非)자아의식에서 입니다. 왜냐하면 우리가 아무것도 의식하고 있지 않을 때, 그 말씀은 우리에게 주어지는 것이며 명백히 드러나는 것이기 때문입니다." 우리는 하나님의 실재를 보기를 원합니다. 하나님의 진면목이 어떤가를 알고 싶어 합니다. 그것을 찾기 위해서는 성서의 진리, 즉 하나님의 말씀을 듣는 데서 비롯됩니다.

앞에서 말했다시피, 말씀은 읽는 것이 아닙니다. 듣는 것입니다. 듣기 위해서는 나의 번잡한 마음들을 내려놓고 빈 마음으로 존재해야 합니다. 참이신 하나님이 밝혀지는 곳은 고요와 침묵입니다. 참은 거짓과도 같은 음흉한 마음에서는 만나지지 않습니다. 참은 고요 속에 존재합니다. 참이신 하나님은 고요 속에 숨어 계십니다. 하나님이 숨어 계실 곳은 고요한 마음입니다. 자신을 드러내는 방식 곧 하나님의 실재는 흔들리거나 번다한 마음이 아니라 움직임이 없는 마음입니다. 우리가 하나님의 실재를 인식하지 못하고 만나지 못하는 것은 마음이 부동상태를 유지하지 못하기 때문입니다. 외부적인 소음과 환경, 그리고 여러 복잡하고 혼란스런 세상의 움직임들은 우리의 마음이 하나님이 거하실 만한 고요하고 텅 빈 장소를 만들지 못합니다.

진리는 또한 '잠잠하고 말하지 않음'(schweigen)에서 드러납니다. 진리가 자기 자신을 드러내도록 하기 위해서는 우리가 '침묵'(Schweigsamskeit)을 해야 합니다. 진리를 통해서 하나님이 드러나시기 위해서는 우리가 말을 잊어야 합니다.(die Sprache verlieren) 진리의 말씀이 들리기 위해서는 우리의 말을 멈추어야 하고 없애야 합니다.(Wortlosigkeit) 사람들은 말을 많이 해야 지식이 많다고 생각하고, 진리를 잘 안다고 인정해줍니다. 하지만 말을 많이 하면 할수록 그만큼 하나님의 말씀은 우리에게 들려 줄 기회를 상실하게 됩니다. 진리는 들음으로써 우리의 삶이 달라지고 교정됩니다. 그렇게 진리는 인간에게는 닫고 진리 자신에게는 열림으로써 인간에게 들리도록 합니다. 인간이 자신의 말을 잊어야 하나님의 말씀이 들립니다. 내 말이 내 마음에서 우러나오는 것이 침묵을 통한 진리가 아니라면 그것은 하나님을 드러냄으로써 선한 일을 할 수 있는 원동력이 되지 못합니다. 침묵은 내 말을 닫는 것입니다. 침묵은 내 말이 들리지 않게 하는 것입니다. 침묵은 내 말을 나타내는 것이 아닙니다. 침묵은 그저 하나님의 말씀을 듣기 위해 잠잠한 마음을 유지하는 것입니다. 내 말을 닫아야 진리가 바로 거기에서 들리도록 마음에서 열립니다. 우리의 삶은 부산합니다. 그래서 마음이 어수선합니다. '조용히'라는 말이 그래서 중요합니다. 하나님 앞에 얌전하게 '마음을 모으면 하나님의 진리가 모아집니다.' '하나님의 생각이 모아지고 하나님의 말씀이 모아집니다.' 침묵 속에서 모아진 하나님의 말씀은 우리의 삶을 올바르게 인도하고 견책하기도 합니다. 우리의 삶과 신앙의 교정책 혹은 교정적 대안은 바로 침묵 속에 존재하고 계시는 하나님의 드러난 음성, 곧 진리에 귀를 기울이는 것입니다.

나의 들음에서 하나님은 자신의 터를 잡습니다!

하나님의 말씀을 전한다는 의미는 인간의 마음에 그분이 터를 잡고 사시도록 한다는 것입니다. 터(Da)를 잡는 것은 그분의 나타남[現]입니다. 그리스도인이 사람들에게 하나님에 관해서 말을 하면 그분이 나타납니다. 하나님의 말씀이 사람들 각자의 마음에 터를 잡기 때문입니다. 말씀이 터를 잡아야 그 사람의 마음이 바로 섭니다. 말씀을 통해서 정신의 집을 짓고 마음을 새롭게 고쳐먹으며 자기 자신만의 마음의 집을 세웁니다. 자기 자신만의 집을 세운다고 했으나 실제로는 하나님의 집, 곧 사람들의 마음에 하나님의 집이 들어서는 것을 의미합니다. 하나님의 진리, 하나님의 말씀은 그렇게 사람들의 마음에 영혼의 집을 짓게 해줍니다. 그러므로 하나님의 말씀은 단순히 소리가 아닙니다. 음성적 기호도 아닙니다. 그것은 생물학적으로 귀를 만족시키기 위한 것도 아닙니다. 말씀을 해석하면서 고급스러운 언어나 반대로 저급한 언어 혹은 상투적인 언어로 사람들의 기분을 즐겁게 해주는 언어가 되어서도 안 됩니다.

말씀(Wort)은 사람들에게 하나님을 알리는 것인데, 알림으로써 하나님을 온전히 드리는 것이기도 합니다. 말씀은 하나님 자신에게 돌려드림으로써 그 말씀이 드러나 사람들에게 자신의 이야기를 전달합니다. 그렇기 때문에 말씀은 단순한 말이 아니라 하나님의 말씀(Gotteswort)이 됩니다. 하나님의 터에서 흘러나온 말씀이 인간의 마음에 터잡을 때 하나님의 말씀이 참이 됩니다. 에크하르트는 한 현자의 말을 인용합니다. "듣는 능력은 보는 능력보다 훌륭한 것이다. 왜냐하면 인간은 보는 것에 의해서보다 듣는 것에 의해서 더 많은 지혜를 배우며, 들음으로써 지혜롭게 살아가는 방법을 더 훌륭하게 배우기 때문이다." "지혜는 스스로 거처를 마련한다"(Die Weisheit hat sich ein Haus erbaut)는 말이 있습니다. 거처 곧 터를 마련하기 위해서는 지혜인 말씀을 들어야 합니다. 인간의 거처(거룩한 터인 성전, 집-터, 마음-터)는 보이기 위한 것이 아니라 본질적으로 듣기 위한 곳입니다. 듣지 못하니 외관으로 보여주기 바쁩니다. 거처는 지혜의 공간입니다. 또한 인간의 거처는 진리의 터(앎-터)입니다.

사도 바울은 그리스도인에게 "진리에는 귀를 기울이지 않고 꾸며낸 이야기에 마음을 팔"린다고 나무랍니다. 이것은 인간의 마음-터와 삶-터가 자칫하면 거짓과 위선, 기만의 공간이 될 수 있다는 말로도 해석할 수 있습니다. 따라서 진리의 말씀이 지혜가 될 때 인간의 삶-터와 신앙의 터가 밝아집니다. 거듭 강조하거니와 말씀은 문자를 보거나 읽는 것이 아니라 듣는 것입니다. 하나님의 말씀은 들음으로써 삶의 통찰력(Einsicht)을 얻게 됩니다. 인간은 하나님의 말씀을 들을 때 지혜가 생기고 그 슬기로움을 통해서 인간과 세계 안에서 하나님이 자기를 증명하십니다. 에크하르트의 말대로 인간은 볼 수 있는 것은 제한되어 있지만, 들을 수 있는 것은 많습니다. 영원한 말씀을 들을 수 있는 능력은 내 안에 있습니다. 하지만 단지 (하나님의) 말씀을 보려고만 하고 볼 수 있기만을 바란다면 나를 떠날 것입니다. 하나님의 말씀은 자기 자신을 들려주려고 하지, 인간이 듣고자 하고 보고자 한다고 해서 그렇게 하지 않습니다. 그러므로 하나님의 말씀을 전한다는 것은 쉬운 일이 아닙니다. 모든 사람들 속에 터잡도록 하기 위해서는 전달하는 이의 말을 잊고 하나님의 말씀이 나타나도록 해야 하기 때문입니다. 사람들은 말씀이 음성적으로 발화되는 순간에 그것을 하나님의 소리로 듣는 게 아니라 인간의 소리로 듣곤 합니다. 게다가 그것을 들음으로써 음성조차도 소유하려고 합니다.

하나님의 말씀은 소유할 수 없습니다. 그것은 모든 사람들의 지혜요 그 지혜가 터잡도록 해주는 능력입니다. 우리의 눈은 단순히 봄으로써(voir) 말씀을 지식(savoir)으로 생각하고 그것을 소유(avoir)하려고 합니다. 하지만 하나님의 말씀은 그분 안에 침잠(沈潛, Einkehr)하게 합니다. 자기 성찰을 가능케 하는 고요와 침묵을 통해서 모든 인류가 야수적인(vertiert) 마음을 극복하고(근절하고, vertilgen) 하나님을 깊이 몰두하고 집중(vertiefen)할 수 있도록 말입니다. 침묵과 관상은 결단코 텅 빈 공허가 아닙니다, 텅 비어 있는 '없음'으로 해서 충만한 '있음'을 역설적으로 나타내는 것입니다. 참된 말씀이 존재하는 한 그분은 현존하여 우리의 마음에 거하시는 영원한 존재이십니다. 그러므로 우리에게 남은 것은 바로 이것입니다. "그대는 언제나 정신을 차리고 고난을 견디어내며 복음을 전하는 일에 힘을 다하여 그대의 사명을 완수하시오."

●●●●

4. 세상은 말씀이 스며들어 잠들고(딤후 4,6~18)

세상에 말씀이 스며들도록 하십시오!

"만물 안으로 한 가닥 노래가 스며 잠들면,/ 모두가 끝도 없이 꿈을 꾸네./ 온 세계가 노래하기 시작하면,/ 그대가 듣는 것은 오로지 마술의 주문이라네."(다른 번역1: "모든 사물들 속에는 노래가 잠들어 있다./ 이들은 그곳에서 줄곧 꿈만 꾸고 있어./ 그러다가 세상은 노래하기 시작한다네./ 네가 한마디 주문을 던지는 순간.", 다른 번역2: "모든 사물들 속에는 노래가 잠들어 있고/ 그 사물들은 계속 꿈을 꾸고 있네/ 만일 그대가 주문을 외운다면/ 세상은 노래 부르기 시작할 것일세.") 독일의 낭만주의 서정시인 아이헨도르프(Joseph Karl Benedikt Freiherr von Eichendorff)의 〈마술지팡이〉라는 시입니다. 그리스도인은 세상이 하나님의 말씀으로 스며들 수 있도록 노력해야 합니다. 말씀이 스며든다는 것이 단순히 말만 무성해지도록 하라는 말이 아닙니다. 스며든다는 말이 의미하듯이 시나브로 하나님의 말씀이 천천히 의식하지 않아도 삶으로 녹아들어가게 하자는 뜻이 있습니다. 그것은 하나님의 말씀이 삶으로 침투하고 삼투하도록(einsickern) 하는 삶을 살아야 가능합니다. 하나님의 말씀이 삶 곳곳으로 파고 들어가도록(eindringen) 해야 합니다. 그러기 위해서 필요한 것은 무엇일까요? 에크하르트는 "하나님에 만족하지 않는 사람은 대단히 탐욕스런 사람이다"라고 말합니다. 하나님만으로 만족하며 사는 사람은 그 사람을 보고 세상이 함께 노래합니다. 하나님에 대해서 노래를 하고 하나님의 스며 있는 삶에 대해서 노래를 합니다. 만일 그리스도인이 하나님에 대해서 만족하는 삶을 산다면 세상은 그 삶에 들어 있는 말씀의 현실을 보고 찬양을 할 것입니다. 우리 자신이 하나님의 말씀으로 스며들지 못했는데, 세상이 하나님의 말씀으로 편만해지기를 바라는 것은 욕심입니다.

사물들이 노래를 하고, 하나님을 좋아하고 칭찬하고 찬양하는 모든 행위들은 마음에 스며들어 있는 하나님에 대한 풍부한 관념과 경험이 없이는 불가능합니다. 다시 말해서 사물들조차도 하나님을 찬미한다는 민감한 영성적 감수성을 가진 그리스도인이어야 사물 안에 스며들어 있는 하나님을 볼 수 있습니다. 그리스도인은 사물과 다른 것이 아니라 사물과 함께 더불어 하나님을 노래하는 사람들입니다. 사물들에 대해서도 하나님은 지대한 관심을 기울이고 있습니다. 사물에 스며들어 있는 안타까움, 사물에 스며들어 있는 생명성, 사물에 스며들어 있는 의지는 함부로 그것들을 수단화하지 못하도록 합니다. 사물에 그분이 스며들어 있기 때문입니다. 그리스도인의 사명은 세상이 하나님의 말씀이 스며들 수 있도록 평생에 걸친 복음적 사명에 충실해야 합니다. 진리가 꿰뚫고 들어가서 세상에 균열을 내고 그 속으로 하나님의 말씀이 들어가 숨을 쉴 수 있도록 만드는 것이 그리스도인의 할 일입니다. 균열을 내는 것은 말씀에 걸맞은 삶을 살지 않으면 어렵습니다. 에크하르트는 하나님이 우리 자신에게서 멀리 떨어져 있다고 생각하지 말라고 질책합니다. 그는 "큰 해악은 하나님이 멀리 계시다는 느낌에서 오는 것"이라고 주장하면서, 하나님은 결단코 떠나시는 법이 없으시다고 확언합니다. 다음과 같은 그의 말은 우리에게 감동을 줍니다. "그분은 항상 가까이 계시며, 만일 그분이 그대들의 삶 속에 들어가실 수 없다 하더라도, 그분은 문보다 더 멀리 계시는 법이 결코 없으시다." 말씀이 세상에 스며든다는 것도 같은 맥락에서 이해할 수가 있습니다. 그분은 세상과 삶 속에 깊이 들어가 계시는데, 어쩌면 우리 자신보다도 더 가까이 계시는지도 모릅니다. 그분이 멀리 계신다는 불신을 갖지 않도록 삶 속으로 깊이 침투하신 하나님의 말씀을 반드시 살아내야 합니다.

하나님은 자신의 말씀이 세상에 깊이 스며들기를 바라고 그것을 기다리고 계십니다. 그리스도인이 말씀을 기다리고 세상이 그 말씀을 기대하고, 기다리고 기대함으로써 말씀이 임박하여 올 때에 모든 세상에 스며들기를 바라는 것입니다. 그러나 스며드는 것은 고사하고, 하나님을 칭찬하고 찬미하는 것조차도 못하는 그리스도인의 신앙적 태도를 세상은 아예 빈정거리고(scharf) 빈축하는 현실입니다. 말씀이 스며들기 위해서는 믿음과 신뢰가 있어야 하고, 앞으로 나아가야 할 분명한 목적과 방향이 있어야 합니다. 그리스도교가 말이 지닌 힘을 상실한 것은 바로 스며들기 위한 믿음과 신뢰 그리고 그 순수한 목적을 잃어버렸기 때문입니다. 우리가 인생에서 달려갈 길이 있다면 모든 사람들이 함께 삶을 줄달음칠 수 있도록 그 바탕이 되는 탄탄한 말씀이 공유, 공감되어야 합니다.

거룩한 욕(辱: 欲)과 저주는 오직 세상에 말씀이 스며들기 위해서 입니다!

간혹 하나님의 말씀을 발언하고 삶으로 구현하는 과정에서 몹시 힘든 상황을 맞이할 수 있습니다. 또 하나님의 말씀을 전하면서 심한 괴롭힘을 당할 수도 있습니다. 그럴 때면 우리도 그 대상에 대해서 저주나 징벌을 내렸으면 좋겠다고 생각하고 욕설(辱說)을 퍼부어댑니다. 그로 인해서 신앙인이 어떻게 그럴 수 있을까 하고 회의를 품거나 등을 돌리는 경우도 허다합니다. 하지만 욕을 해대는 대상에게는 외려 하나님의 말씀이 스며들도록 하기 위한 강한 의지가 동반되기 때문에 그렇습니다. 사도 바울도 엄벌이니 경계니 하는 말로 비난과 비판 그리고 서운함을 드러내는 것은 그들이 정말로 하나님의 말씀이 스며들어가기 위한 동역자로서의 삶을 살지 않기 때문입니다. 복음을 위한 욕(Gift)이나 '독' 혹은 '화'가 '선물'이라는 말과 동일어인 것을 보면 잘 알 수 있습니다. '악담을 하거나 욕을 하다'는 'giften'은 그렇게 이중성을 갖습니다. 독설을 퍼부어대는 것은 악의가 있어서라기보다는 그들도 하나님의 말씀이 진정으로 스며들어가서 함께 세상이 하나님의 말씀으로 편만하도록 하자는 의지가 깔려 있습니다.

하나님의 구원의 선물을 선물로 인정하지 않을 때, 구원의 선물을 선물로 인식하지 못할 때 수치가 되고 욕이 됩니다. 그래서 그리스도인의 욕설(辱說)은 하나님의 말씀이 세상에 가득 스며들기를 간절히 바라는 '거룩한 욕구'(欲求)의 발현이라고 할 수 있습니다. 다만 분명히 전제가 되어야 할 것은 하나님의 말씀이 스며들어 간 존재가 그러한 세상이 되기를 절실하게 바라는 강한 의지가 있을 때에만 정당화될 수 있다는 것입니다. 세상이 마냥 그리스도를 받아들이지 않고, 하나님의 말씀을 믿지 않는다고 욕설만 내뱉고 타박할 문제가 아닙니다. 자신 안에 하나님의 말씀이 스며들지 않고 타인을 욕한다면, 그것은 그냥 우월성에서 빚어진 가식이나 자만입니다. 에크하르트는 이렇게 말합니다. "그분이 행하신 다른 일들도 있지만 그분은 그 일들을 영적으로 따르기를 원하셨지 문자적으로 따를 것을 원하시지는 않았다. 우리는 그분을 현명하게 따르도록 신경을 써야 한다." 예수가 사랑과 용서를 말씀하셨기 때문에 우리도 그렇게 모방(mimesis)을 해야 한다는 것은 지당하고 마땅합니다. 하지만 좀 더 근원적으로 현명하게 해석해야 한다는 것입니다. 예수는 모든 이들에 대해서 관대하고 포용적이지 않았습니다. 당대의 율법학자들과 기득권층, 경제적 수탈자에 대해서는 거침없는 욕설로 질타를 서슴지 않았기 때문입니다. 복음의 가장 기초와 시작은 '회개'(metanoia, 마음바꿈)입니다. 하나님의 나라가 가까이 와 있다는 것을 인식하지 못한 사람들에 대한 충격요법입니다. 침투되는 하나님의 나라와 그 말씀이 스며들도록 자발적으로 받아들이지 않고 그에 부합하는 삶을 살지 않는 사람들에게는 폭언을 망설이지 않았던 예수의 언어를 현명하게 해석할 수 있는 마음이 필요합니다. 욕은 그래서 '다리를 걸어 넘어뜨리는 것'이고, 복음대로 살지 못한 사람들에 대해서 '딴죽'을 걸고, 그러한 비복음적인 삶은 '기만'(supplantatio)이라고 깨우쳐 주는 말이라고 봐야 할 것입니다.

지금도 복음을 전하고 그 말씀대로 사는 것을 훼방하는 사람들이 있습니다. 말로도 방해하고 비난하는 사람들이 많습니다. 그런 사람들은 그리스도인, 비종교인 가릴 것도 없습니다. 복음을 현실화시키지 못한다고 서로 손가락질합니다. 그것이 더 심한 욕이 될 수 있습니다. 욕(辱)자의 본래 의미는 '풀을 베다'나 '일을 한다'였습니다. 그러나 '일이 고되다'는 뜻이 확대되면서 후에 '욕되다'나 '더럽히다'라는 뜻을 갖게 되었습니다. 일을 힘들고 고되게 하다보면 누구나 입에서 욕설이 나올 수밖에 없습니다. 그러니 주인이든 노예이든 '그 때'를 잘 알아야 합니다. 진정한 욕, 거룩한 욕은 '때'를 잘못 아는 사람들에 대해서 부끄러움을 안겨주는 구실을 합니다. 모두가 구원의 때라는 사실을 알아차리고 그 때를 얼른 인식하는 사람은 욕을 먹을 일이 없습니다. 악은 구원의 때를 모르는 데서 빚어지는 것이요, 반면에 구원은 자신을 비롯하여 세상 모든 존재자들에게 하나님의 말씀이 스며들어 있다는 것을 깨닫는 데서 시작됩니다. 그것을 알아차리지 못할 때, 그 때가 그리스도인이든 비종교인이든 욕을 먹게 되는 때가 되는 것입니다. 그리스도인은 먼저 내가 한마디의 욕을 하기에 앞서 욕먹을 짓(carino)을 하고 있지 않은지 반성해야 합니다. 그리고 그것을 사랑(caritas)으로 바꿀 수 있도록 하나님의 말씀이 깊이 느껴질 정도로 스며들어 번지게 하는 (permano; subeo) 삶을 살아야 합니다. 하나님의 말씀이 내 안에서 새어 나올 수 있을 정도로 말입니다.

●●●●●

5. 모든 삶의 받침대가 되시는 분(살후 1,1~12)

하나님은 모든 삶의 원리와 근거가 되십니다!

사람들은 반드시 좋은 일과 선한 일 혹은 자기에게 유익이 되는 일에만 하나님을 끄잡아 들이기를 원합니다. 고통과 환난과 불행과 마지막 죽음은 우리의 삶과 신앙에서 제외되기를 욕망합니다. 오로지 행복, 사랑, 기쁨, 즐거움이 넘치는 삶과 신앙으로 일관하기를 바라는 것이 인간의 생각입니다. 하지만 삶의 법칙이란 그렇지 않습니다. 자연의 이치처럼 맑은 하늘에서 태양이 빛나는 날이 있는 반면에, 똑같은 하늘이지만 잔뜩 흐린 날에 비가 억수처럼 내리는 날, 뜻하지 않은 폭풍우가 동반하여 세상의 생명을 쓸어버리는 날, 엄동설한에 세상의 모든 것들이 얼어붙어 도저히 몸을 가누지 못할 정도로 추위에 벌벌 떠는 날, 엄청나게 뜨거운 태양 아래에서 줄줄 흐르는 땀을 시켜주는 시원한 바람을 맞이하는 날 등 인생은 예사롭지 않은 날들의 연속이라는 사실을 우리는 잘 압니다. 그러기에 삶과 인생 그리고 신앙도 그렇게 변화무쌍·다사다난하다는 것을 있는 그대로 받아들여야 할 때가 있는 법입니다. 그게 하나님의 법칙입니다. 견뎌내기기도 받아들이기도 어려울 때가 있을 것입니다. 평소에는 하나님이 내 곁에 계시는 듯하다가도 어느 날에는 하나님이 안 계신 것처럼 느껴질 때가 있습니다. 고통, 질고, 고난, 병환, 실패, 좌절, 배신, 폭력, 전쟁, 죽음 등의 온갖 세계의 부정적인 현상을 맞닥뜨리거나 아무것도 없는 황량한 겨울 들판에서 찬바람을 있는 그대로 무방비 상태에서 맞이하는 순간에도 하나님은 다르게 생각하신다는 사실입니다. 에크하르트는 그 순간에도 평정심을 갖기를 바라며 이렇게 말합니다. "모름지기 사람들은 자신을 하나님께 내어맡겨야 한다는 것을. 그래서 하나님으로 하여금 자신에게 하나님이 원하시는 것, 심지어 모욕이나 고역이나 고통까지도 던지시게 해야 한다는 것을." 좀 더 중요한 말은 다음과 같은 신앙적인 태도입니다. "하여 자신 스스로가 그런 것들을 선택한 것이 아니라 하더라도 하나님으로 하여금 그런 것들을 자신에게 부과하시게끔 하면서 자신이 그런 것들을 기쁘고 감사하게 받아들일 수 있도록 해야 한다는 것을." 우리는 이러한 에크하르트의 신앙적 시선을 따라가기가 버거울 수 있습니다. 그러나 삶과 신앙이 좋을 때나 나쁠 때나 오로지 '평정심'이 필요합니다. 하나님은 그 어느 때의 순간에도 아니 계신 적이 없습니다. 모든 순간마다 당신은 인간이 당하고 있는 부정적이고 악한 현실과 현상에서도 그것들이 당신 자신의 것인 양 다 감당하고 계신다는 사실입니다. 아니 조금 더 위로와 안도가 되는 표현으로는 우리와 '함께', '더불어' 고통과 고난과 환난과 죽임의 그 과도하고 먹먹한 현실을 자신의 것으로 받아들이고 심지어 자신의 기쁨으로 감사하게 받아들인다는 것입니다.

사도 바울의 서신에서 말머리와 말끝마디에 신앙인들의 '은총과 평화'를 기원하는 것도 다 그런 이유가 아니었을까 하고 생각해보게 됩니다. 은총(Gnade; gratia; donum)이란 하나님이 우리에게 주시는 사랑의 선물과도 같습니다. 무상으로 우리에게 주어지는 신의 혜택, 배려, 호의가 아니라면 한순간도 우리가 살아갈 수 없다는 것을 뜻합니다. '평화'(pax)는 말할 것도 없습니다. 평안과 태평(太平), 평온이라는 뜻을 가지고 있는 '평화'는 제발 한시만이라도 걱정 없이 살았으면 좋겠다는 인간의 간절한 바람이 담겨 있는 말입니다. 그런데 사는 것이 어디 그렇습니까? 아침에 눈을 떠서 밤에 잠이 들 때까지, 아니 잠이 들어서도 걱정과 염려는 끊이지 않는 게 인생살이입니다. 그것도 신앙의 연장입니다. 그래서 평온과 평안 그리고 평정심, 평상심이 필요한 이유입니다. 하나님은 어떠한 경우에라도 평안하고 평상심을 갖기를 원하십니다. 행복과 불행은 동전의 양면일 수 있습니다. 행복이 뒤집어지면 불행이 되고, 불행이 뒤바뀌면 행복이 됩니다. 같은 삶을 살고 있는 세계에서 피할 수 없는 현실을 맞이하게 되면 이 두 가지는 우리가 살아 있는 매순간 겪는 것입니다. 그렇다면 문제는 그 현실과 현상을 바라보는 우리의 신앙적 자세입니다. 평상심, 평정심을 통해서 어떤 일을 겪더라도 마음 바탕에서 흔들림이 없는 하나님의 현존, 여여한 삶의 태도를 유지해야 한다는 것입니다. 그것이 바로 '믿음'입니다. 좋을 때는 모든 것이 하나님으로부터 기원하고, 나쁠 때는 하나님과 전혀 관계없는 듯이 신앙생활을 하면 안 됩니다. "하나님 한 분을 제외한 [다른] 기쁨과 사랑으로 이끌어 가지 못하도록 그대들의 생각들로 하여금 [하나님] 이외의 모든 것을 초월하게 하라." 에크하르트의 명징한 신앙적 통찰력입니다.

신앙과 삶은 온전히 하나님께 '내어맡김'입니다!

에크하르트가 말한 '내어맡김'(Gelassenheit)은 초연한 내어맡김, 곧 방념(放念)입니다. 그것은 '여유로운', '느긋한'(gelassen)의 형용사에서 파생된 명사로서 태연함, 침착함, 냉정함 등의 뜻을 품고 있습니다. 다시 초연함은 그만두다, 허용하다, 맡기다, 방기하다, 참다는 뜻의 동사 lassen에서 온 말입니다. 고통, 좌절, 고난, 환난, 죽음 등 모든 부정적 삶의 현실에 대해서 하나님께 허용하도록 자신을 내버려두는 것이 진정한 신앙입니다. 에크하르트는 말합니다. "지극히 존귀하신 그분은 다른 식으로는 이런 것들은 허락하시지 않는다. 고통 속에서 발견될 수 있는 은총은 많고도 크다. 고통이 하나님 [마음에] 드는 것은 아니지만, 그리고 하나님 역시 모든 좋은 일들이 보류되는 것을 원하시는 것은 아니지만, 때때로 그분은 자신의 선한 의지에 만족해 하시면서 이러한 일들을 참으시는 것이다. 뿐만 아니라 그분은 그 어떤 고통의 단계도 뛰어 넘지 않으신다. 그 속에 담겨진 유익함 때문에. 그러므로 하나님의 존재하시는 한 그대들은 만족해야 하며, 다른 여러 방법들과 일들에 연연하지 않도록 내적으로 하나님의 뜻에 응답하기에 힘써야 한다." 힘겨운 삶의 연속, 고통과 고난에서 벗어나지 못하는 현실적 경험들은 사람들을 지치게 만듭니다. 그리고 삶을 포기하고 싶게 만듭니다. 하지만 우리의 고통(Schmerz)은 이 땅에 하나님의 나라가 도래하기 위한 아픔입니다. 그렇기 때문에 고통은 멀리 떨어지게 하거나 인간의 삶에 전혀 개입하지 못하게 할 수 있는(heraushalten) 것이 아닙니다. 그것은 하나님의 나라를 위해서 참고 견뎌야 하는(aushalten) 현실입니다. 다만 외부적으로 고통을 당하게 하는 자들에게 반드시 하나님께서는 괴로움을 당하게 하실 것입니다.(schmerzen erleiden) 그것을 우리는 믿어야 합니다. 그러기에 인내하고 감당해야 합니다. 우리가 견뎌내고(ausleiden) 있을 때, 그분도 함께 고통과 고난을 견뎌내고 있다는 것(mitleiden)을 알아야 합니다. 그럼으로써 마지막에는 하나님과 영원한 고요 속에 머물게 될 것입니다. 영원한 고요와 안식, 그리고 평안과 평화는 하나님을 모범으로 삼고 따른 사람들의 몫입니다. 그러기 위해서는 하나님께 내어맡김, 방기하는 신앙이 요구됩니다. 어쩔 수 없는 현실에서는 "하나님께 배운다는 것, 오로지 그분만을 따른다는 것, 바로 그것이 [신앙의] 바른 길"(에크하르트)이라는 것을 인식하는 것이 필요합니다. 받아들임, 삶과 신앙의 초연함은 받아들임(empfangen)입니다. 이것은 달리 하나님을 붙잡음(pfangen)입니다. 마음을 다른 곳에 빼앗기는 것이 아닙니다. 나를 괴롭히고 있는 현실, 고통당하는 마음을 놓아버리는 대신에(statt) 하나님을 잡고 있는 것입니다. 하나님의 안식처, 평온한 자리(Ruhestatt)는 그렇게 하나님을 잡고 있는 자리에서 발생합니다. 차라리 더 적극적인 신앙자세로는 하나님의 마음을 미리 잡고 있는 것(vorausempfan-gen)이 나을지도 모릅니다.

　더 나아가서 오히려 외부적인 부정적인 감정에 휘둘려 빼앗기는 마음을 잘라내는 것(abschneiden), 즉 초탈(Abgeschiedenheit)이 요구됩니다. 그 현실로부터 하늘로, 그 고통으로부터는 죽고(hingeschieden) 하나님으로 이탈하는 것, 하나님의 품으로 은거하는 것, 하나님의 고통스런 고독을 함께 하는 것이 더 적극적인 신앙인의 모습입니다. 따라서 우리는 신앙생활을 하면서 경험하는 여러 고통, 고난, 난관, 좌절, 실패, 슬픔, 이해 불가한 여러 현실 등을 초연한 시선으로 한 발 물러서서(scheiden) 바라볼 수 있어야 합니다. 또한 그리스도인을 부르신 하나님 뜻에 적합한 선을 행하기 위해서는 그와 같은 신앙적 태도와 그렇지 않은 태도를 구분하거나 구별 지을 수 있는 초연한 신앙적인 판단력도 있어야 합니다. 그것은 에크하르트의 다음과 같은 신앙적 이유와 행실 때문입니다. "모든 일 속에서 가능한 한 완벽하게 그분의 모습을 그대들 안에 간직하도록 하라. 그대들은 씨 뿌리며 그분은 거두신다. 온마음의 확신을 갖고서 헌신적으로 일하라. 그렇게 함으로써 그대들의 정신과 마음을 단련하라. 그대들이 언제라도 그분을 나타낼 수 있도록.(…) 모름지기 인간은 오로지 하나님께만 자신의 삶의 토대를 두어야 하느니."

● ● ● ● ● ● ●

6. 종말론적 언어의 카코포니(살후 2,1~5; 13~17)

지금의 우리에게 들리는 소리도 하나님이 우리에게 빌려준

소리입니다!

세상에는 많은 소리들이 들립니다. 그중에는 듣기에 참 좋은 소리도 있고 정말 듣기 싫은 나쁜 소리도 있습니다. 귀에 거슬리는 소리, 그것을 카코포니(cacophony)라고 한답니다. 유독 종교에서 듣기에 거북한 소리가 많이 들리고 있습니다. 자신이 마치 하나님이나 된 듯이 발언하는 소리나 자신을 예배의 대상으로 삼고서 거짓말을 일삼는 소리로 인해서 세상은 종교의 소리를 카코포니로 인식하고 있습니다. 왜 종교나 종교인들은 자신이 내는 소리조차도 자기의 것, 자기 소유라고 생각하는 것일까요? 자기가 내는 소리가 절대적인 것으로 착각하게 만드는데도 세상은 깜박 속아서 그 소리를 하나님의 소리로 받아들입니다. 그러나 지금의 모든 소리들은 나의 소리가 아닙니다. 하나님이 우리를 위해서 빌려주신 소리들입니다. 그러므로 소리를 낸다는 것은 하나님의 소리를 대신해서 내는 소리라는 거룩한 인식을 가져야 조신해집니다. 함부로 말을 한다거나 타인을 속이기 위해서 종교적인 소리를 가장하여 신처럼 군림하는 것도 조심할 수 있습니다.

소리는 빌려주신 하나님의 심성을 가지고 내야 합니다. 나의 소유권이 아니라 하나님의 소유권을 내가 양도받아서 사용하는 것이니만큼 그분의 뜻대로 내야 하는 목소리입니다. '카코포니'라는 말에서 '카코'는 아마도 그리스어의 '카코스'(kokos), 즉 '나쁜' 혹은 '악', '거짓'으로 번역되는 말에서 왔을 것입니다. 이는 행위자의 언행이 타인에게 해나 불편을 끼칠 때 사용하는 단어입니다. 고대 그리스는 이 말을 미학적으로, 도덕적으로 사용했습니다. 그에 대한 반대말로는 '아가토스'(agathos), 즉 '선', '좋은', '덕스러운'이라는 뜻을 가지고 있습니다. 그리스어의 'kakos'에 해당하는 라틴어는 'cacologia' (그릇된 말이나 발음), 'cacophaton'(잡소리), 'cacophemia'(적절하지 못한 표현) 등으로 확장됩니다. 교주와 같은 소리, 자신이 신이나 된 듯이 지껄이는 소리 등은 신앙적으로 악이요 거짓입니다. 하나님의 소리를 빌려서 발언해야 하는 일개 사람들이 선한 소리, 좋은 소리, 덕스러운 소리가 아니라 사람들을 그릇된 길로 인도하는 말, 신앙적으로 자극적인 표현 등으로 현혹하는 말을 사용한다는 것은 그야말로 하나님의 소리로는 적절하지 못한 표현일 뿐입니다.

에크하르트는 "모든 것들을 소유하려는 사람은 먼저 그것들은 모두 포기해야 한다. (...) 만일 하나님께서 우리에게 당신 자신과 함께 모든 것을 주시려면, 그분은 먼저 우리가 소유한 모든 것을 가져가셔야만 하는 것이다. 정말이지 그렇다 왜냐하면 하나님은 눈 속의 티끌만큼이라도 우리가 소유하는 것을 원하시지 않기 때문이다." 지당한 이야기입니다. 신앙적 언어나 신앙적인 목소리를 내는 것은 물론 일상적인 소리도 신앙인은 소유를 포기해야 합니다. 나의 소리나 나의 언어가 하나님의 언어입니다. 성서적 사유를 한다는 것은 하나님의 소리를 받아 모시겠다는 것이고, 성서를 읽는다는 것은 하나님의 소리를 내겠다는 것입니다. 그런데 우리는 그것조차도 내 목소리인 양 소유하고 잘못하여 다른 사람의 마음을 다치게 하고 언어적 폭력을 가하기도 합니다. 하지만 하나님은 우리의 것이라 자인했던 목소리조차도 포기하기를 원하십니다. 에크하르트는 '일부'라고 말하지 않았습니다. '소유한 모든 것'이라고 했습니다. 하나님은 우리가 소유한 모든 것을 가져가셔야만 하나님 자신과 함께 우리에게 주시려고 하는 것을 주신다는 것입니다. 그렇다면 목소리, 언어조차도 사실 우리의 것이 아닙니다. 하나님의 것입니다.

그러므로 지금 세상에 난무하고 있는 종교 언어의 소리, 자신이 교주인 양 떠벌리는 소리, 자신이 마치 신처럼 떠받들어주기를 원하는 소리는 모두 다 악한 소리, 거짓 소리일 뿐이지 하나님의 소리가 아닙니다. 설령 그들이 잠시 소리를 하나님으로부터 빌려 쓴 것이라고 해도 그 소리는 왜곡된 소리요 하나님의 소리를 변형시킨 소리입니다. 그래서 그리스도인은 목소리를 발언하는 데 신중하고 또 신중해야 합니다. 나의 목소리의 풍요로움과 유창함과 고상함보다도 침묵할 수 있는 사람이 더 하나님의 소리에 가까울지도 모릅니다.

지금 우리가 '읽어야 할 말'(속에는)은 하나님의 적절한 현존(이 개입된)의 시간입니다!

2018년에 노벨문학상을 받은 폴란드 작가 올가 토카르추크(Olga Tokarczuk)는 말합니다. "소유하고 있는 것들을 모두 그 자리에 두고 떠나라. (…) 이 세상에서 자신의 고유한 자리를 차지한 모든 것. (…) 인간이 세운 정부, 이 지옥에서 형태를 유지하고 있는 모든 것은 전부 그자[악마]의 지배를 받고 있다. (…) 멈추는 자는 화석이 될 거야. 정지하는 자는 곤충처럼 박제될 거야. 심장은 나무 바늘에 찔리고, 손과 발은 핀으로 뚫려서 문지방과 천장에 고정될 거야." 하나님의 나라가 다가올수록 신앙의 지성을 잃지 말아야 합니다. 그 사람이 아무리 달콤한 말로 유혹을 해와도 독사의 이빨처럼 독이 가득 담긴 말이라는 것을 알고 속아 넘어가지 말아야 합니다. 잘못하면 박제화된 언어와 말로 인해서 진정한 하나님을 배반하게 될지도 모릅니다. 화석화된 말로 우리를 멸망시킬지도 모릅니다.

분명하게 알아두어야 할 사실은 그리스도인은 하나님께서 택하셔서 구원을 얻은 존재라는 것입니다. 성령으로 거룩하게 하시고 진리를 믿게 하셨습니다. 그뿐만이 아닙니다. 복음을 믿은 사람들입니다. 여기에 공통점이 있습니다. 우리가 받은 모든 지금의 은총은 우리의 것이 아니라는 것입니다. 처음부터 우리의 것이 아니라 하나님의 것으로부터 비롯되었습니다. 말도 언어도 소리도 구원도 삶도 전부 하나님의 것이었습니다. 그렇다면 우리가 해야 할 일은 모든 소리와 구원의 사건들 속에서 하나님을 읽는 것뿐입니다.

우리가 만일 우리의 목소리를 내고 구원을 자랑삼아 말하고 싶거든 먼저 그분만이 우리의 소리가 되도록 해야 합니다. 다른 일, 다른 외적인 것들을 소유하려고 하지 말아야 합니다. 에크하르트는 이렇게 누누이 강조합니다. "그분은 전적으로 우리의 소유가 되시기를 원하시기 때문에, 그분의 가장 큰 기쁨과 즐거움은 바로 그러한 것에 있기 때문에, 그분이 전적으로 우리의 소유가 되실수록 그분의 기쁨은 더욱 커지기 때문에. 그러므로 우리가 우리 자신을 위해 많은 것을 가질수록 그분의 사랑을 덜 갖게 되며, 우리가 적게 가질수록 우리는 그분과 그분의 것을 더욱 많이 갖게 될 것이다." 우리의 말과 언어, 소리, 구원의 자부심이 커지면 커질수록 그것도 소유가 됩니다. 모든 것들을 내려놓고 포기한다면 하나님의 것만큼 우리의 소유가 됩니다. 우리의 말을 내려놓으면 하나님의 소리가 많아지고 커질 것입니다. 우리가 우리 자신의 것이라고 생각했던 소리를 적게 가질수록 그분의 소리를 많이 가질 수 있을 것입니다. 우리가 소유하고 있는 것은 적지만 하나님이 소유하고 있는 것은 많습니다. 우리의 소리는 부박(浮薄, Volabilität; Leichtsinn)하지만 하나님의 소리는 오묘하고(mysteriosus) 심오(profunditas)합니다. 경박하고 천박한 소리가 세상을 어지럽히고 하나님의 영광을 가린다면 그리스도인의 언어는 더욱 더 좋은 신앙과 성서의 전통(Über-lieferung)을 잘 지켜나가야 합니다. 신앙과 삶의 언어, 소리, 구원의 언어는 삶을 바꾸어, 위의 것을 잘 넘겨주고(über) 인도(Lieferung)해야 합니다. 신앙의 거룩한 언어, 신성한 언어들이 사람들의 삶을 바꾸고 나쁘고 어려운 상태를 하나님께서 원하시는 좋은 상태로 옮겨져 왔습니다. 사랑, 은총, 위로, 희망 등 온갖 좋은 언어와 말, 소리들은 하나님의 소유였습니다. 그것을 인간들에게 나누어 주신 것은 서로 격려하고 위로하라고 한 것이지 자신의 소유로 하여 스스로 다른 사람들 위에 군림하라는 것이 아니었습니다. 그러므로 하나님께서 우리에게 주신 말, 언어, 소리, 구원, 신앙을 가지고 "온갖 좋은 일을 하고 좋은 말을 할 수 있게 해주시기를 빕니다." 우리가 우리 자신의 말을 애써 부정한다면 하나님은 하나님 이외의 다른 어떤 것이 그럴 수 있는 것보다 훨씬 더 나의 말이 될 것입니다. 그러므로 말이 가난해지도록 노력하십시오. 하나님의 심원(深遠, magnificentia; altitudo)한 말이 우리를 지배할 것이고 그 말 속에서 자신을 나타내실 것입니다.

● ● ● ● ● ● ● ●

7. 성실하기에는 너무 거룩한 세상의 일탈(살후 3,6~13)

성역(聖役)에는 성역(聖域)이 없으며, 그것들은 또 하나의 세상을 만드는 일입니다!

노동을 한다는 것은 인간의 자연스러운 행위입니다. 인간은 노동을 통해서 먹고 사는 몸의 구조를 가지고 있습니다. 더군다나 인간은 노동을 통해서 세상을 변화시켜 왔고 문명을 일구어 왔습니다. 물론 노동을 하지 않았던 신분이나 계층도 있었습니다. 지배계급은 피지배계급의 노동으로 자신의 삶을 영위하는 게 당연한 것으로 여긴 것입니다. 특히 성직자의 계급은 노동의 영역에서 열외가 되었고, 특별한 혜택을 받았습니다. 오로지 성무(聖務)를 담당한다는 이유에서 말입니다. 구약시대의 레위지파가 바로 그러한 일을 전적으로 수행하던 신분으로 따로 구별된 사람들의 집단이었습니다. 하지만 세상이 달라졌습니다. 성역이나 성무를 담당한다고 해도 먹고 사는 문제에 대해서는 거저 얻어 먹지 않았다고 하는 사도 바울의 말에서 잘 드러납니다. 먹고 사는 문제에 대해서는 그 사람의 신분고하 남녀노소를 막론하고 그 누구도 예외자가 없다는 것입니다.

노동에는 성역(聖域)이 없습니다. 설령 성직자라고 하더라도 성직자는 '세상을 바꾸는 일'을 하는 사람들입니다. 사람들의 의식을 바꾸고 삶을 초월적으로 살아가라고 말하면서 모범(Vorbild)을 보여야 할 책무가 있습니다. 모범이란 사람들에게 삶을 이렇게 살아야 한다는 것을 앞서(vor) 그림이나 상(Bild)을 보여주는 것을 뜻합니다. 신자도 그러하지만 성직자는 세상이 좀 더 좋은, 좀 더 나은 정신적인 그림, 물질적인 삶을 묘사해주는 화신(化身)입니다. 그런 의미에서 성직자도 달리 직명(職名)의 일종이라 할 것입니다. 성직자도 여느 사람들의 직장명처럼 그저 또 다른 하나의 직장기호나 직장명칭에 지나지 않습니다. 다만 다른 사람들과는 달리 정신적인 세계를 담당하는 사람들로서 또 하나의 세상을 만드는 사람들이라고 명명할 수도 있습니다. 그것을 사명 혹은 소명(Amt; Beruf)이라고 합니다. 세상의 모든 사람들은 자신의 직업을 통해서 하나님의 부름을 받았습니다. 부름을 받은 대로 자신의 책임과 의무에 충실하면 됩니다. 그래서 세상이라는 큰 울타리에서 그 공동체의 유지를 위해 게으름(Faulheit)을 피울 수 없습니다. 어느 누구도 서로 폐가 되지 않도록 하기 위해서입니다. 물론 게으름이 단순한 나태나 태만을 의미하지는 않습니다. 너무 지나친 노동도 문제일 수 있습니다. 그러니 우리는 다음과 같은 에크하르트의 말을 기억해야 합니다. "우리는 우리가 행하는 모든 일 속에서 어떻게 자유로운 마음을 유지해야 하는가를 배워야 한다."

성직자를 포함하여 모든 사람들의 직업은 무상으로 먹고 살지 않기 위해서 하는 일들입니다. 그러나 무엇보다도 선행되어야 할 것은 정신적이고 영적인 자유로움이 선행되어야 합니다. 그것은 에크하르트가 말하고 있듯이 사물 때문에 산만해지지 않기 위해서입니다. 사물들은 우리에게 낯설게 여겨져야 합니다. 사물들을 자유롭게 받아들이고 멀리할 수 있기 위해서는 엄격하고도 철저한 훈련(Askese)이 필요합니다. 그것이 노동이라고 한다면 억지는 아닐 것입니다. 노동은 우리의 정신이나 마음 그리고 영혼이 나쁜 상태로 돌아가지 않도록 합니다. 노동을 통해서 사물을 취득하고자 하는 것이 아닙니다. 노동은 우리의 영혼과 마음과 정신을 통해서 사물들을 원하는 대로 취급할 수 있기 위해서 단련시킵니다. 그리스도인 혹은 성직자가 모범을 보인다는 것은 바로 그렇게 이해를 해야 합니다. 세상은 노동을 통해서 수많은 사물과 친숙하려고 하지만, 그리스도인은 노동을 통해서 사물들로부터 자유로울 수 있다는 것을 알게 해주어야 합니다. 그것이 그리스도인의 궁극적인 소명이어야 합니다. 그것이야말로 그리스도인이 노동을 통한 또 다른 세상을 만드는 방식입니다. 에크하르트는 말합니다. "숙련되지 않은 사람은 고기를 먹는다든지 음료를 마신다든지 하는 자신이 좋아하는 모든 것에 탐닉할 수도 기쁨을 얻을 수도 없다. (…) 우리는 질료적인 그 어떤 것도 추구해서는 안 되며, 그 속에서 그 어떤 우리의 유익을 구해서도 안 된다. 우리는 늘 하나님의 유익을 찾아야 하며, 그것을 획득해야만 한다. 왜냐하면 하나님께서는 인간이 지속하여 만족을 얻을 수 있는 [다른] 선물들을 주시는 법이 없으시기 때문이다."

노동은 사물들에게서 만족을 얻기 위해서가 아닙니다. 사물들 혹은 노동의 대가로 주어지는 보수와 급여, 보람은 하나님의 선물일 뿐입니다. 신앙인이 노동을 대하는 관점은 노동을 통해서도 하나님의 유익을 생각해야 하며, 하나님이 주시는 지속적인 만족을 생각해야만 합니다. 우리의 먹고 마시는 것은 우리 자신의 유익이 아니요 하나님의 유익입니다. 사물들로 인해서 산만해지지 않고 "쓸데없는 생각[관념]들로부터 마음을 조심스럽게 지키면서 영적으로 혼자가" 되어야 합니다. 이것은 그리스도인이 "어느 때라도 하나님을 인식하기 위해서", "자신을 상실하지 않도록" 하기 위해서 필요한 영적 훈련입니다. 그렇게 보자면 노동은 수덕(修德, Askese; 고행이자 금욕)입니다.

노동은 세상을 흔드는 거룩한 행위입니다!

한승원의 〈그물침대에 누워서〉라는 시에는 이런 문장이 등장합니다. " (…) 정자에 설치한 그물침대에 누워 흔들흔들/ 세상을 흔든다/ 흔들거리는 세상을 즐긴다/ 허공에 걸친 채 흔들거리는 또/ 하나의 세상 속에 내가 떠 있다/ 노인은 가끔씩 어리광하듯 흔들리며 살아야 한다는 것을/ 그물침대는 가르친다 흔들림은 황홀한 일탈이다/ 사랑도 흔들림이고 시도 흔들림이다/ 어른어른 세상이 흔들리는 가벼운 멀미 속에서/ 눈을 감으면 보인다 아득한 길/ 요람에서 무덤까지의"[시집 「꽃에 씌어 산다」, 문학들에서]. 노동은 몸을 움직이게 합니다. 아니 노동은 몸을 움직이고 사용하는 일입니다. 몸을 사용하면 내 몸만 흔들리는 것이 아니라 세상이 흔들립니다. 내 몸이 변하면 세상도 변합니다. 우리는 성서에서 종종 "일하기 싫어하는 사람은 먹지도 마라" 하는 말을 들었습니다. 그렇다고 해서 일하지 않는 사람들을 전부 게으른 사람으로 치부해서는 안 됩니다. 자칫하면 남보다 느린 것을 게으르다고 나무랄 수 있습니다. 일부러 게으른 것이 아닐 수도 있는데도 말입니다. 달리 그 사람이 지나치게 많은 노동을 하지 않고, 모름지기 노동이란 하나님이 모든 사람들에게 부여한 선물이라는 생각을 가지고, 그 노동의 시간을 다른 사람에게 할애, 양보하기 위해서 그럴 수도 있습니다. 다만 아무 일도 하지 않으면서 참견만 하는 사람이 더 밉습니다. 노동을 하면서 세상을 흔들고 또 다른 좋은 세상, 협화(harmony)하고 서로 돕는 세상을 만들자고 하는 데 기여하는 사람이 아니라면 남의 일에 코를 쳐 박고 일을 망치는 일(die Nase stecken)이나 괜한 일로 목소리만 높여서도(Einspruch erheben)도 안 됩니다. 그래서 성서는 이렇게 권고합니다. "말없이 일해서 제 힘으로 벌어 먹도록 하십시오." 중요한 것은 '벌다'(verdienen)는 독일어 동사가 '봉사하다', '섬기다'(dienen)와 '모시다'(bedienen)라는 말과 연관성을 갖는다는 사실입니다. 내가 벌어먹고 사는 일은 하나님과 이웃을 섬기기 위한 목적입니다. 나만 먹고 살자고 하는 일이 아닙니다. 벌어먹고 사는 일은 제 힘이 필요하지만, 제 힘도 없는 사람들을 위해서 어떻게 하나님을 모시듯 그들에게 사물로 봉사할 것인가에 초점이 있습니다. 그게 사도 바울이 말하는 선한 일입니다. 일에 관해서도 나쁜 일과 선한 일을 구분할 수 있다면, 모든 사물들이 하나님의 것, 하나님에게 속한 것(zudienen)이라는 생각을 한다면, 제 힘조차도 사용하지 못하는 사람들을 위해서 벌이를 하는 것은 곧 그리스도인의 선한 일입니다. 선한 일에 쓰지 못할 벌이라면 설사 제 힘으로 많은 것을 벌어들인다 하더라도 그저 낭비, 소진, 퇴물(ausdienen)일 뿐입니다. 그 사람은 그냥 신앙적으로 진부한 사람입니다. 에크하르트도 같은 신앙적인 혜안을 내놓습니다. "모든 것 – 하늘과 땅에서 그분이 주신 모든 것 – 이 [이미] 주어져 있다. 모든 것을 주시면서도 그분은 단지 당신 자신이라는 그 선물에 대해 우리를 준비시키고 계실 따름인 것이다. 그러므로 나는 말하건대 우리는 모든 선물과 모든 사건을 통해 하나님을 찾아야 하며 사물 그 자체로 만족해서는 안 된다. 우리의 현재의 삶 속에서 멈추는 장소란 없다. (…) 우리의 것이라고 부를 수 있는 것이 아무것도 없게 될 때까지 자기망각을 배우자. (…) 하나님을 즐기는 것(god-enjoyment)마저도 포기되어야 하는가? 이것은 게으름과 하나님을 향한 의지박약을 의미하는 것은 아닌가?" 우리의 돈벌이가 궁극적으로 무엇을 말하는 것인지, 그리고 게으름이 무엇을 말하는 것인지 깨달아야 합니다. 돈벌이의 게으름이 문제가 아니라 세상의 모든 것은 하나님의 것이라는 인식을 하면서 하나님을 즐기지 못하는 게으름이 더 큰 문제는 아닐까요? 그러므로 그저 하나님이 주시는 것을 받을 준비만 하십시오. 다만 그리스도인은 하나님 편에 있을 때 (구하는 것을) 받을 수 있습니다!

●●●●●●●●●

8. 익숙한 신앙과 결별하는 법(골 1,11~20)

습관적인 신앙인식을 탈피하려면 본질을 생각해야 합니다!

그리스도인은 예수를 통해서 구원을 얻었다는 말을 입에 달고 다닙니다. 고백적 언어가 자신의 신앙을 증명한다는 생각도 있겠고, 그렇지 않으면 그러한 고백이 믿음의 발로라고 생각하기 때문일 것입니다. 하지만 사람들은 그 익숙한 언어와 행동, 일정한 매뉴얼처럼 되어 있는 신앙인의 모습을 보고서도 신앙의 본질에 부합하지 않는다고 비판하곤 합니다. 신앙언어를 사용하는 그리스도인이 정말 하나님으로부터 오는 힘을 덧입고 살고 있는지, 하나님의 나라에 참여할 자격을 갖고 있는 사람들처럼 보이는지를 잘 살펴보면 그렇지 않다는 것을 단박에 알 수가 있습니다. 성서의 언어와 행위가 본질인 것은 맞으나 그것이 체화되어 있지 않기 때문입니다. 신앙언어를 발설한다고 해서 그리스도인이 아닙니다. 신앙언어가 내면화되어서 그 언어를 사용하는 사람이 그 언어처럼 보일 때 신앙언어가 살아 있게 됩니다. 신앙 따로 언어 따로가 아닙니다. 신앙은 언어를 통해서 드러나고 언어는 신앙을 담고 있습니다. 하나님이라는 언어는 그 대상을 지칭하는 말이자 기호입니다. 그러면 하나님을 말하는 사람은 그 하나님이라는 존재에 대한 경험과 그 대상을 안다는 전제에서 그 말을 사용해야 합니다.

인식하지 못하고 경험하지도 못한 초월적 존재에 대한 발언은 그래서 신중해야 합니다. 하나님이라는 이름을 함부로 입에 올리지 못하도록 한 히브리인들의 금기는 바로 거기에서 비롯된다고 해도 과언은 아닙니다.

말이라는 뜻을 가진 독일어 Sprache는 말하는 능력을 일컫기도 합니다. 말은 단순히 입에 올려서 목울대를 통해서 소리를 내는 것만을 의미하지 않는다는 말입니다. 말은 개념을 잘 사용하고 전달할 뿐만 아니라 소리의 고저장단을 잘 내야 듣는 사람이 그 말의 의미를 정확하게 파악할 수 있습니다. 우리는 그저 말이란 소리만 잘 내면 되지 않느냐고 생각하는 경향성이 있습니다. 그러면 말은 고작 변설이나 주장(Rede)에 그치거나 자칫 잡담이나 수다(Gerede)가 되고 맙니다. 신앙언어도 마찬가지입니다. 하나님께서 흑암의 권세에서 인간을 구원하셨다는 신앙언어는 습관적인 말뱉음(일상적인 Wort)이 아닙니다. 신앙언어는 그 신앙을 그렇게 삶으로 표현하겠다는 자기 고백의 언어입니다. 신앙은 본질적으로 성서의 언어가 삶으로 구현되는 것을 의미합니다. 그것은 우리를 "당신의 사랑하시는 아들의 나라로 옮겨주셨다"는 놀라운 선언문입니다. "옮겨주셨다"는 동사는 다만 그러한 존재변화를 가능하게 해주신 하나님께 감사하라는 수동적 자세를 지시하지 않습니다. 구원에 대한 믿음을 지닌 인간의 깨달음은 점차 그렇게 아들의 나라로 옮겨가는 삶을 살아라, 라는 명령입니다. 그렇게 알아들어야 삶이 무겁고 진지해지고 진정성이 있어집니다. 그러기 위해서는 내 마음이 사심(disinterest)이 없어야 합니다. 신앙의 본질(substance)은 겉에 있는 껍질을 벗기고 속으로, 밑으로 더 깊이 파고 들어 그 원칙에서부터 출발하겠다는 결단입니다. 다시 말해서 성서의 신앙 언어뿐만 아니라 자신의 고백언어의 말 속에 들어서서(sub+stance/stasis) 그 속에서부터 시작하는 신앙의 태도입니다.

무심(無心, 사심 없음, disinterest)에서 비롯되는 신앙인이 되십시오!

예수와의 만남은 에크하르트가 말한 '무심'해서 기원합니다. 신앙은 오직 그리스도로부터 시작됩니다. 그 시작은 최초요 태초입니다. 예수를 보고 만난다는 것은 최초의 기원(起源, arche)이 되는 하나님을 만나는 것과 다르지 않습니다. 따라서 그리스도를 앞세워 그리스도만이 우리의 시원(始原)이 되도록 해야 합니다. 그리스도인 스스로 시원이 될 수 없습니다. 자신이 시원이 되겠다는 발상은 욕망입니다. 에크하르트의 말을 빗대어 말하자면, 나의 시원으로서 가장 좋은 선물을 주셨다는 깨달음, 그 선물은 바로 시원이신 예수라는 사실을 깨닫는 것은 늘 본질적인 시원에 대한 신앙 사유를 하는 것입니다. 시원으로서 하나님은 자신이 인간에게 주실 수 있는 가장 좋은 것을 주셨습니다. 예수는 하나님이 주신 가장 좋은 선물, 곧 그분이 생각하실 때에 가장 좋은 선물입니다. 시원을 깨닫고 그 시원을 향하도록 좌표를 주는 분이시기 때문입니다. 신앙이란 그렇게 시원을 찾아나서는 일입니다. 자신의 시원을 깨닫는 가장 중요한 목적은 그리스도를 앎으로써 궁극적인 시원인 하나님을 알고자 하는 데 있습니다.

예수는 시원을 가리킵니다. 그분은 항상 시원을 향해 살려고 했습니다. 반면에 인간은 시원을 발견하려고 노력하기보다는 자신이 시원이 되려고 합니다. 시원이 하나님이라고 고백하면서 정작 현실의 모든 삶에서는 자신이 시원입니다. 시원이 되고자 자신이 창조주가 되고 시원에서 오는 힘을 자신이 소유하려고 합니다. 시원을 가리킨 예수 안에 있는 하나님의 모상(imago Dei)을 보는 것을 즐거워하지 않습니다. 모든 피조물보다 시원이 되는 예수는 모든 교회(kirche, ecclesia)의 머리이십니다. 피조물을 피조물답게 만드는 지배자(archos, archi)요 교회의 시원이요 교회의 본질적인 권위자는 예수입니다. 예수는 삶과 죽음의 시원이시기도 합니다. 그래서 이 말이 중요합니다. "하나님께서는 당신의 완전한 본질을 그리스도에게 기꺼이 주시고." 그리스도인은 신앙의 본질을 찾아나가기 위해서 부단히 애를 씁니다. 신앙의 시원이 될 수 있는 불변의 존재를 붙들기를 원합니다. 그럴 때 그리스도를 만나고 알기만 하면 됩니다. 그리스도는 모든 것의 시원이자 그 시원 자체를 품고 있습니다. 사도 바울은 "그리스도를 내세워 하늘과 땅의 만물을 당신과 화해시켜 주셨습니다. 곧 십자가에서 흘리신 예수의 피로써 평화를 이룩하셨습니다"라고 말합니다. 죄, 갈등 그리고 불화의 시원은 인간이지만, 화해와 평화의 시원은 그리스도이십니다. 에크하르트도 이렇게 충고합니다. "그대들은 그대들이 하나님을 어느 만큼 소유했느냐에 따라 그 만큼 평화도 얻을 것이며, 그대들이 하나님에게서 멀어질수록 그 만큼 평안을 덜 얻을 것이다." 화해(Versöhnung)와 평화(Frieden)의 시원은 하나님이십니다. 그러므로 하나님을 우리가 소유하게 되면 화해와 평화는 자연스럽게 따라오게 마련입니다. 하지만 현실의 신앙세계는 그렇지 않습니다. 세계는 시원이신 하나님을 소유하고 있지 않습니다. 시원 그 자체는 하나님 자신에게서, 하나님 자신을 위해서 존재합니다.

우리는 시원이 사라지는 세계에 살고 있습니다. 시원을 생각하면 고통스럽습니다. 시원은 순수한 곳인데, 순수는 고통을 동반하지 않고서는 지키는 것은 물론 간직하기도 어렵습니다. 의심할 수 없는 사실은 그리스도인 자신의 근원은 예수입니다. 최초로 하나님의 모상으로서 그 근원대로, 시원대로 살아보려고 했던 그분은 하나님의 아들임을 증명했습니다. 에크하르트가 말한 대로 "내가 하나님의 형상대로 태어나고 만들어질 때는 나는 그분의 아들"입니다. 우리가 태어난 곳, 우리가 만들어진 곳의 시원을 곱씹고 상기하면 우리도 하나님의 아들이라는 반열에 들어설 수가 있습니다. 우리 안에서 예수가 늘 태어나기 때문입니다. 내 안에서 예수가 태어난다는 것은 항상 나의 시원을 그리워하며 사는 것을 의미합니다. 시원을 그리워한다(sehnen)는 것은 달리 지금 시원이−없음을 깨닫고 그 시원이 있었으면 좋겠다고 생각하는(vermissen) 결핍에서 발생합니다. 시원을 보고 싶어 해야 합니다. 그렇게 나타난 시원이야말로 신앙의 본질입니다. 왜 우리는 그 시원이 되는 신앙의 본질은 쏙 빼놓고 엉뚱하게 헛다리를 잡고 있는 것일까요? '그리스도는 교회의 머리이시다'라는 선언은 교회론의 본질이자 출발입니다. 교회의 시원은 그리스도여야 합니다. 그리스도는 교회가 존재하도록 만드는 기반입니다. 그래서 본질은 달리 말해서 교회가 교회될 수 있도록 존재하는 것(Substanz)입니다. 그리스도인조차도 교회의 본질에 대해서 착각을 합니다. 모든 예배뿐만 아니라 모임과 회의에도 그것들이 진정으로 그 본질인 그리스도(의 정신)에 부합하도록 해야 마땅합니다. 적어도 사적 모임이나 사교 모임이 아닌 이상 교회의 시원 그리고 신앙의 시원에 대해서 숙고하고 또 숙고하게 될 때 삶의 본질, 신앙의 본질도 달라지지 않을까요? 궁극에는 그러한 그리스도인을 통하여 예수의 알맹이(Substanz)가 살아 있음과 열려서 밝혀지는 것을 느끼지 않을까요?

9. 하나님 안에서 하나님의 것(롬 13,11~14)

'지금'(jetzt)은 항상 하나님의 시간입니다!

우리는 지금(只슥)이라는 시간이라는 것도 마치 나의 것인 양 살아갑니다. 에크하르트는 이렇게 말합니다. "위로를 얻기 위하여 외적인 사물들이나 유한하고 시간적인 피조물들을 열망하는 것은 하나님께서 그 사람의 마음속에 계시지 않는다는 것을 분명하게 나타냅니다." 인간을 비롯한 모든 피조물들은 다 시간성 속에서 있습니다. 설령 유한적인 인간이 똑같은 시간성 속에 있더라도 함께 있는 다른 피조물에 대해서 욕망할 경우는 인간의 마음에 하나님이 깃들 수가 없습니다. 하나님마저 시간 속에 갇히고 말기 때문입니다. 과거는 지나가버린 지금입니다. 동시에 지금은 아직 오지 않은 미래입니다. 그러므로 지금은 그 어느 것도 결코 나의 것이 될 수 없습니다. 지금을 나의 것으로 알고 그 시간을 소유했다고 하는 순간 작은 모래알처럼 살그머니 손가락 사이로 빠져나갈 뿐입니다. 'time'이 의미하는 것처럼, 시간은 조각조각 파편이 되어 상처를 입힙니다. 멈춰서 제발 그 자리에 있어 주기를 바라는 때가 있는가 하면, 영원히 잊히기를 바라는 때가 있습니다. '시간은 다만 그 때 그 때 내가 하나님 안에 있음을 의식하는 찰나입니다.'
시간이 때와 사이로 풀이되는 것이 의미심장합니다. 때와 때 사이, 사이와 사이로 때를 인식한다는 것은 내가 참 덧없는 존재이구나 하는 것을 깨닫는 것입니다. 때도 구분할 수 없는데, 때와 때 사이를 들여다보려면 내가 살고 있는 지금이 곧 구원의 절박한 때임을 알아차려야 합니다. 그런데 사람들은 피곤합니다. 바쁩니다. 빨라야 좋아합니다. 바쁘고 빠른 속도 어디에도 하나님은 존재하지 않습니다. 지금이라는 시간의 중요성을 인식하고, 지금을 하나님의 손님이 보내신 선물로 믿지 않는 사람에게는 아무런 의미가 없습니다. 시간 속에서 하나님 자신을 나타내 보이는 때, 그 때가 바로 지금입니다. 하나님이 보이고 사랑하는 사람이 보이고 약자가 보이고 병들고 고통당하는 사람이 내 앞에 현존할 때 그 때가 하나님의 지금이자 나의 지금입니다. '나중'은 없습니다. 나중은 도대체가 알 수 없는 대략(irgend) 어느 때, 언젠가를 뜻합니다. 어중간합니다. 나중은 나만의 시간을 유예하는 것입니다. 나중은 타자가 들어설 자리(기회)가 없습니다. 나중은 그만 그 시간 속에서 헤매거나 잘못 생각하거나 방황할 수 있는(irren) 때가 될 수 있습니다. 자신뿐만 아니라 타자에 대해서조차도 마음이 정해지지 않은(irre) 시간이기 때문입니다.

지금은 오로지 하나님 안에 있으며, 하나님의 것으로 항상 자신을 보이는 시간입니다. 지금은 깨어 있는 사람에게만 보입니다. 지금 대화를 나누고, 지금 사랑을 하고, 지금 눈을 응시하고, 지금 기도하고, 지금 미소를 짓는 것은 내가 하나님 안에서 깨어 있다는 증거입니다. 눈을 게슴츠레 뜨고 있으면 대상이 희미하게 보입니다. 신앙의 눈(Auge)은 흐리멍덩한 눈이나 그냥 스쳐가듯이 얼핏 보는(Augenblick) 눈이 아닙니다. 신앙의 눈은 사람과 사람, 사물과 사물 사이에도 하나님이 현존한다는 명징한 눈(anschauen, 관조적인 눈; 통찰력이 있는 눈)입니다. 눈초리(Augenwinkel)라는 말에는 회초리를 연상케 하는 매서운 눈을 가리킵니다. 신앙의 눈은 그 때 그 때 하나님의 현존과 사이사이에 하나님 자신을 순수하고 정신 차려 느끼는 민감함, 민첩함이 요구됩니다.

　캄캄한 밤도 사이가 있습니다. 낮을 잡아먹을 듯이 삼켜버리려는 때, 낮으로 가지 않으려고 낮을 붙잡는 때가 밤입니다. 낮은 오고야 맙니다. 낮을 맞이하고 낮을 갈망하는 신앙인은 밤 사이를 무사히 통과해야 합니다. 밤은 빛나는 하늘을 흉내 내기도 하기에 독특한 멋이 있습니다. 하지만 밤은 가상입니다. 똑바로 보이지 않으니 판단이 흐려지고 몽롱해집니다. 그럴수록 빛이 자꾸 그리워집니다. 밤하늘의 빛이 아름다운 이유가 거기에 있습니다. 온통 검은 색 위에 점점이 박힌 영롱한 빛이 우리의 의식을 밝혀줍니다. 빛은 틈을 내고 어둠을 균열내줍니다. 신앙의 빛, 그리스도의 빛이 우리를 밝히면 모호해지고 약해진 진실이 분명하고 밝게 드러납니다. 빛이 어둡고 두려운 의식과 영혼 그리고 현실을 터주기 때문입니다. 그리스도의 빛은 우리가 어디에 있는지를 알려주고 가야 할 방향을 터줍니다. 들판이 탁 트이듯이 의식과 영혼 그리고 암울한 현실이 밝아지는 것입니다. 밤이 어둡고 짙어질수록 그리스도의 빛이 절실해집니다.

　세상은 밝은 낮을 좋아하는 듯하지만, 실상은 어두움을 더 선호하고 그 어둠의 기운에 압도되어 있습니다. 이러한 상황에서 에크하르트는 인간이 더욱 더 순수해질 것을 당부합니다. "순수한 사람들은 순수를 사랑합니다. 의로운 사람들은 의를 사랑하며 그것에 기울어집니다. 사람의 일은 그 사람 속에 있는 것을 말합니다."

하나님이 원하시는 것을 원하십시오!

　"선한 사람으로서 하나님께서 원하시는 것을 원하지 않는 사람은 없습니다. 왜냐하면 하나님이 선 이외의 어떤 것을 원하신다는 것은 불가능하기 때문입니다." 에크하르트는, 하나님은 자신이 원하는 것, 곧 선을 원한다고 말합니다. 하나님이 원하는 것은 그리스도를 삶의 중심으로 여기고 그 빛에 따라 살라는 것입니다. 빛(Lichtung, 터)은 신앙의 터를 밝히고 답답한 삶터를 트이게 만들어 줍니다. 밤 같이 싸늘한 감정, 투명하지 못한 의식, 칠흙처럼 어두워져 주위 사물을 분간하지 못하는 현실, 밤이 주는 부정적 힘과 맞서 싸울 수 있는 것은 하나님이 원하시는 것, 즉 그리스도(의 빛으)로 무장하는 것입니다. 그리고 어두움이 가진, 밤이 가진 낭만과 쉼이 있음을 깨우쳐 밤 같은 현실, 의식, 감정, 신앙에 균열을 일으켜야 합니다. 밤의 힘이 강해질수록 방탕, 분쟁, 사기, 음행 등 온갖 육체적 정욕이 더 강해집니다.

시간은 얄궂게도 시간 속에서 살고 있는 사람들을 점점 늙어가게 만듭니다. 시간은 늙고 낡게 만듭니다. 레마르크(Erich M. Remarque)의 소설 『하늘은 아무도 특별히 사랑하지 않는다』(Der Himmel kennt keine Günstlinge)에는 "장소의 이름들을 주워섬기고 기억하고 또 그 장소들을 떠나는 일에 나는 이미 지쳐 버렸어"라는 글귀가 나옵니다. 시간과 장소는 떼려야 뗄 수 없는 관계입니다. 시간을 등지고 떠나는 것, 시간을 무시하고 살아가는 것은 어리석은 사람입니다. 시간이 당연히 이길 수밖에 없습니다. 그렇다면 시간과 사이, 분침 속에서 하나님이 원하시는 것을 원하면서 살고 있는지를 물으며 깨어 있어야 합니다. 시간은 사람을 깨어 있게 하기도 하고 잠들게 하기도 합니다. 시간이 생기면서 사람의 영원은 한정되어 있었는지도 모릅니다. 그 영원을 갈망하는 것이 구원을 열망하는 것과 연관성이 있습니다. 먼저 해야 할 일은 낡은 시간을 극복하고 새로운 구원의 시간을 살아야 한다는 점입니다. 그러자면 때를 잘 구분해야 하는데, 때와 때 사이, 그 차이를 구분하지 못하면 그 때가 항상 그 때처럼 여겨져서 구원의 변화가 일어나지 않습니다. 구원은 하나님이 원하시는 것을 이루어 드리는 때, 그 때의 차이를 잘 간파하는 일입니다. 구원을 통해서 영원한 삶을 성취하는 게 문제가 아닙니다. 때의 구분과 때의 차이를 알지 못하면 구원은 허상일 뿐입니다. 그냥 욕망하다가 끝이 납니다.

낡은 장소와 낡은 시간을 기억 속으로 보내고 늘 새로운 때를 인식하는 것은 그 때가 하나님의 때이고 하나님이 원하시는 때이기도 합니다. 때는 하나님이 우리의 신앙을 흔드는 시간입니다. 그때(Gelegenheit)는 하나님이 놓여 있는 자리, 장소입니다. 하나님이 어떤 모습으로 계시는가 하는 그 순간의 때를 아는 것만큼 중요한 구원의 시간도 없습니다. 하나님이 정말로 원하시는 게 있다면 바로 자신이 있는 자리, 자신이 나타나는 장소를 그리스도인들의 가장 우선적인 관심사(Angelegenheit)가 되는 것입니다. 그 때가 절박하게 매 순간 다가온다는 느낌은 비단 그리스도인만의 문제는 아닐 것입니다. 때가 흔들리고 있으니 말입니다.

●●●●●●●●●●●

10. 자신을 상실하고 하나님을 의식하십시오(롬 15,4~13)

성서의 말씀은 하나님을 의식하게 합니다!

의식은 생생하게 대상을 떠올림입니다. 이것은 대상의 정확한 파악을 의미합니다. 성서의 말씀은 하나님을 의식하게 만듭니다. 성서를 대할 때, 문자를 대하는 것이 아니라 하나님을 의식하고 떠올린다는 것은 그런 의미입니다. 의식이 대상을 떠올리는 것만 지칭하지 않습니다. 의식은 그 존재에게 의탁하는 것이고, 그 존재 안에서 자기를 잊고 그 존재만을 생각합니다. 성서의 말씀을 통해서 하나님을 떠올리는 것은 그 존재만으로 삶을 사는 현실로 만듭니다. 꿈속에서, 비의식에서 사는 것이 아니라 말씀으로서의 하나님이 현실적 존재가 됩니다. 말씀이 문자로만 기능한다면, 성서는 아무런 가치가 없을 것입니다. 문자를 입으로, 눈으로, 귀로, 몸 전체로 알아 듣는 것은 하나님의 온전한 체험입니다. 체험은 발견(깨달음)이기도 합니다. 하나님 자신이 은폐되었던 것이 드러날 때 그를 알아차릴 수 있습니다. 문자를 오감각으로 느끼고 파악하고 인식할 때, 글자 하나하나가 하나님의 모습으로 나타납니다. 현존(現存)이란 그렇습니다. 문자나 활자가 몸 바깥에 있다가 그것이 의식되는 순간 몸 안으로, 그 문자가 이미 몸이라는 것을 깨닫게 됩니다. 자연스럽게 말씀, 곧 하나님이 체화됩니다. 하나님(의 마음)을 행동으로 옮기고 삶으로서 살아냅니다.

　의식의 명료함은 하나님의 뚜렷함과도 맥락을 같이 합니다. 의식이 불명확하고 투명하지 않고 흐릿하면, 하나님도 그 이상(以上)을 드러내지 못합니다. 의식이 되는 대상이 자기 존재를 비출 때 거울이 깨끗하지 못하면 본래 모습을 온전하게 비추지 못하는 것과 같은 이치입니다. 그러므로 의식(마음)을 순수하게 하여 그곳에 박히는 문자 속의 구현체인 하나님이 온전하게 밝혀지도록 해야 합니다. 문자를 통해서 자신을 드러내는 데는 초월자의 한정된 모습만이 그려질 수 있습니다. 문자가 갖는 한계입니다. 문자는 상

(imago)을 그리는 매체일 뿐입니다. 그 다음은 자유로운 상상력(Einbildungskraft)에 의해서 하나님을 접하는 과제가 주어집니다. 여기에서 인간이 순수한 마음, 순수한 의식을 갖고 있느냐의 유무에 따라서 상이 달라집니다. 문자가 거짓말[妄言]처럼 보이도록 상이 그렇게 그려질 수 있으니 말입니다. 성서는 거짓말이 아니라 진리입니다. 다만 그 진리가 진실한 것으로 읽히고 알려지기 위해서는 내가 만들어 내는 상이 아니라, 하나님이 의식을 비추어 맺힌 상이 되도록 해야 합니다. 그러기 위해서는 욕망, 이기심, 삿된 생각, 악감정 등으로 문자를 대하면 안 됩니다. 성서의 문자는 나에 의해서 읽혀지기 전에 나를 비추는 거울이 되어 나의 모습의 상태를 잘 보도록 해줍니다. 그 모습 속에서 하나님이 내게 말 걸어오심을 느끼고 나타남을 보려고 해야 합니다.

성서에 수많은 글자가 수록되어 있습니다. 성서는 인간의 삶에 개입하신 하나님의 시간성과 흔적 그리고 그 만남의 고백적 체험들의 나열입니다. 성서의 문자 혹은 하나님의 음성으로서의 문자는 그분의 흔적입니다. 문자는 의미가 발생하지 않는다면 신의 흔적으로서의 기호는 존재하지 않습니다. 기호는 하나님의 (흔적을) 가리킴입니다. 문자의 거기에 하나님의 나타남과 하나님의 빛과 하나님의 존재가 있습니다. 그러나 잊지 말아야 할 것은 문자는 그분을 가리키는 기호로서의 기능만 할 뿐입니다. 나타남과 하나님의 직접적 자기 현시는 그 문자를 넘어선, 언어적 세계와 초월세계(이상세계)의 어느 경계선을 넘어선 지점에서 발생합니다. 다만 우리는 자발적인 하나님의 자기 계시를 느끼고 알아차리고, 순수하게 받아들여 이해하려고 할 뿐입니다. 가능한 한 깊은 믿음과 성숙한 이성 사이에서 말입니다.

이방인을 환대한다는 것은 진리를 안다는 증거입니다!

하나님을 높여 드리고 찬미하는 데에는 나와 너, 우리와 그들, 나와 그것, 그리스도인과 비종교인이 따로 없습니다. 만일 그리스도인이 하나님을 의식한다면 자기는 없고 오직 하나님의 뜻과 진리만을 알 뿐입니다. 자기를 비운 사람이라면 진리를 안다고 말할 수 있습니다. 자기를 비우지 않은 사람은 타자는 아랑곳하지 않고 자기의 이익만을 채우려고 합니다. 에크하르트는 이렇게 말합니다. "참으로 완전한 사람은 자신에 대해 죽고, 하나님을 열망하며, 하나님의 뜻에 내던져졌기 때문에, 그의 완전한 행복은 자아와 자아의 관심을 의식하지 않고, 대신에 하나님의 뜻과 진리 이외에는 아무것도 알지도 않고 (…) 하나님을 의식하는 데 있습니다." 자기를 상실하지 않고 비우지 않으니 이방인(Fremde)을 순수하게 인식하지 않습니다. 곡해합니다.

자기의 상실은 비움입니다. 그리고 나서 하나님의 것, 곧 하나님이 빌려주신 것으로 채우게 됩니다. 애초에 내 것은 없습니다. 잠시 빌렸을 뿐입니다. 안다는 것은 깨달았다는 것입니다. 깨달음은 반드시 행동으로 이어지게 되는데, 양명학은 그래서 지행합일(知行合一)이라고 주장합니다. 에크하르트는 "진리를 안다는 것은 하나님께서 온갖 것들을 성자와 성령께 주셨다는 사실을 깨닫는 것입니다. 그분은 좋은 것을 피조물에게 주신 것이 아니라, 단지 신뢰를 바탕으로 빌려주셨을 따름입니다." 이방인이라는 일반적인 관념은 낯섦과 매우 밀접한 관계가 있습니다. 낯선 존재는 어색합니다. 서먹서먹합니다. 이방인의 낯이 나의 낯과 다르니 그럴 수밖에 없습니다. 하지만 그렇다고 하더라도 이방인이 그리스도교 바깥 존재나 그리스도인의 자격 조건에서 탈락되거나 실격이 되어야 하는 존재는 아닙니다.

이방인은 에크하르트의 말에 기대어 말하면, 하나님이 그리스도인에게 빌려준 존재입니다. 빌리는 것은 신뢰가 필요합니다. 매우 좋은 신용이 있어야 합니다. 게다가 잠시만 내게 위탁한 존재일 뿐 영원히 내게 맡겨진 존재가 아닙니다. 그러므로 그들에 대해 내 판단으로 섣불리 재단할 수 없습니다. 이방인을 맡길 만한 신임을 나타내는 말로서 '주다', '허락하다'라는 뜻을 지닙니다. 이방인은 하나님이 허락한 존재, 하나님의 사람이나 다름이 없습니다. 그들은 어느 누구에게도 이방인이 되지 않도록 그리스도인에게 잠시 빌려준 것입니다. 이방인들도 주의 백성들과 함께 기뻐하고 찬양하는 존재입니다. 이방인들도 하나님의 지배 아래에 있는 사람들입니다. 그들이 하나님의 지배밖에 있는 사람들이라면 엄밀한 의미에서 이방인은 없습니다.

그리스도인은 예수를 믿지 않는 사람들을 마치 미개인 혹은 야만인(Barbar) 바라보듯이 쳐다봅니다. 안쓰럽다는 듯, 안타깝다는 듯, 자신들의 신앙문법, 곧 '예수는 구원'이라는 등식을 이해하지 못하다는 듯이 취급합니다. 실상 불신자(Ungläubiger)라고 하더라도 이방인(Ausländer)은 하나님의 구원의 범주(Land) 바깥(aus)에 있는 사람이 아닙니다. 그들은 구원에서 벗어나 있거나 자격을 박탈/실격당한(aus) 사람들도 아닙니다. 어쩌면 그들은 그들 나름대로의 신앙문법을 가지고 있는지도 모릅니다. 우리는 그 사람들도 모두 하나님의 지배 아래에서 그리스도인과 함께 성령이 주시는 희망, 기쁨, 즐거움, 평화를 누리는 존재라는 것을 잊어서는 안 됩니다. 그들은 결코 신앙 문법에 어긋나는 사람들(Barbar) 이어서 하나님에 대해서 전혀 이해하지 못하거나 믿지 못하는 신앙적 문외한이라고 생각하면 안 됩니다.

이방인들은 하나님이 그리스도인들에게 이방인들을 위해서 구원의 자리를 마련해 주라고(verleihen) 보내주신 사람들입니다. 아니 '공동으로' 구원의 자리, 구원의 희망을 성취하라고 빌려주신 사람들입니다. 그들의 생사판단은 그리스도인의 몫이 아닙니다. 그들은 하나님이 양도해서 그리스도인들에게 빌려주신(leihen) 존재자들로서 그분의 주권에 달려 있을 뿐입니다. 함부로 속단하기에 앞서 같은 땅(영역, Land)에서 구원을 베풀어 주신 하나님에게 다시 어떻게 되돌려 '낯선 사람들'을 구원의 사람으로 제시, 제출할 것인가를 고민해야 합니다. 되레 우리가 하나님으로부터 '너희들이야말로 내게 있어 이방인이다'라는 판정을 받을지도 모르니 말입니다. 애초에 하나님 안에서(지배 아래에서) 이방인은 없습니다. 모두가 낯선 존재였습니다. 다만 그 낯섦을 마감(혹은 종료)하고 하나님 안(하나님 지배아래)에 있구나, 하는 깨달음을 '조금 먼저' 깨달았느냐 아니냐의 차이일 뿐입니다. 그러므로 낯섦의 강도나 느낌은 전적으로 그분의 '은총으로' 익숙함과 안도감으로 바뀐 것입니다. 그러니 구원받았다는 우월감(우쭐함)과 구원 바깥에 있다는 낯섦(이방인)은 그렇게 멀리 있지도 않습니다. 그것은 하나님의 마음과 생각하고는 별개입니다. 그저 모든 생명들이 한 마음, 한 뜻으로 서로 용납하고, 오로지 하나님만을 생각하고 하나님만을 지향하면 될 일입니다.

"밤에 제대로 잠들지 못하는 사람은 많든 적든 죄를 저지르고 있다. 그런 사람들은 무엇을 하는가. 밤을 존재시키고 있다." 철학자 모리스 블랑쇼(M. Blanchot)의 말입니다. 밤을 무화시키는 일은 밤의 존재를 잊으면 됩니다. 잠을 청하는 이유가 그것입니다. 마찬가지로 이방인을 존재하도록 만드는 그리스도인은 스스로 죄를 짓는 사람들입니다. 있지도 않은 낯선 존재자들을 하나님에게 낯설게 만드는 것이야말로 죄가 아닐 수 없습니다.

●●●●●●●●●●●

11. 얄궂은 시간의 유혹(약 5,7~10)

님은 우리의 시간 속에서 더디오십니다!

시인 이선식은 이런 말을 합니다. "부유하던 것들이 침전되고 발효되어/ 주정처럼 솔솔 향기를 피울 때/ 마침내 너는 온다./ 어떤 양식으로 존재하던 이 느린 보폭으로 건너가/ 너를 만날 것이다/ 너에게 가는 일이/ 자유를 향한 오체투지라고 믿기에./ 하여, 종국에 나는/ 자유를 친친감고 죽을 것이다./ 참 더디고 더디다/ 어떤 땅이기에 다 늦은 계절에 꽃 기별인가/ 그러나 그 열매는/ 달고 시고 쓰고 짜고 매운 맛의 오미과(果)였으면 좋겠다는/ 생각./ 저기, 자벌레처럼 느리게 느리게/ 나무다리를 건너가는 이가 있다"(이선식, 「시간의 목축」, 〈천년의 시작〉, 2011). 이선식의 시는 더디고 더딥니다. 기다림의 시간은 더디옵니다. 인내(忍耐)는 그래서 위험합니다. 칼을 품고 있어야 할 만큼 고통스럽기 때문입니다. 인내는 시간[寸]과의 싸움입니다. 시간의 마디마디, 몸의 마디마디가 아픕니다. 인내는 긴 호흡[而]가 호흡 고름[而]이 필요합니다. 기대하는 만큼, 오는 사람과 오는 시간과 오는 희망에 대한 기다림만큼 숨 가쁘고 호흡이 빨라지는 것은 없을 것입니다.

또 때와 때를 더디오시는 하나님은 때와 때를 기다리고 또 기다리는 설렘의 낭만과 서정이기도 하지만 때론 긴장, 가슴 두드림, 아니 설렘의 허무를 채우는 고통입니다. 만나러 가는 일, 만나러 오는 일, 곧 마중은 때마침 그 사람과 나와의 때가 잘 들어맞아야 합니다. 엇갈림은 자칫 마음에 상처를 입힙니다. 그것은 하나님 당신에게로 가는 길(일)이기에 더욱 큰 애성이가 납니다. 에크하르트는 인간의 자연적인 덕(virtus)은 탁월한 힘을 갖고 있다고 말합니다. 인간의 덕은 하나님을 발견하게 되는 힘이자 영적인 어떤 것을 향한 노력들이라고 볼 수 있습니다. 물론 우리는 하나님을 발견할 수 없습니다. 다만 그분이 자신을 드러내 주셔야 알 수 있습니다. 그럼에도 우리 안에 있는 덕은 "하나님께 훨씬 가까이 가게" 해줍니다. 하지만 그 하나님을 알현하고 예수를 볼 수 있는 시간은 너무나 더딥니다. 에크하르트는 하나님 자신을 위한 시간에 대해서 인간이 겪는 고통이 얼마나 상대적인가를 이렇게 말합니다. "덕의 유일한 불평과 슬픔이란 — 만일 덕이 슬픔을 알 수 있다면 — 하나님을 위한 자신의 고통이 너무 작다는 사실과 덕이 표현되고 나타날 수 있는 시간 속에서 이루어질 고통이 너무 작다는 사실입니다."

하나님과 우리가 잠시라도 끊어지는 고통이 있을 수 있습니다. 더디오는 고통이 있을 수 있습니다. 그러나 그것은 나의 신앙의 덕이 겪는 고통입니다. 나의 고통이 아닙니다. 나의 고통은 일찌감치 존재하지 않습니다. 덕이 판별하고 덕이 인내해야 하는 고통의 몫입니다. 그런데 우리는 우리 자신이 고통을 겪는다고 생각합니다. 앞에서도 말한 바와 같이, 덕은 하나님을 위해서 존재하는 자연적인 탁월한 힘을 의미합니다. 오직 우리가 하나님을 위해서 존재하는 사람들이라면 우리 안에 있는 덕은 하나님을 발견하려고 노력할 뿐입니다. 그래서 덕은 영적인 어떤 것이며 영적인 어떤 것을 향한 노력을 합니다. 덕(의 열망)을 통한 노력은 자연스럽게, 하나님께 무시로 가까이 다가가게 됩니다. 하지만 드러내 보이는 것, 그 주도권은 오로지 하나님에게 있습니다. 그러기에 덕은 고통스럽습니다.

한 뭉치의 시간은 하나님만이 푸십니다!

만남이란 숙성된 시간, 축적된 시간, 잉여의 시간, 무르익은 시간 속에서 주체(substantia)로부터 다가오는 사건입니다. 그러나 선뜻 결정된 사항도 아닙니다. 결정을 한다 해도 더디고 더딥니다. 아무도 모릅니다. 모르는 만큼 다만 기다리는 덕의 고통만이 점점 커질 뿐입니다. 그래도 기다려야 하는 덕의 숙명이요 인간의 모진 운명입니다. 왜 그래야 할까요? 기다리겠다고 한 것은 내가 그런 것이 아니라, 기다리라고 한 주체의 요청이 있었기 때문입니다. 기다림은 그래서 언제나 더딘 것처럼 보입니다. 기다리라는 주체의 설명과 해명은 없고 오로지 무작정 거기 그곳에서 기다려야 하니 시간을 켜켜이 쌓아도 고통스럽습니다. 그나마 "마침내 너는 온다"는 시인의 전언(傳言)은 위로가 됩니다. 언제인지 모르지만, 어느 시간인지는 모르지만 궁극적으로 온다는 것은 확실하기 때문입니다. 그래서 인간의 덕은 나를 위해서 기다림의 고통을 당합니다. 덕은 나를 대신한 나의 품성으로 시간을 가지고 그 시간의 완결을 짓기 위해서 나타나는 힘입니다. 에크하르트는 "하나님과 선을 위해 쉬지

않고 고통을 당하는 것이 늘 덕의 열망"이라고 역설합니다. 인간의
덕(스러움)은 아무리 힘겹고 어려움이 있다고 하더라도 남을 탓하지
않습니다. 심판의 시간이 임박해서 바로 우리가 있는 곳에 존재하
기 때문입니다. 이선식 시인이 말하고 있다시피, "시간의 출구"가
있을 것이라고 생각할 수 있습니다. 하지만 심판을 면할 수 있는
시간의 출구는 존재하지 않습니다.

　궁극의 시간을 푸는 것은 존재 그 자체이신 하나님만이 하실 수
있습니다. 그것은 언제나 나의 시간이었던 적이 없습니다. 하나님
만이 시간을 통제할 수 있습니다. 구원과 심판의 시간을 늘이고 줄
일 수 있는 것은 하나님만이 하십니다. 우리의 시간이 아니라 하나
님을 위한 시간, 하나님 자신의 시간이기 때문입니다. 우리가 하나
님을 위한 시간을 선이라고 생각하고, 선 그 자체를 실현하기 위
해서 무진장 애를 쓴다면 우리 안에 있는 덕은 고통이 됩니다. 덕
은 하나님을 끊임없이 발견하는 힘이고 동시에 선을 구현하는 원
동력입니다. 만일 덕이 그렇게 하지 못한다면 우리가 기다리는 궁
극적인 구원의 시간은 더디고 또 더디게 느껴질 것입니다. '예수가
오시는 시간은 우리를 위한 시간이 아닙니다. 하나님과 예수 자신
을 위한 시간의 성취를 위해서 오시는 것입니다.' 덕은 마중하는 힘
입니다. 마중(Einholung)한다는 것은 그저 구원을 가져오는 분을 기다
릴 뿐입니다. 신을 마중한다는 것은 그분의 거두어들임과 회복
(Erholung)을 위함일 뿐만 아니라 잃어버린 존재를 다시 찾기 위해서
(wiederholung) 맞아들임(einholen)입니다. 예수가 오시는 시간을 준비하
고 맞이하는 것은, 적극적인 의미에서 (우리의 기대와 기다림이) 그분을
불러오는 것이며, (시간이) 데려오는 것입니다.

　오시는 주체는 시간을 앞질러 오시는 분이십니다. 시간을 넘어

시간 바깥에서 온다고 해야 할 것입니다. 시간은 우리가 기다리는 양적·수치적(量的·數値的) 기능만을 갖고 있는 것이니 그분에게는 큰 의미가 없습니다. 조각조각 나뉘고 촘촘히 얽힌 시간들처럼 보이는 것은 우리들의 마음이 그렇기 때문입니다. 오시는 주체는 우리를 기다려주는 마음의 질(質)로 보자면, 시간을 느리고 더디게 하여 오히려 우리를 기다려 주는 마음이 더 크다고 볼 수 있습니다. 더디고 느린 것은 주체가 반대로 우리를 기다려주는 여유를 가지고 있는 것입니다. 그것을 지체된 시간이라 말할 수 없습니다.

시간은 유혹을 합니다. 시간의 현(絃), 즉 씨줄과 날줄을 잘 짜라고 인간에게 기회를 주고 있습니다. 기회(opportunity)라는 영어 개념은 라틴어 ob-portus(노출, 대면+항구)에서 파생되었습니다. 그것은 항구에서 배가 보인다는 의미로서 가장 '시의 적절한'(꼭 알맞은)이라는 뜻을 품고 있습니다. 시간을 뚫고 시간을 넘어서 오시는 주체는 인간에게서 하늘 아버지의 마음으로 태어나는 꼭 알맞은 때에 오기를 바라기에 더디오십니다. 더디오시는 시간은 기회입니다. 시간을 잘 직조(織造)한다는 것은 바로 때와 때 사이, 간격, 틈새가 있다는 것인데, 이는 인간의 마음속에 하나님의 아들로 탄생할 수 있는 가능성입니다. 에크하르트가 말한 인간의 덕의 내적 과정은 하나님에 의해서 하나님의 아들이 인간의 내면에서 탄생할 수 있도록 하는 힘입니다. 인간의 마음속에서 하나님의 아들이 탄생하는 시간은 고대 영어 wefan(실로 짜서 만들다)에서 기원한 weave(직조)처럼 한 땀 한 땀 정성들이는 긴 호흡이 아니면 무르익지 않습니다. 그러므로 그리스도인은 오시는 주체를 기다리는 시간만큼 마음속에서 예수의 탄생을 위한 마음 시간을 엮어서(textus) 마침내 자신의 삶의 텍스트(text)를 보여줄 수 있어야 할 것입니다.

기다림의 통증은 내 안에서 하나님의 아들(하나님에게서 태어난 속성, born-of-godness)이 잉태되고 탄생하는 것만큼이나 아픔을 견디는 것과도 같습니다. 만일 더디오시는 주체로 인해서 내 안의 신앙적인 덕이 투정부리고 있다면, 내 마음에서 하나님의 속성이 여물려고 몸부림치는 시간이라면 위로가 될 것입니다!

●●●●●●●●●●●●●

12. 예수에게 어떤 색깔을 입히고 싶은가!(롬 1,1~7)

하나님에게서 태어난 사람은 하나님의 아들을 이해합니다!

하나님의 아들 예수는 우리의 고백 속에서 탄생하지 않습니다. 우리가 하나님 안에서 하나님의 아들로서 태어날 때, 예수는 우리의 그리스도가 되십니다. 말로, 문자로 고백한다고 해서 우리에게 예수가 구원자요 하나님의 아들이 되는 것은 아닙니다. 우리는 한 번도 예수를 만난 적이 없습니다. 시공간을 넘어서 우리는 주관적 체험을 토대로 저마다 예수의 하나님 - 아들 됨을 고백합니다. 공동체적 신앙으로, 성서적 전통의 공통성을 통해서 예수를 접했던 것은 사실이지만, 그것이 직접적으로 우리 마음 안에서 하나님의 아들이 탄생하는 것과 비례하지 않습니다. 먼저 하나님의 아들이 내 안에서 탄생하지 않으면 예수 그리스도를 모릅니다. 에크하르트는 이렇게 씁니다. "아들이라는 말은 신성 속에서 단지 아들됨, 즉 하나님에게서 태어난 속성을 가리키는 것으로서 하나님의 사랑인 바 성령을 뜻하는 샘과 개울과 시내를 의미하는 것입니다. (…)

성인들은 하나님의 아들이 영원히 탄생한다. 그래서 하나님은 쉬지 않고 태어나시는 것입니다."

우리 안에서 하나님의 아들이 쉬지 않고 태어나는 것은 하나님을 하나님으로 인정하고 하나님 자신을 위해서 사랑하는 데 있습니다. 우리는 우리 자신을 위해서 그리스도의 부르심을 받지 않았습니다. 많은 그리스도인들이 자신을 위해서, 혹은 예수가 말하지도 않은 복을 위해서 그리스도의 호명이 있었다고 착각을 합니다. 하지만 단 한 번도 예수는 그리 말하지 않았습니다. 자신도 하나님을 위한 존재라고 생각했습니다. 우리의 구원은 하나님을 위해서, 하나님 자신을 사랑하기 위해서 있습니다. 인간이 예수를 신이다, 인간이다라고 색깔을 입히는 것도 결국 우리 자신을 위해서가 아닙니다. 예수를 신처럼 혹은 인간처럼 말을 한다는 것은 그 안에서 하나님을 사랑하는 것과 인간을 사랑하는 것과 크게 다르지 않다는 것을 증언하는 말입니다. 다시 말해서 하나님이 예수 안에서 끊임없이 탄생하는 것이라고 볼 수 있습니다.

인간이 예수에 대해서 말하는 것은 예수 안에서 하나님의 탄생이 발생했던 것처럼, 모든 인간에게도 하나님의 탄생이 일어나기를 바라는 마음에서 출발합니다. 선전이나 홍보나 전략이나 전술이 전혀 아닙니다. 그것들에게서는 하나님의 탄생을 바랄 수 없습니다. 신성한 사건이 되지 않습니다. 하나님의 복음을 전한다는 것을 그렇게 이해하지 않는다면, 많은 사람들에게 폭력이 될 수밖에 없습니다. 그러기 위해서는 먼저 우리 안에서 하나님의 탄생, 예수의 탄생이 지속적으로 일어나야 합니다. 사람들이 그리스도인에게서 예수의 그림자를 설핏 볼 수 있었다는 것은 마음속에서 스멀스멀 올라오는 예수를 위한 마음, 예수의 마음, 하나님 자신을 위한 사랑을 느꼈다는 것을 의미합니다. 예수를 믿었다고 해서 구원받은 이 기적 자아에 매몰되거나 무조건 세상살이가 잘 풀려서 만사형통이 되어야 한다는 무사안일, 무사태평주의적 신앙만을 내세우는 것은 신앙인 안에서 예수 탄생과는 아무런 상관이 없습니다. 그것은 복음을 가볍게 여기는 꼴이 되고 맙니다. 복음은 나를 위한 것이 아니라 하나님 혹은 예수를 위한 전언입니다. 복음을 통해서 그리스도인 안에서 하나님이 태어나기를 바라는 것이 복음의 정수입니다. 사도 바울이 "하나님의 복음"이라고 표현한 말을 곱씹을 필요가 있습니다.

하나님의 기억 속에서 우리가 태어납니다!

마르쿠스 아우렐리우스(Marcus Aurelius)는 "기억하는 사람과 기억되는 사람 두 사람 모두 한 날의 삶을 산다"는 말을 남겼습니다. 기억(Gedächtnis)은 '생각하다', '기도하다', '마음에 그리다'(denken; dächte) 혹은 '정신', '마음속'(Innere)하고 연관이 있습니다. 우리가 생각하고 마음에 그리는 존재는 능동적이고 생산적으로 우리가 창조해내는 존재가 아닙니다. 우리의 정신적 능력에 의해서 산출되는 존재도 아닙니다. 인간이 하나님의 마음속에 존재하고 있기 때문에, 우리의 정신과 맞닿아 있는 것입니다. 모든 존재가 하나님의 마음속에, 하나님의 생각의 범주에 들어 있습니다. 하나도 예외가 없습니다. 복음의 전제 조건은 예외가 없다는 것입니다. 예외를 두고 편을 가르는 전언을 고했다면 하나님은 편협한 존재이거나 대범한 존재가 아니라 해야 할 것입니다. 기억함과 기억됨의 동시성과 동일성은 인간 안에 하나님의 탄생을 필연적 사건으로 할 때 가능한 일입니다. 그 논리로 보자면, 하나님 안에서 산다와 그리스도인 안에서 하나님이 산다는 그래서 다르지 않습니다.

에크하르트는 이렇게 말합니다. "하나님에게서 태어난 아들이 되는 것은 하나님을 하나님 자신 때문에 사랑하는 것이며, 사랑의 하나님을 위해 그분을 사랑하는 것이며, 하나님을 위한 행동을 위해서만 행동하는 것입니다. 또한 이렇게 하는 사람은 사랑이나 일에 결코 싫증을 느끼지 않을 것이며, 자신이 사랑하는 것은 모두 그분과 하나가 될 것입니다." 하나님의 아들에 관한 소식은 인간의 유한성을 띠고 태어났다는 것과 부활을 통해 하나님의 아들로 확인되었다는 것입니다. 그 소식의 공통점은 예수는 하나님에게서 태어난 아들이라는 점을 분명히 한다는 사실입니다. 예수는 하나님 자신 때문에 하나님을 사랑하고 하나님을 위해서 그분을 사랑했을 뿐만 아니라 하나님을 위한 행동을 위해서만 행동했습니다. 민중을 향한 사랑, 민중을 위한 가르침, 민중을 위한 행동은 전부 다 하나님을 위한 것이었습니다. 왜냐하면 그렇게 해야 비로소 모든 존재자들이 하나님과 일치가 될 수 있기 때문입니다. 하나님에게서 태어난 아들이 된다는 것은 궁극적으로 하나님과 하나가 된다는 것을 뜻합니다.

오로지 그분만을 위한 존재가 될 때 하나님의 호명에 합당한 존재가 될 수 있습니다. 호명된 존재는 호명을 한 존재의 의중을 잘 파악해서 그 존재의 요구나 호소에 적절하게 응답해야 합니다. 사도 바울에게 있어 사도직을 받았다는 하나님의 소환도 하나님 자신과의 일치와 하나 됨을 위해서 입니다. 마찬가지로 모든 존재자들이 하나님과 일치되고 그리스도인과 관계되어 있는 모든 것들도 하나님과 하나가 되는 데에 그 부르심의 목적이 있습니다. 구원은 그렇게 하나님과의 일치이며 끊임없는 하나님의 태어남입니다. 그것을 깨우치는 것이 복음의 진실이고 진면목입니다. 하지만 지금 복음은 하나님의 부르심, 혹은 호명에 부응하지 못하고 있습니다. 그분의 영광을 드러낸다는 것은 결국 하나님의 아들의 지속적인 탄생을 의미합니다. 영광(Grolie)은 신의 후광을 덧입고 하나님의 아들의 탁월함(Glanz)을 칭찬(Ruhm)하는 것을 함축하고 있습니다. 하나님을 믿는다는 것은 그분을 칭찬하고 예수를 높이는 데 있습니다. 나머지는 부차적입니다. 부르심은 그리스도인을 하나님 자기 자신 앞에 불러내는 것입니다. 반대로 하나님을 그리스도인 앞에 불러내는 것이 아닙니다. 하나님을 인간이 호출(Vorrufen)한다 해도 그분을 앞에 세울 수 없습니다. 인간은 하나님을 법정에 세우듯이 그분을 불러서 앞에 세울 수 없습니다. 오직 하나님 앞에 인간이어야 합니다. 하나님의 부르심 앞에서 대면한다는 것은 귀신이나 혼령을 불러내는(hervorrufen) 것과는 전혀 다른 차원입니다. 하나님의 부르심에 적합한 행동은 면전(vor den Augen)인 듯이 머리를 조아리고 감히 눈도 마주치지 못할 정도로 그저 하나님의 말씀을 잘 듣겠다는(hörsam, hören) 복종 혹은 순종(Gehorsam)입니다. 말씀의 체득과 말씀이 현존하듯이 그 부르심의 말에 흔들림이 없이, 그 말씀 앞에 서는 것이 부르심을 받은 그리스도인의 당연한 행동입니다. 인간이 하나님을 소환할 수 없습니다. 하나님만이 인간을 소환할 수 있습니다. 왜냐하면 인간은 하나님의 소유이고 그분에게 소속되어(gehören) 당신을 새롭게 태어나게(나타내야, 재현해야: 체현해야) 하기 때문입니다. 그래서 사도 바울은 인간을 향해 "하나님께서 사랑하셔서 당신의 거룩한 백성으로 불러주신"이라고 말합니다. 아직 아무런 자격조건이 없는 인간을 소환하여 거룩한 존재, 당신과 같이 일치된 존재가 되게 하셨다는 전언에 책임 있게 반응해야 할 말입니다.

● ● ● ● ● ● ● ● ● ● ● ● ●

13. 아나키스트, 예수(히 2:10~18)

예수는 위계적 존재가 아닌 벗으로서 평등한 존재입니다!

유붕자원방래 불역낙호(有朋自遠方來 不亦樂乎). "벗이 먼 곳에서 찾아오면 또한 즐겁지 아니한가." 『논어』(論語) 〈학이편〉(學而篇)에 나오는 말입니다. 언제 들어도 친구라는 말, 벗이라는 말처럼 친근감과 친밀감을 나타내는 말이 없습니다. 허물이 많아도 친구요 가진 것이 없어도 친구입니다. 요즈음 친구관계도 이익관계로 변한 듯하여 가슴이 저려옵니다. 친구는 이익과 손실을 넘어서는 '평등한 사이'입니다. '사이'라는 말이 암시하듯이 틈이 있고 여유가 있고 쉼이 있는, 그리고 그곳에 정이 있는 관계를 나타냅니다. 오죽하면 친구가 멀고 험한 여정을 마다하지 않고 자신의 벗을 (위해서) 찾아오는 것일까요? 친구가 멀리서 자기를 찾아오는 것이 기쁜 것보다, 그 친구를 찾아가는 친구의 발걸음을 마음을 생각해보십시오. 혹비가 내리고 눈이 내리고 바람이 부는 궂은 날씨에도 불구하고 친구를 찾아오는 또 다른 친구는 친구가 지닌 여유, 틈, 쉼, 편안함, 정감, 우정이 있기 때문일 것입니다.

벗은 아무것도 계산하지 않고 오직 순수한 마음으로 친구의 사태와 마음을 있는 그대로 받아들이는 존재입니다. 말로 표현하지 않아도 다만 눈빛과 표정만 보아도 친구의 마음을 알아차리는(알아주는) 각별한 사람입니다. 그래서 '벗이 온다', '벗을 만난다'는 것은 마음이 먼저 오고 마음을 먼저 안다는 것입니다. 멀리서 벗이 오기도 전에 맘이 설레고 기쁨을 감출 수 없는 이유는 벗의 마음이 나의 마음과 같기 때문입니다. 벗과 평등(平等)한 사이라고 한 이유가 여기에 있습니다. 벗은 불평(不平)하지 않습니다. 무사(無私)를 떠나 있습니다. 벗을 오래 기다리게 한다 해도 불만하지 않습니다. 설령 벗이 자기를 수단화한다 해도 그것을 이해할 수 있습니다. '신의'(信義)가 있기 때문입니다. 벗과 벗 사이에 믿음을 바탕으로 하면 모든 것들을 깊이 이해할 수가 있습니다. 벗과 벗 사이에 아무것도 걸치지 않고 놓여 있는 상태 혹은 모습은 '믿음'입니다. 말을 해도 벗을 중심으로 하는 말, 말을 들어도 벗을 먼저 생각하는 말, 격의 없는 말을 주고받아도 존중하는 말은 믿음에서 나옵니다. 벗은 위계적 구조를 갖고 있지 않습니다. 믿음이면 되는 것이지 재산의 대소, 지위의 고하, 학식의 경중하고는 전혀 관계가 없습니다. 벗은 그저 또 다른 자아입니다. 고대 그리스 철학자 아리스토텔레스는 "친구는 제2의 자신"(Ho Philos allos autos)이라고 하면서, "친구란 두 개의 몸에 깃든 하나의 영혼"이라고 말했습니다. 예수가 우리를 친구라 한 것도 그런 관점으로 해석할 수 있습니다. 예수 자신과 하나님과 친구가 되게 하기 위하여 자신을 낮추셨다는 것은 단순히 성서적 고백이 아닙니다. 온 세계를 친구로 삼기 위한 자기 비움의 발로입니다. 이러한 것은 자기를 잊고 온 세상을 자신의 한없는 마음으로 품은 예수의 평등한 인간애입니다. 예수야말로 모든 사람들뿐만 아니라 숨 타는 모든 존재자들에게 한걸음에 달려온 나의 분신과도 같은 진정한 벗이라고 말할 수 있습니다.

예수와 거리낌 없이 형제로서의 회포를 푸십시오!

예수를 믿는 사람들은 거룩한 사람들입니다. 아니 거룩한 삶을 지향하는 사람이라는 표현이 더 맞을 것입니다. 종래의 삶과는 다른 삶, 지금의 속된 삶과는 분리 혹은 구별(separation)된 삶을 살아보려고 종교에 발을 들여놓은 사람들입니다. '분리'를 뜻하는 라틴어 separare는 다시 '자기를 낳다'라는 se parere(pario)라는 의미로 확장됩니다. 거룩한 삶은 그리스도와 함께 거룩한 존재로서 살아가겠다는 분리입니다. 과거의 자기를 나누지 않으면 새로운 자신을 탄생시킬 수가 없습니다. 그리스도와 함께 형제가 되고, 거룩한 그리스도와 가족의 반열에 들어서기 위해서는 새로운 자기를 낳아야 합니다. 하늘 근원, 초월의 근원에서 나온 예수와 같은 가족의 일원이 된다는 것은 자기 자신이 그 근원에 맞닿은 구성원이 되도록 준비를 해야 합니다. 자기(se)가 아닌 것들을 나누고 쪼개서 근원을 향한 채비, 각오, 마음 준비(paro)가 선행되어야 합니다.

에크하르트는 이렇게 말합니다. " (…) 아무도 아들이 되지 않고서는 아들에게 올 수 없으며, 아무도 [먼저] 아버지의 마음과 가슴 속에 있지 않고서는, 즉 아들이 그런 것처럼 하나 안에서 하나이지 않고서는, 아들이 있는 곳에 있을 수 없는 것입니다." 그리스도인이 세속적인 삶과는 구별하고 분리하고자 하는 이유는 하늘 아버지와 하나가 되기 위해서 입니다. 그리스도인을 '형제'라고 칭할 때, 그것은 하늘 아버지와 하나가 되었던 예수 자신처럼, 그리스도인도 그렇게 하늘 아버지의 마음 안에 있다는 것을 뜻합니다. 하나의 형제요 자매라고 할 때, 모두가 하나님 아버지의 품속 자식인 것처럼 같은 근원에서 나왔음을 인정한다는 것입니다. 그렇게 그리스도인은 예수와 동일성(Identität)을 갖고 있지 않고서야 서로 형제요 자매라고 말할 수가 없습니다. '거리낌이 없이 그리스도인을 형제라고 불렀다'는 문장에서 거리낌(Sorge)은 염려, 근심, 불안, 심지어 관심의 뜻을 내포하고 있습니다. 또 다른 독일어 Widerwilligkeit(싫음, 혐오)도 있습니다. 후자의 의미에서 보자면, 예수는 자신을 믿는 그리스도인들이 하늘 아버지의 같은 근원에서 나와서 하나의 형제요 자매가 된다는 것을 조금도 꺼려하지 않았다는 것을 말해줍니다. 다만 그리스도인이 정말 하나님의 자식이 되어서 그분의 품속에 있는 것처럼 살고 있느냐 하는 것입니다. 아버지는 하나인데, 그 하나이신 하나님과 합일하지 않고서 그리스도인이라고 말하는 것도 어불성설입니다. 에크하르트는 더욱 강력하게 말을 합니다. "마음과 마음으로(Heart to heart)! ― 왜냐하면 하나님은 하나와 하나(One to one)를 사랑하시며, 낯설고 다른 것들은 모두 미워하시기 때문입니다. 그분은 모든 것을 일치, 즉 모든 피조물들 심지어는 피조물들 중의 미물까지도 진실로 추구하는 일치로 모으십니다."

하나님과 일치되고 하나님의 본성과 예수의 본성으로 '올려지거나 변형될 때까지' 완전한 일치가 되지 않으면 그것은 하나님과 낯선 것입니다. 하나님의 혐오, 하나님의 싫음은 인간이 자신의 본성과 부합하지 않는 것입니다. "내가 거룩하니, 너희도 거룩하여야 한다"(레위 11,45)는 신의 명령이 이를 뒷받침합니다. 그래서 신의 이름을 알려준다는 것은 그 이름을 알게 된 사람들에게는 무거운 책임이 동반되는 법입니다. 이름은 단순히 대상을 지칭하는 말이 아닙니다. 존재의 정체성 전체가 녹아들어가 있는 것으로서, 이름을 갖고 있는 존재나 부르는 존재가 그 이름의 본질 깊이로 들어가는 표상입니다. 함부로 이름을 낮추고 높이거나 할 수 없는 이유는 그에 걸맞은 행동이 수반되어야 하기 때문입니다. 특히 그리스도인이 하나님이라는 이름을 알게 되는 순간 그분과 연결되어 있는 예수라는 이름의 존재론적 삶의 깊이도 이해해야 합니다. 아니 산다고 하는 표현이 맞습니다. 다른 이름과는 달리 종교적 창시자의 이름은 그 이름을 부르는 이들이 그 삶을 살도록 되어 있습니다. "이름에는 당연히 뜻이 담겨 있어야 하고, 그 이름에 따라 어떤 모습이든 될 수 있다."『겨울 나라의 엘리스』에 나오는 험프티 덤프티(Humpty Dumpty)가 한 말입니다.

산다는 것은 일치의 행위입니다. 이름의 동일성에 잘 들어맞는 삶의 표본을 만들어 가려고 하는 노력들이 종교적 삶입니다. 해방이라는 언어가 낯설지 않은 것도 하나님은 자신으로부터 기원한 거룩한 그리스도인의 삶이 피폐해지는 것을 원치 않으셨기에, 같은 근원을 가진 예수를 통해서 구원을 베푸셨던 것입니다. 해방은 하나님의 언어입니다. 인간이 살면서 스스로가 해방된 존재라고 생각했던 적이 별로 없었습니다. 예수는 바로 그러한 인간을 해방시키기 위해서 스스로 해방된 존재였습니다. 형제로서, 자매로서의 해방의 평등은 예수가 누린 해방에서 비롯합니다. 그는 인간의 해방을 위해서 고난도 마다하지 않았습니다. 죄의 유한성에 빠진 인간을 자유롭게 하기 위해서 자신의 목숨도 아깝게 여기지 않았습니다. 피와 살을 가진 인간을 위해서 자신도 피와 살이라는 인간의 동일성을 통해서 악과 싸우고 끝내 죽음으로 인간에게 온전한 해방을 알려주었습니다. 그 해방과 자유의 삶은 하나님과 하나가 되는 데 있다는 것을 예수는 증명해 보였습니다. 이제 인간에게 주어진 몫은 타자와 자기(se)를 나누고 예수와 동일(pario) 근원적인 평등과 사랑을 이어갈 것인가 하는 것입니다.

* 이 도서는 한국출판문화산업진흥원의 '2020년 출판콘텐츠 창작지원 사업의 일환으로 국민체육진흥
기금을 지원받아 제작되었습니다.

성서로운 삶을 향한 존재의 이해
- 니체와 에크하르트로 읽는 성서 -

초판인쇄 2020년 10월 5일/ 초판 1쇄 발행 2020년 10월 10일/ 저자 김대식/ 펴낸이 임용호/ 펴낸곳
도서출판 종문화사/ 편집디자인 디자인오감/ 영업이사 이동호/ 인쇄 천일문화사/ 제본 영글문화사/ 출판
등록 1997년 4월1일 제22-392/ 주소 서울 은평구 연서로 34길 2 3층/ 전화 (02)735-6891/ 팩스
(02)735-6892/ E-mail jongmhs@hanmail.net/ 값 18,000원/ ⓒ 2020 Jong Munhwasa printed in korea/
Isbn 979-11-87141-62-4-93200 / 잘못된 책은 바꾸어 드립니다.